Parcelamento, edificação
e utilização compulsórios de
imóveis públicos urbanos

Alexandre Levin

Prefácio
Márcio Cammarosano

Parcelamento, edificação e utilização compulsórios de imóveis públicos urbanos

Belo Horizonte

2010

© 2010 Editora Fórum Ltda.

É proibida a reprodução total ou parcial desta obra, por qualquer meio eletrônico, inclusive por processos xerográficos, sem autorização expressa do Editor.

Conselho Editorial

Adilson Abreu Dallari	Floriano de Azevedo Marques Neto
André Ramos Tavares	Gustavo Justino de Oliveira
Carlos Ayres Britto	Jorge Ulisses Jacoby Fernandes
Carlos Mário da Silva Velloso	José Nilo de Castro
Carlos Pinto Coelho Motta	Juarez Freitas
Cármen Lúcia Antunes Rocha	Lúcia Valle Figueiredo (in memoriam)
Clovis Beznos	Luciano Ferraz
Cristiana Fortini	Lúcio Delfino
Diogo de Figueiredo Moreira Neto	Márcio Cammarosano
Egon Bockmann Moreira	Maria Sylvia Zanella Di Pietro
Emerson Gabardo	Oswaldo Othon de Pontes Saraiva Filho
Fabrício Motta	Paulo Modesto
Fernando Rossi	Romeu Felipe Bacellar Filho
Flávio Henrique Unes Pereira	

Luís Cláudio Rodrigues Ferreira
Presidente e Editor

Coordenação editorial: Olga M. A. Sousa
Revisão: Marcelo Belico
Bibliotecária: Paloma Fernandes Figueiredo - CRB 2751 - 6ª Região
Capa, projeto gráfico e diagramação: Walter Santos

Av. Afonso Pena, 2770 - 15º/16º andares - Funcionários - CEP 30130-007
Belo Horizonte - Minas Gerais - Tel.: (31) 2121.4900 / 2121.4949
www.editoraforum.com.br - editoraforum@editoraforum.com.br

L665p Levin, Alexandre

Parcelamento, edificação e utilização compulsórios de imóveis públicos urbanos / Alexandre Levin; prefácio de: Márcio Cammarosano. Belo Horizonte: Fórum, 2010.

296 p.
ISBN 978-85-7700-283-2

1. Direito urbano. 2. Bens públicos. I. Título. II. Cammarosano, Márcio.

CDD: 341.374
CDU: 34:711.4(81)

Informação bibliográfica deste livro, conforme a NBR 6023:2002 da Associação Brasileira de Normas Técnicas (ABNT):

LEVIN, Alexandre. *Parcelamento, edificação e utilização compulsórios de imóveis públicos urbanos.* Belo Horizonte: Fórum, 2010. 296 p. ISBN 978-85-7700-283-2.

*Dedico este trabalho à minha família,
Cida, Nelson, Rodrigo e Eduardo, por tudo
Sem eles eu nada conseguiria.*

Agradeço ao meu orientador, Professor Doutor Márcio Cammarosano, pelo privilégio de ter sido seu aluno e orientando, e poder contar com os seus ensinamentos, com sua generosidade e com a sua amizade.

Agradeço à minha colega e amiga Mariana Mencio, pela inestimável ajuda ao longo deste árduo trabalho, e pelo impulso que sempre deu à minha carreira acadêmica.

Agradeço também ao meu colega e amigo Ricardo Marcondes Martins, pelo constante estímulo aos meus estudos.

E um agradecimento especial à Luiza Araujo Noce.

Sumário

Prefácio
Márcio Cammarosano 13

Introdução...15

Capítulo 1
O princípio da função social da propriedade 21
1.1   Evolução histórica do direito de propriedade 21
1.2   Origem e conceituação do princípio jurídico da função social da
      propriedade 30
1.2.1 Origem do conceito de função social da propriedade....................31
1.2.2 Conceituação do princípio da função social da propriedade.
      Compatibilidade entre os conceitos de direito subjetivo e função social 39
1.3   Função social da propriedade e limitações à propriedade 47
1.4   Fundamento constitucional do princípio da função social da
      propriedade 52
1.4.1 Previsão do princípio nos textos das Constituições brasileiras ...52
1.4.2 Previsão na Constituição de 1988 55
1.4.2.1 Função social da propriedade como direito fundamental 55
1.4.2.2 Função Social da Propriedade como princípio da ordem econômica.........57
1.4.2.3 Aplicabilidade do princípio constitucional da função social da
      propriedade 58
1.4.2.4 Princípio da função social da propriedade urbana e o plano diretor
      municipal 64

Capítulo 2
O Estatuto da Cidade: Lei nº 10.257/2001..............................73

Capítulo 3
Instrumentos de política urbana..81
3.1   Parcelamento, edificação e utilização compulsórios....................82
3.1.1 Parcelamento compulsório 86
3.1.2 Edificação compulsória 88
3.1.3 Utilização compulsória 88
3.1.4 Solo urbano 94
3.1.5 Imóvel subutilizado 99

3.1.6	Imóvel não utilizado	103
3.1.7	Imóvel não edificado	104
3.1.8	Lei específica	105
3.1.9	Sujeito passivo da obrigação	108
3.1.10	Procedimento	110
3.1.11	Consórcio imobiliário	117
3.2	IPTU progressivo no tempo	119
3.2.1	Aplicação	119
3.2.2	Extrafiscalidade	121
3.2.3	Progressividade	122
3.2.4	Majoração da alíquota	128
3.2.5	Alíquota máxima e o princípio constitucional da proibição de instituição de impostos com caráter confiscatório	130
3.2.6	Vedação da concessão de isenções ou anistia	135
3.3	Desapropriação com pagamento em títulos	138
3.3.1	Cotejo com a desapropriação prevista no §3º do art. 182 da Constituição Federal	138
3.3.2	Discricionariedade administrativa	146
3.3.3	Emissão de títulos da dívida pública	148
3.3.4	Valor real da indenização	151
3.3.5	Aproveitamento do imóvel expropriado	160

Capítulo 4
Bens públicos ... 167

4.1	Conceito de bem público	167
4.2	Natureza jurídica	169
4.3	Classificação dos bens públicos quanto à sua destinação	170
4.4	Regime jurídico dos bens públicos	175
4.5	Alienação de bens imóveis de propriedade da Administração e Regularização Fundiária	179
4.6	Aquisição de bens públicos	186
4.7	Bens públicos quanto à sua natureza física	187

Capítulo 5
Função social da propriedade pública ... 197

5.1	Reconhecimento da existência do princípio da função social da propriedade pública	197
5.2	Função social da propriedade pública e planejamento urbano	205
5.3	Função social da propriedade pública e funções sociais da cidade	213
5.4	Aplicação às diferentes espécies de bens públicos	214
5.5	Desapropriação de bens públicos para fins urbanísticos	222
5.6	Concessão de uso especial para fins de moradia (Medida Provisória nº 2.220/2001)	225
5.7	Ação civil pública em defesa da ordem urbanística	232
5.8	Improbidade administrativa	234

Capítulo 6
Parcelamento, edificação e utilização compulsórios de
imóveis públicos urbanos 239

6.1   Notificação para o cumprimento da obrigação de parcelar, edificar
      ou utilizar imóvel público urbano 243
6.2   Cobrança do IPTU progressivo no tempo em relação a imóveis de
      propriedade das autarquias e fundações públicas....................248
6.3   Desapropriação com pagamento em títulos de bens imóveis de
      propriedade de autarquias e fundações públicas 253

Conclusão...261

Referências..283

Índice de assuntos...291

Índice onomástico...295

Prefácio

Esta obra é a dissertação com que o Professor Alexandre Levin obteve, sob minha orientação, o título de mestre em Direito do Estado pela Pontifícia Universidade Católica de São Paulo.

O tema versado — parcelamento, edificação e utilização compulsórios de imóveis públicos urbanos — é de inegável importância e atualidade. Constitui mesmo relevante capítulo do Direito Urbanístico, cuja autonomia — sempre relativa — não se pode mais questionar, tendo hoje no Estatuto da Cidade seu diploma legislativo de maior expressão, qual seja, a Lei nº 10.257/2001.

Como não poderia deixar de ser, o autor inicia o tratamento da matéria a partir do princípio constitucional da função social da propriedade, e vai aos poucos desvendando instrumentos de política urbana que se propôs investigar como objeto de estudo da ciência do direito.

Tratando da matéria, distingue as limitações à propriedade da sua função social, que direciona a atuação do seu titular objetivando sua contribuição para a consecução do bem-estar geral.

Alexandre Levin não deixa de ressaltar a relativa eficácia imediata do princípio da função social da propriedade, cuja plenitude, como bem anota, só se obtém a partir da edição da lei instituidora do plano diretor, em face mesmo do disposto no art. 182, §2º, da nossa Lei Maior.

Alargando seu horizonte, o autor esmiúça o regime jurídico dos bens públicos, mesmo porque eles é que constituem o núcleo do seu objeto de estudo para efeito de utilização dos institutos jurídicos em questão.

Ao final realça que "o agente público que der causa ao descumprimento da função social da propriedade pública" deve responder por improbidade administrativa, nos termos da Lei nº 8.499/1992.

Como se pode ver, procedendo-se à leitura do livro que tenho imensa satisfação em prefaciar, estamos diante de valiosa contribuição para o estudo de categorias fundamentais do Direito Urbanístico. E contribuição levada a efeito por quem, não obstante jovem, já se apresenta detentor de apreciável talento, potencializado pela seriedade com que se aplica ao estudo do direito e pela experiência que lhe vem proporcionando o exercício, em caráter efetivo, do cargo de Procurador do Município de São Paulo, e das funções de professor assistente no curso de especialização em Direito Administrativo da PUC/SP que, em companhia do Professor Clovis Beznos, tenho a honra de coodenar.

Márcio Cammarosano
Chefe de Departamento de Direito Público
Pontifícia Universidade Católica de São Paulo

Introdução

O Estatuto da Cidade (Lei nº 10.257/2001) trouxe inovações significativas e fundamentais no âmbito do Direito Urbanístico, em atendimento ao objetivo maior da política urbana, que é o de "ordenar o pleno desenvolvimento das funções sociais da cidade e garantir o bem-estar de seus habitantes" (art. 182, CF).

Dentre elas, destacamos os dispositivos constantes dos artigos 5º, 7º e 8º, os quais preveem instrumentos destinados a obrigar o proprietário de imóvel urbano não edificado, subutilizado ou não utilizado, a proceder ao seu parcelamento, edificação ou utilização, nos termos preceituados pelo plano diretor municipal e por lei municipal específica.

Tais preceitos encontram o seu fundamento no já citado art. 182 da Constituição Federal, que prevê os instrumentos que visam compelir o proprietário de solo urbano a utilizá-lo de acordo com o expresso no plano diretor municipal.

Esses instrumentos, que devem ser aplicados sucessivamente, são:

I - parcelamento ou edificação compulsórios;

II - imposto sobre a propriedade predial e territorial urbana progressivo no tempo; e

III - desapropriação com pagamento mediante títulos da dívida pública (art. 182, CF; e artigos 5º a 8º, Lei nº 10.257/2001).

Através do presente trabalho, buscar-se-á analisar a possibilidade da aplicação de tais institutos à propriedade urbana pública, ou seja, aos imóveis urbanos que "pertencem as pessoas jurídicas de Direito Público, isto é, União, Estados, Distrito Federal, Municípios, respectivas autarquias e fundações de Direito Público (...), bem como os que, embora não pertencentes a tais pessoas, estejam afetados à prestação de um serviço público".[1]

---

[1] Cf. BANDEIRA DE MELLO. *Curso de direito administrativo*, p. 779.

Justifica-se tal questionamento, pois não há previsão legal específica para o parcelamento, edificação ou utilização compulsórios de bens imóveis públicos. À primeira vista, parece que toda a regulamentação é dirigida aos imóveis pertencentes a particulares.[2]

Ocorre que não são poucos os imóveis urbanos de propriedade dos entes federativos cuja utilização desatende o disposto nos planos diretores dos Municípios em que estão situados. Permeiam as cidades brasileiras diversos bens imóveis pertencentes à União, aos Estados, aos Municípios e às suas respectivas autarquias e fundações, em situação de completo abandono, sem uma destinação adequada que atenda ao princípio constitucional da função social da propriedade (artigos 5º, XXIII; 170, III; 182, §2º; e 186).

Nesse sentido, também o Poder Público está obrigado ao cumprimento do referido princípio, sendo obrigado a gerir os bens sob a sua tutela de forma a atender às prescrições do plano diretor de cada Município.[3] Caso contrário, seria criada uma situação em que apenas os terrenos em que se situam os imóveis públicos estariam imunes à aplicação dos preceitos do plano diretor, o que prejudicaria frontalmente a implantação do adequado planejamento urbano em nossas cidades.

Daí, a atual preocupação da doutrina em abordar o tema da função social da propriedade pública.[4]

---

[2] Nesse sentido, Fábio Konder Comparato já afirmava, em 1986, que "em se tratando de acumulação injustificada pelo Estado de bens de produção, deve-se reconhecer que a ordem jurídica não apresenta remédios adequados". Continua asseverando que "muito ganharíamos, nesse particular, em aclimatar ao nosso Direito Processual as 'injunctions' do Direito anglo-americano, criando uma espécie de ação mandamental de sentido positivo: ao invés de se anularem atos da Administração Pública, impor-se-iam obrigações de fazer ao órgão estatal omisso" (Cf. COMPARATO. Função social da propriedade dos bens de produção. *Revista de Direito Mercantil, Industrial, Econômico e Financeiro*, p. 77).

[3] Há na doutrina nacional entendimento em direção oposta, no sentido de que o princípio da função social da propriedade é de observância obrigatória apenas para o proprietário particular. Nesse sentido, ABE. *Gestão do patrimônio público imobiliário*: aspectos jurídicos da destinação, delimitação, fiscalização e responsabilidade, p. 83-100; GASPARINI. *O Estatuto da Cidade*, p. 27-28; GRAU. *A ordem econômica na Constituição de 1988*: interpretação e crítica, p. 232. Tais concepções serão detalhadas no decorrer deste trabalho.

[4] Cf. ROCHA. *Função social da propriedade pública*; DI PIETRO. Função social da propriedade pública. In: WAGNER JÚNIOR (Coord.). *Direito público*: estudos em homenagem ao professor Adilson Abreu Dallari.

Com efeito, o reconhecimento da existência do princípio da função social da propriedade pública em nosso ordenamento serve como fundamento para obrigar o Poder Público de qualquer esfera governamental, bem como suas respectivas autarquias e fundações, a utilizar os imóveis urbanos que estão sob a sua gestão de forma a atender ao disposto pelos planos diretores municipais.[5] Serve, outrossim, como base para eventual aplicação das sanções previstas na Constituição e no Estatuto da Cidade para o caso de descumprimento de tais preceitos por parte dos entes públicos.

Dessa forma, o estudo do referido princípio deve preceder a análise da possibilidade de aplicação às pessoas jurídicas de direito público das sanções previstas nos artigos 5º a 8º da Lei nº 10.257/2001, objetivo final deste trabalho.

Antes, estudaremos o surgimento do princípio da função social da propriedade, abordando a evolução histórica do conceito de direito de propriedade, desde a sua concepção como direito subjetivo absoluto, até o seu delineamento atual, criado a partir da transformação que a função social provocou no regime de atribuição e exercício desse direito.[6]

Posteriormente, adentraremos no estudo do princípio da função social da propriedade urbana, iniciando pela sua fundamentação constitucional. Em seguida, serão abordados os instrumentos legais que visam compelir o proprietário urbano a utilizar o seu imóvel de acordo com o preceituado pelos planos diretores municipais: I - parcelamento, edificação ou utilização compulsórios; II - IPTU progressivo no tempo; e III - desapropriação com pagamento em títulos (art. 182, CF; e artigos 5º, 7º e 8º, Lei nº 10.257/2001).

O capítulo seguinte será dedicado ao estudo do regime jurídico dos bens públicos. A classificação doutrinária desses bens e as suas principais características serão particularmente ressaltadas. Procuraremos fixar conceitos que posteriormente serão utilizados

---

[5] De acordo com o art. 182, §2º, CF: "a propriedade urbana cumpre sua função social quando atende às exigências fundamentais de ordenação da cidade expressas no plano diretor".

[6] Cf. SILVA. *Direito urbanístico brasileiro*, p. 78.

no momento da análise específica da questão da aplicação do princípio da função social à propriedade urbana pública, abordando inclusive aspectos legais atinentes à regularização fundiária em imóveis da União.

O princípio da função social da propriedade pública será tratado de forma mais detalhada a seguir. Buscaremos encontrar a sua fundamentação a partir do ordenamento jurídico pátrio, levando em conta que não existe previsão constitucional ou legal expressa desse princípio. Serão abordados também instrumentos existentes no ordenamento jurídico para a garantia da aplicação desse princípio aos imóveis públicos urbanos.

Por último, analisaremos a possibilidade de aplicação dos instrumentos de parcelamento, edificação e utilização compulsórios à propriedade urbana pública. Restringindo a análise aos bens de propriedade das autarquias e fundações públicas, federais e estaduais, pelos motivos que serão expostos oportunamente, iniciaremos pelo estudo da possibilidade do ente público ser notificado nos termos do art. 5º do Estatuto da Cidade para realizar o parcelamento, edificação ou utilização do bem conforme estabelece o plano diretor.

Após, abordaremos a possibilidade da cobrança de IPTU progressivo no tempo, nos termos do art. 7º da Lei nº 10.257/2001, tendo em vista a imunidade tributária recíproca entre os entes federativos, prevista constitucionalmente no art. 150, inciso VI, alínea *a*,[7] e as exceções previstas nos parágrafos 2º e 3º do mesmo dispositivo.[8]

---

[7] "Art. 150. Sem prejuízo de outras garantias asseguradas ao contribuinte, é vedado à União, aos Estados, ao Distrito Federal e aos Municípios: (...) VI - instituir impostos sobre: a) patrimônio, renda ou serviço, uns dos outros (...)."

[8] "Art. 150. (...) §2º A vedação do inciso VI, *a*, é extensiva às autarquias e às fundações instituídas e mantidas pelo Poder Público, no que se refere ao patrimônio, à renda e aos serviços, vinculados a suas finalidades essenciais ou às delas decorrentes. §3º As vedações do inciso VI, *a*, e do parágrafo anterior não se aplicam ao patrimônio, à renda e aos serviços, relacionados com exploração de atividades econômicas regidas pelas normas aplicáveis a empreendimentos privados, ou em que haja contraprestação ou pagamento de preços e tarifas pelo usuário, nem exonera o promitente comprador da obrigação de pagar imposto relativamente ao bem imóvel."

Ao final, será discutida a possibilidade de ser decretada a desapropriação com pagamento em títulos, pelo Município, de bem imóvel urbano de propriedade da autarquia ou fundação pública, nos termos do art. 8° da Lei n$^{\circ}$ 10.257/2001, em face do princípio federativo e da vedação constante do art. 2°, $\S2^{\circ}$, do Decreto-Lei n$^{\circ}$ 3.365/41.[9]

---

[9] "Art. 2°. (...) $\S2^{\circ}$ Os bens do domínio dos Estados, Municípios, Distrito Federal e Territórios poderão ser desapropriados pela União e os dos Municípios pelos Estados, mas, em qualquer caso, ao ato deverá preceder autorização legislativa."

Capítulo 1

O princípio da função social da propriedade

Sumário: **1.1** Evolução histórica do direito de propriedade - **1.2** Origem e conceituação do princípio jurídico da função social da propriedade - **1.2.1** Origem do conceito de função social da propriedade - **1.2.2** Conceituação do princípio da função social da propriedade. Compatibilidade entre os conceitos de direito subjetivo e função social - **1.3** Função social da propriedade e limitações à propriedade - **1.4** Fundamento constitucional do princípio da função social da propriedade - **1.4.1** Previsão do princípio nos textos das Constituições brasileiras - **1.4.2** Previsão na Constituição de 1988 - **1.4.2.1** Função social da propriedade como direito fundamental - **1.4.2.2** Função Social da Propriedade como princípio da ordem econômica - **1.4.2.3** Aplicabilidade do princípio constitucional da função social da propriedade - **1.4.2.4** Princípio da função social da propriedade urbana e o plano diretor municipal

1.1 Evolução histórica do direito de propriedade

O direito de propriedade vem evoluindo e se modificando ao longo dos séculos. Foi marcado, a princípio, pela extrema subjetividade. Buscava-se apenas garantir a proteção do proprietário contra eventual ingerência de terceiros contra direito seu. Sua evolução foi marcada pela criação de crescentes limitações e de modificações em seu caráter subjetivo, até que se fixou o conceito de função social de propriedade, presente até hoje nos mais diversos ordenamentos.

Na verdade, conforme ressalta Adilson Abreu Dallari,[10] o direito de propriedade apresenta limitações desde os seus primórdios. Tal decorre justamente do fato de se tratar de um direito e, como tal, reconhecido e regulado pelo ordenamento jurídico. A lei que reconhece a existência desse direito também o limita.[11]

Em outros termos, o direito de propriedade existe de acordo com os preceitos da lei que o cria. Nas palavras de Silvio Rodrigues, "o direito de propriedade se funda na lei que o consagra".[12] Portanto, é o texto legal que dá os contornos desse direito, definindo-o e limitando-o ao mesmo tempo.[13]

A doutrina costuma salientar que, no Direito Romano, a propriedade era definida como o "poder jurídico absoluto e exclusivo sobre uma coisa corpórea",[14] e compreendida como uma relação direta entre o titular do direito e a coisa.[15] Conferia ao proprietário o direito de usar, gozar e dispor da coisa e, por outro lado, excluía qualquer interferência alheia no exercício de seus direitos.[16]

Contudo, já se faziam presentes restrições ao direito potencial absoluto do proprietário, que podiam ser ditadas em razão do

---

[10] DALLARI. *Desapropriações para fins urbanísticos*, p. 28.

[11] Não obstante a menção do autor às limitações ao *direito* de propriedade, acatamos nesse particular a posição de Celso Antônio Bandeira de Mello, segundo o qual não se trata de limitações ao direito de propriedade, e sim de limitações à propriedade. São palavras do autor: "Não se trata, propriamente, de restrições ou limitações ao 'direito de propriedade', mas de restrições ou limitações à propriedade. Deveras — bem disse Renato Alessi — não são de confundir propriedade (ou liberdade) com direito de propriedade (ou direito de liberdade). O direito de propriedade é a expressão juridicamente reconhecida à propriedade. É o perfil jurídico da propriedade. É a propriedade, tal como configurada em dada ordenação normativa. É, em suma, a dimensão ou o âmbito de expressão legítima da propriedade: aquilo que o direito considera como tal. Donde, as limitações ou sujeições de poderes do proprietário impostas por um sistema normativo não se constituem em limitações de direitos pois não comprimem nem deprimem o direito de propriedade, mas, pelo contrário, consistem na própria definição deste direito, compõe seu delineamento e, deste modo, lhe desenham os contornos. Na Constituição — e nas leis que lhe estejam conformadas — reside o traçado da compostura daquilo que chamamos de direito de propriedade em tal ou qual país, na época tal ou qual" (BANDEIRA DE MELLO. Novos aspectos da função social da propriedade no direito público. *Revista de Direito Público*, p. 39).

[12] RODRIGUES. *Direito civil*, v. 5, p. 82.

[13] Ressalta-se novamente, aqui, a lição de Celso Antônio Bandeira de Mello exposta supra.

[14] MARKY. *Curso elementar de direito romano*, p. 65.

[15] MARKY. *Curso elementar de direito romano*, p. 65.

[16] MARKY. *Curso elementar de direito romano*, p. 65.

interesse público ou privado, e ser impostas pela autoridade administrativa ou jurisdicional.[17] As restrições de natureza pública representavam "limitações indiretas ao conceito jurídico de propriedade".[18] Eram inscritos na última classe dos cidadãos (*aerarri*) os proprietários que deixavam sem cultivo suas terras, ou os que não cuidavam dos seus animais.[19]

As limitações de natureza privada também existiam, e eram concernentes à proibição de atos emulatórios, à regulação da autodefesa privada e às relações de vizinhança entre os donos de prédios limítrofes. Eram estabelecidas, outrossim, as distâncias mínimas entre os terrenos e os edifícios, bem como especiais limitações em matéria de águas, em virtude do interesse agrícola implicado.[20]

Pedro Escribano Collado ensina que a propriedade romana apresentava numerosas hipóteses em que o interesse do proprietário podia ser sacrificado: por razões de necessidade pública, como no caso da servidão de passagem sobre terreno alheio quando a via pública estivesse destruída; por razões de utilidade pública, como a salubridade; altura de edifícios, distância entre construções, e outras.[21]

O autor afirma que, em verdade, a propriedade romana não foi absoluta, ou pelo menos não foi essa sua característica essencial. A coletividade podia obter várias utilidades do imóvel privado, tanto em casos de necessidade como nos de utilidade pública. O pretendido caráter absoluto da propriedade romana, que lhe é atribuído em massa pela doutrina, ficaria limitado à esfera de interesses privados que beneficiavam o proprietário do bem.[22]

Caio Mário da Silva Pereira sustenta, outrossim, que é usual a afirmação acerca do caráter absoluto da propriedade no Direito Romano, acentuando-se o seu extremo individualismo. Entretanto, afirma, apesar de estar fora de dúvida o fato de que a propriedade

---

[17] CORRÊA; SCIASCIA. *Manual de direito romano*, p. 125.
[18] CORRÊA; SCIASCIA. *Manual de direito romano*, p. 126.
[19] CORRÊA; SCIASCIA. *Manual de direito romano*, p. 126.
[20] CORRÊA; SCIASCIA. *Manual de direito romano*, p. 126.
[21] ESCRIBANO COLLADO. *La propiedad privada urbana*: encuadramiento y régimen, p. 26.
[22] ESCRIBANO COLLADO. *La propiedad privada urbana*: encuadramiento y régimen, p. 27.

romana era realmente individualista, tal não impedia a existência de limitações provenientes de princípios especiais.[23] Afinal, o domínio é um "direito real de conteúdo virtualmente limitado e a sua plenitude (...) não se revela incompatível com as limitações que se lhe impõe (...)".[24]

Na Idade Média, também são encontrados sinais do caráter não absoluto da propriedade.[25] A situação normal da terra no período alto-medieval era a de estar concedida pelo senhor feudal ao vassalo e, exatamente para garantir essa situação, limitações ao direito de propriedade eram aplicadas para garantir o direito do servo frente à arbitrariedade do senhorio, não obstante as normas que também garantiam o direito do senhor à continuidade da vassalagem.[26]

Orlando Gomes ensina que a propriedade no período medieval era caracterizada, essencialmente, pela prevalência conferida aos bens imóveis. Isso porque a terra era o bem principal, e o seu cultivo fonte de subsistência de toda a estrutura feudal. O autor ressalta, ainda, a fragmentação da propriedade: de um lado, os que a detinham, mas não a cultivavam, e de outro os que a trabalhavam, mas dela não eram proprietários. O vassalo tinha, na realidade, um direito real sobre a propriedade do senhor feudal. Existiam, de fato, duas espécies de propriedade sobre o mesmo bem.[27]

Nas palavras de Roberto Senise Lisboa, a propriedade e o domínio direto permaneciam com o senhor feudal, enquanto que o vassalo mantinha o seu domínio útil, exercendo atividade de exploração econômica da terra mediante o pagamento de contrapartida pelo uso da área.[28]

O regime seguinte, iniciado no século XVIII e marcado pelo pensamento liberal, retoma a concepção unitária de propriedade,

---

[23] PEREIRA. *Instituições de direito civil*, p. 102.

[24] PEREIRA. *Instituições de direito civil*, p. 102.

[25] ESCRIBANO COLLADO. *La propiedad privada urbana*: encuadramiento y régimen, p. 28.

[26] ESCRIBANO COLLADO. *La propiedad privada urbana*: encuadramiento y régimen, p. 30.

[27] GOMES. Evolução contemporânea do direito de propriedade. *Revista Forense*, p. 9-10.

[28] LISBOA. *Manual elementar de direito civil*, p. 91.

proveniente do Direito Romano, segundo a qual "cada coisa tem apenas um dono de direito e de fato".[29] O novo conceito é marcado pela preocupação de livrar a propriedade dos encargos que a gravavam, buscando-se desfavorecer a criação de direitos reais sobre coisa alheia.[30]

A propriedade passou a ser considerada como um direito natural que se contrapunha ao poder estatal, valorizada como instrumento de expansão das forças produtivas libertadas pela revolução industrial.[31] O proprietário passou a ter poder inviolável e absoluto sobre a coisa.

Nesse sentido o Código de Napoleão, que a definiu como o direito de fruir e dispor das coisas da forma mais absoluta, desde que não proibida pelas leis e regulamentos (art. 544),[32] e o art. 17 da Declaração dos Direitos do Homem e do Cidadão, que rezava:

> Como a propriedade é um direito inviolável e sagrado, ninguém dela pode ser privado a não ser quando a necessidade pública legalmente comprovada o exigir evidentemente e sob a condição de justa e prévia indenização.

René Savatier, ao comentar o texto do dispositivo acima, ressalta o surgimento de um "jovem direito recém-emancipado" e livre do sistema feudal que havia subordinado o titular do domínio útil ao senhor titular do domínio iminente.[33] Ressalta, ainda, que no texto do citado art. 544 do Código de Napoleão não há nenhuma menção às obrigações e deveres do proprietário, e que todos os artigos seguintes afirmam o absolutismo do seu direito. As restrições admitidas são as decorrentes do direito de vizinhança, as únicas obrigações acopladas ao direito de propriedade.[34]

---

[29] GOMES. Evolução contemporânea do direito de propriedade. *Revista Forense*, p. 10.

[30] GOMES. Evolução contemporânea do direito de propriedade. *Revista Forense*, p. 10.

[31] GOMES. Evolução contemporânea do direito de propriedade. *Revista Forense*, p. 10.

[32] GOMES. Evolução contemporânea do direito de propriedade. *Revista Forense*, p. 10.

[33] SAVATIER. *Du droit civil au droit public*: à travers les personnes, les biens et la responsabilité civile, p. 34.

[34] SAVATIER. *Du droit civil au droit public*: à travers les personnes, les biens et la responsabilité civile, p. 35. Conforme bem indica Maria Sylvia Zanella Di Pietro (*Servidão administrativa*, p. 13), Savatier ressalta, a seguir às considerações acima citadas, que dessas normas sobre direito de vizinhança iniciou-se o processo de publicização do direito de propriedade. São

Nas palavras de Maria Sylvia Zanella Di Pietro:

> (...) a preocupação em assegurar a liberdade individual e a igualdade dos homens e a reação ao regime feudal levaram a uma concepção individualista exagerada da propriedade, caracterizada como direito absoluto, exclusivo e perpétuo, não se admitindo, inicialmente, outras restrições, senão as decorrentes das normas sobre vizinhança, que impunham algumas obrigações ao proprietário.[35]

O regime estabelecido acabou por resultar no empobrecimento de grande parte da população europeia à época, e na criação da enorme massa marginalizada que não tinha acesso ao sagrado e tão protegido direito de propriedade. A liberdade individual, tão arduamente defendida, passou a não fazer sentido frente à miserabilidade de imensa parcela da população.

Consoante Maria Sylvia Zanella Di Pietro, a reação contra tal regime iniciou-se a partir da segunda metade do século XIX. Continuou-se a assegurar amplamente o direito de propriedade, porém "o seu exercício passou a ser condicionado ao bem-estar geral".[36]

Mas as mudanças mais significativas no panorama até então dominado pelo liberalismo extremado ocorreram no primeiro quarto do século XX, em especial com a eclosão da I Guerra Mundial. "O problema social, que permanecera oculto em nebulosa, sem contornos precisos, caracterizou-se com nitidez e demandou solução".[37]

Com o intuito de controlar as causas da degradação social que se acentuava, passou a ser necessária uma maior intervenção do Estado na vida econômica e no direito de propriedade, um dos pilares da economia de mercado. O Estado liberal dá lugar ao

---

palavras do autor: "Seuelement, cette sorte d'obligation en comportait en germe beaucoup d'autres. Car, depuis cette époque, le monde étant devenu beaucoup plus petit, on a constaté que tous les homes étaient voisins les uns des autres. C'est um peu ce qui explique l'élargissement des obligations du propriétaire, envers un voisinage comprenant désormais tous les membres du corps social. Ainsi, le droit de propriété, au lieu de rester simplement um droit civil, est, de plus en plus, entré dans les dépendances du droit public".

[35] DI PIETRO. *Servidão administrativa*, p. 13.

[36] DI PIETRO. *Servidão administrativa*, p. 13.

[37] RUSSOMANO. Função social da propriedade. *Revista de Direito Público*, p. 264.

Estado social, cujo cerne "está na limitação do conteúdo dos direitos subjetivos individuais: responsabiliza-se não apenas a sociedade, mas também o indivíduo pela existência digna e pelo bem-estar dos outros".[38] Direitos sociais são criados e passam a ser garantidos constitucionalmente.

Conforme ensina Paulo Bonavides, as Constituições liberais eram indiferentes ao conteúdo das relações sociais. Limitavam-se a proteger a Sociedade da interferência estatal: "era uma sociedade de indivíduos, e não de grupos".[39] As Constituições do Estado social mudaram o seu enfoque, e passaram a regular o interesse da Sociedade amplamente considerada.

Nesse diapasão, Celso Antônio Bandeira de Mello ensina que o constitucionalismo do século XX é marcado pela superação do liberalismo individualista clássico. A nova preocupação com a questão social é cristalizada na Constituição mexicana de 1917, seguida pela de Weimar, de 1919.[40]

O autor afirma ainda que os direitos individuais haviam formado uma barreira do indivíduo contra o abuso estatal, enquanto a previsão dos direitos sociais significou uma proteção do indivíduo "perante a dominação econômica de outros indivíduos".[41] O novo direito econômico também surge em plano constitucional, e determina o aumento da interferência do Estado na vida econômica e no direito de propriedade.

Lembra Maria Sylvia Zanella Di Pietro que nessa direção são criadas normas que definem a intervenção do Estado no funcionamento e na propriedade das empresas; as que determinam que o uso da propriedade deva atender ao bem-estar social; as

---

[38] DEL NERO. O significado jurídico da expressão "função social da propriedade". *Revista da Faculdade de Direito de São Bernardo do Campo*, p. 81. Maria Sylvia Zanella Di Pietro ressalta que, posteriormente, acrescentou-se a ideia de Estado Democrático, a partir das consequências negativas produzidas pelo Estado Social de Direito e, a seguir, surge a ideia de Estado Subsidiário (*Parcerias na Administração Pública*: concessão, permissão, franquia, terceirização e outras formas, p. 32-33).

[39] BONAVIDES. *Curso de direito constitucional*, p. 203-204.

[40] BANDEIRA DE MELLO. Eficácia das normas constitucionais sobre justiça social. *Revista de Direito Público*, p. 235.

[41] BANDEIRA DE MELLO. Eficácia das normas constitucionais sobre justiça social. *Revista de Direito Público*, p. 235.

normas que reservam ao Estado a propriedade de minas e riquezas do subsolo; ou as que prevejam a expropriação da propriedade privada para a sua justa distribuição.[42] Tais previsões legais de interferência estatal contribuíram para a descaracterização do conceito liberal de propriedade como direito individual absoluto, colaborando para um câmbio definitivo em seus alicerces.

João Alberto Schützer Del Nero ressalta que o surgimento desse novo direito social e econômico provocou a quebra da superioridade do direito privado e dissolveu a sua unidade interna. A nova economia exigia a intervenção do Estado nos momentos em que falhava a livre concorrência, e a solidariedade social restava ameaçada.[43]

Todas essas mudanças sociais e econômicas, instigadoras de alterações e criações no direito positivo, acabaram por provocar uma mudança definitiva no conceito jurídico de propriedade. O proprietário, que anteriormente a tais transformações era senhor absoluto da coisa e, em vista do reconhecimento legal de sua propriedade, cuja existência era garantida pelo ordenamento jurídico, era beneficiado com uma série de direitos, e apenas direitos, passou a ser obrigado a cumprir deveres em função do fato mesmo de ser proprietário, deveres esses decorrentes do mesmo sistema jurídico que garantia a propriedade privada. O detentor da riqueza começa a ter a sua parcela de responsabilidade pelo bem-estar social, conjuntamente com o Poder Público.[44] Conforme ressalta René Savatier, a propriedade individual mudou de natureza: deixou de ser egoísta, como era em sua *juventude*, e passou a servir ao coletivo, ao bem-estar social.[45]

---

[42] DI PIETRO. *Servidão administrativa*, p. 13.

[43] DEL NERO. O significado jurídico da expressão "função social da propriedade". *Revista da Faculdade de Direito de São Bernardo do Campo*, v. 3, p. 81.

[44] Nas palavras do citado autor João Alberto Schützer Del Nero, "o 'pathos' da sociedade atual é o da solidariedade, isto é, responsabilidade não apenas dos poderes públicos, mas também da sociedade e de cada um dos seus membros pela existência social digna e pelo bem-estar de todos os demais" (O significado jurídico da expressão "função social da propriedade". *Revista da Faculdade de Direito de São Bernardo do Campo*, v. 3, p. 82).

[45] SAVATIER. *Du droit civil au droit public*: à travers les personnes, les biens et la responsabilité civile, p. 44.

Ensina Adilson Abreu Dallari que a reação ao individualismo da Revolução Francesa provocaria um movimento de publicização do direito de propriedade, cujo exercício passaria a estar voltado também para o bem-estar coletivo, ou, nas palavras do autor, "deveria corresponder a uma função social".[46]

Nos dizeres de Pedro Escribano Collado:

> (...) lo razonable liberal no consistía sino en el mantenimiento del ejercicio libre del derecho de propiedad, lo cual no se mantuvo durante mucho tiempo por los imperativos del interés público, cuyas primeras manifestaciones se dieron precisamente en el ámbito de las relaciones jurídico privadas, estableciendo un orden que la propia convivencia natural de los derechos no podía conseguir. Es así como la propiedad privada comienza a ser corregida y ordenada no ya con arreglo al interés individual del propietario, sino de acuerdo con el interés público.[47]

O direito de usar, gozar e dispor da coisa, garantido pela ordem jurídica liberal, passou a significar usar, gozar e dispor da coisa também em prol do bem-estar coletivo, e não somente no interesse individual do proprietário.[48] Nas palavras de Celso Ribeiro Bastos, a liberdade de uso e fruição do dono, hodiernamente, transformou-se, em muitos casos, em dever de uso. Afinal, a lume das concepções atuais do direito de propriedade, "não há porque fazer prevalecer o capricho e o egoísmo quando é perfeitamente possível compatibilizar a fruição individual da propriedade com o atingimento de fins sociais".[49]

---

[46] DALLARI. *Desapropriações para fins urbanísticos*, p. 31-32.

[47] ESCRIBANO COLLADO. *La propiedad privada urbana*: encuadramiento y régimen, p. 77-78.

[48] Discorrendo sobre o tema, Marina Mariani de Macedo Rabahie afirma que "o estágio alcançado pela evolução histórica do direito de propriedade nos permite afirmar que ele deixa de estar impregnado — como na época do liberalismo — das características de exclusividade e perpetuidade, deixando, também, de ser contemplado pelo ordenamento jurídico constitucional, como 'direito absoluto' tal qual era previsto, de maneira flagrantemente contraditória (já que o direito não comporta qualidade de absoluto) no Código de Napoleão que contemplava o direito de propriedade como 'o direito de gozar e dispor das coisas 'de maneira mais absoluta' desde que delas não se fizesse uso proibido pelas leis e pelos regulamentos' (art. 544)" (Função social da propriedade. In: DALLARI; FIGUEIREDO (Coord.). *Temas de Direito Urbanístico - 2*, p. 220).

[49] Cf. BASTOS; MARTINS. *Comentários à Constituição do Brasil*: promulgada em 5 de outubro de 1988, v. 2, p. 120.

A partir desse processo evolutivo surge o conceito de função social da propriedade, que passará a figurar como princípio jurídico em diversas Constituições e diplomas legais do mundo ocidental. Sua origem será estudada na seção seguinte, assim como sua conceituação.

1.2 Origem e conceituação do princípio jurídico da função social da propriedade

Antes de adentrarmos na análise do princípio da função social da propriedade, é necessário delimitar o âmbito de estudo do presente trabalho.

O nosso foco é a propriedade imobiliária urbana, e toda a análise acerca da função social da propriedade será para ela voltada, muito embora o princípio possa ser aplicado a outras "formas" de propriedade.

De fato, como bem aponta Eros Roberto Grau, a "propriedade (...) não constitui um instituto jurídico, porém um conjunto de institutos jurídicos relacionados a distintos tipos de bens".[50] Destarte, existem a "propriedade de valores mobiliários, a propriedade literária e artística, a propriedade industrial, a propriedade do solo, (...), a propriedade do solo rural, do solo urbano e do subsolo".[51] Há, ainda, a distinção entre propriedade dos bens de produção e propriedade dos bens de consumo.

Inicialmente, será estudado de forma ampla o princípio da função social da propriedade, para que, em momento posterior, possa ser aplicado especificamente à propriedade imobiliária urbana.

Isso porque tal princípio é nuclear para o Direito Urbanístico. Trata-se de conceito indispensável para o desenvolvimento dessa disciplina jurídica, servindo como fundamento para as normas de organização do espaço urbano, que constituem o arcabouço legislativo desse ramo do direito público.[52]

---

[50] GRAU. *A ordem econômica na Constituição de 1988*: interpretação e crítica, p. 236.

[51] GRAU. *A ordem econômica na Constituição de 1988*: interpretação e crítica, p. 236.

[52] Nesse diapasão, observa Lúcia Valle Figueiredo que "em decorrência da função social da propriedade, surge 'toda a preocupação com' o próprio Direito Urbanístico. Os institutos

1.2.1 Origem do conceito de função social da propriedade

Victor Carvalho Pinto ensina que a doutrina da função social da propriedade é originada na filosofia política positivista, cujos principais formuladores foram Saint-Simon e Augusto Comte. Defendia-se a existência de um Estado tecnocrático, comandado pelo Executivo e fortemente intervencionista,[53] ideias que se identificavam com a tendência de aumento da participação estatal na economia e na organização da Sociedade, conforme abordado na seção anterior.

Para a doutrina positivista, a regulamentação da atividade produtiva pelo Estado deveria ser completa. Os empresários poderiam conservar a propriedade sobre os seus bens, mas não lhes restaria qualquer liberdade de iniciativa. Essa foi a concepção dada pelos positivistas (nenhuma relação com o positivismo jurídico)[54] à denominação "função social da propriedade".[55]

Nas palavras do autor citado, "a propriedade privada era vista como a principal causa dos problemas econômicos. A ela era atribuído o funcionamento imperfeito do mercado, no qual cada pessoa agiria por conta própria e ao qual faltaria um comando geral".[56] Os proprietários deveriam ser meros depositários e administradores dos bens da sociedade, que seria distribuída pelo Estado centralizador de acordo com os méritos e a competência de cada um.[57]

---

vão aparecendo e se fortalecendo na medida da necessidade da compatibilização entre a propriedade com a função social e os direitos fundamentais" (*Disciplina urbanística da propriedade*, p. 22).

[53] PINTO. *Direito urbanístico*: plano diretor e direito de propriedade, p. 164.

[54] Nesse particular, Norberto Bobbio ensina que "a expressão 'positivismo jurídico' não deriva daquela de 'positivismo' em sentido filosófico, embora no século passado tenha havido uma certa ligação entre os dois termos, posto que alguns positivistas jurídicos eram também positivistas em sentido filosófico: mas em suas origens (que se encontram no início do século XIX) nada tem a ver com positivismo filosófico – tanto é verdade que, enquanto o primeiro surge na Alemanha, o segundo surge na França" (*O positivismo jurídico*: lições de filosofia do direito, p. 15).

[55] PINTO. *Direito urbanístico*: plano diretor e direito de propriedade, p. 164. Não há, portanto, relação direta com o marxismo que, em verdade, defende a abolição da propriedade privada.

[56] PINTO. *Direito urbanístico*: plano diretor e direito de propriedade, p. 167.

[57] PINTO. *Direito urbanístico*: plano diretor e direito de propriedade, p. 168.

E, no papel de depositários da riqueza da sociedade, os industriais deveriam utilizá-la em prol da coletividade. Isto seria conseguido tanto através da coerção quanto por meio da educação.[58]

Em seguida, Victor Carvalho Pinto assevera que em nenhuma outra política pública teve o positivismo tamanha aplicação prática como na política urbana. O movimento modernista, do qual fazia parte Le Corbusier, "incorporou o positivismo e o traduziu para o urbanismo. O ideal de uma cidade racional, projetada segundo cálculos científicos precisos", nos moldes do pensamento positivista, "é um elemento constitutivo do modelo modernista, que influenciou todos os sistemas de planejamento urbano".[59]

Para o arquiteto e urbanista Le Corbusier, o urbanismo é visto como uma arquitetura em grande escala, que tem como principal instrumento o zoneamento, o qual atribui a cada terreno uma destinação precisa, seja de caráter comercial ou residencial, "com vistas a assegurar à população uma boa qualidade de vida, independentemente de sua faixa de renda".[60]

O modelo institucional adotado na maioria dos países para o ordenamento territorial das cidades ainda obedece às ideias básicas do sistema positivista. "Os planos urbanísticos são elaborados por técnicos e regulam quase que completamente a possível utilização de cada terreno".[61]

Todavia, Victor Carvalho Pinto afirma que o modernismo é um movimento intelectual superado. Na verdade, é impossível a efetivação do planejamento exato de toda uma cidade, posto que o desenvolvimento desta sofre a influência de incontáveis interações espontâneas entre seus habitantes. Porém, as técnicas operacionais apresentadas pelo modernismo, como o zoneamento e a hierarquização do sistema viário, ainda são bastante utilizadas pelos gestores da planificação urbana.[62]

---

[58] PINTO. *Direito urbanístico*: plano diretor e direito de propriedade, p. 170.

[59] PINTO. *Direito urbanístico*: plano diretor e direito de propriedade, p. 175.

[60] PINTO. *Direito urbanístico*: plano diretor e direito de propriedade, p. 176.

[61] PINTO. *Direito urbanístico*: plano diretor e direito de propriedade, p. 180.

[62] PINTO. *Direito urbanístico*: plano diretor e direito de propriedade, p. 180-181.

No campo do Direito, as ideias positivistas de Augusto Comte foram introduzidas por Léon Duguit, "que defendeu a função social da propriedade como uma superação da concepção individualista de propriedade consagrada na Declaração de Direitos de 1789 e no Código Civil Napoleônico de 1804".[63]

Nas palavras de Ángel Sustaeta Elustiza, Augusto Comte lançou as bases da teoria da função social, e esta adquiriu precisão a partir dos escritos de Duguit. Este último postulou a necessidade de se admitir a passagem da propriedade-direito à propriedade-função, negando o caráter de direito subjetivo que lhe era atribuído até então, e defendendo a substituição do sistema jurídico anterior, que era de ordem metafísica e individualista, por um novo de ordem realista e socialista.[64]

De fato, Duguit defende a ideia de que a propriedade é uma função social atribuída ao proprietário, o qual, justamente pelo

---

[63] PINTO. *Direito urbanístico*: plano diretor e direito de propriedade, p. 180-181. Vale ressaltar, aqui, as observações feitas por Eros Roberto Grau, para quem "o princípio da função social tem nebulosa sua origem. Teria sido, segundo alguns, formulado por Augusto Comte e postulado por Duguit, no começo do século [século passado]. Anota-se, todavia, a circunstância de que anteriormente a isto teria sido cogitado por São Basílio e São Tomás e retomado por Rousseau, no seu Projeto de Constituição para a Córsega. Ademais, se tomarmos do texto de Duguit, verificaremos que refere, em nota de rodapé, uma obra de Landry — *L'utilité sociale de la propriété individuelle* — publicada em 1901, e os *Principes de droit public*, de Hauriou, publicados em 1910, em que o princípio já teria sido exposto". E continua o autor afirmando que "antes disso, porém, como anota Pietro Barcellona, O. Gierke, em discurso publicado em Viena, em 1889 — sob o título A missão social do direito privado —, já afirmara, entre outros pontos, que à propriedade deveriam ser impostos deveres sociais; que a propriedade não deveria servir unicamente ao interesse egoístico dos indivíduos, mas ser ordenada no interesse de todos; que todo o Direito Imobiliário deveria transformar-se radicalmente, para constituir um sistema especial, pois as normas que regulam a propriedade dos imóveis não podem ser as mesmas que governam a propriedade das coisas móveis" (*Elementos de direito econômico*, p. 113-114). E Maria Sylvia Zanella Di Pietro defende que a inspiração mais próxima do princípio da função social da propriedade é a "'doutrina social da Igreja', tal como exposta nas Encíclicas *Mater et Magistra*, do Papa João XXIII, de 1961, e *Centesimus Cennus*, de 1991, de João Paulo II, nas quais se associa a propriedade a uma função social, ou seja, à função de servir de instrumento para a criação de bens necessários à subsistência de toda a humanidade" (*Direito administrativo*, p. 123).

[64] SUSTAETA ELUSTIZA. *Propiedad y urbanismo*: lo urbanístico como límite del derecho de propiedad, p. 291. A respeito do termo *socialista* empregado pelo autor, vale indicar aqui as palavras de Léon Duguit (*Les transformations générales du droit privé depuis le Code Napoléon*, p. 8-9), que também emprega a palavra *socialista* para qualificar o novo sistema jurídico que se formava no começo do século XX, mas sem que isso significasse uma adesão a uma partido socialista qualquer. Afirma o mestre francês que o termo serve apenas para fixar a oposição entre um sistema jurídico fundado sobre a ideia de direito subjetivo do indivíduo, e outro baseado na ideia de uma regra social imposta ao indivíduo.

fato de possuir uma riqueza, tem essa função social a cumprir. Isto porque a propriedade existe e deve existir "como condição indispensável da prosperidade e grandeza social".[65] Nota-se a identificação com o ideário positivista descrito linhas acima, que pregava a consideração do proprietário como um simples depositário que tinha o dever de utilizar o bem em prol do bem-estar da coletividade.

Para explicar a transformação que se verificava nas concepções jurídicas após o Código de Napoleão, Léon Duguit afirma que as características gerais de tais mudanças podem ser resumidas em duas proposições gerais:

i) a Declaração dos Direitos do Homem, o Código de Napoleão e todos os códigos modernos baseavam-se em uma concepção puramente individualista do Direito. Ao contrário, o sistema jurídico que estava sendo elaborado era fundado sobre uma concepção essencialmente socialista;[66] e

ii) o sistema jurídico liberal repousava na ideia metafísica de direito subjetivo, enquanto que a nova ordem jurídica estava sendo apoiada sobre o conceito de função social, que passou a ser imposta aos indivíduos e aos grupos sociais.[67]

Nesse diapasão, Duguit ataca a noção de direito subjetivo, afirmando que as infindáveis controvérsias acerca de sua verdadeira natureza são a melhor prova de tudo o que há de artificial e de precário em sua concepção. Ao final, diz o autor, todas essas discussões levam à seguinte definição: o direito subjetivo é o poder que corresponde a uma vontade de se impor a uma ou a várias outras vontades, quando se deseja algo que não está proibido pela lei. Os alemães, afirma, notadamente Jellinek, asseveram que o direito subjetivo é um poder de querer, ou o poder de impor aos outros o respeito ao seu querer.[68]

---

[65] GUERRA. *Aspectos jurídicos do uso do solo urbano*, p. 56.

[66] Vide nota 64 supra sobre o termo "socialista" ora empregado.

[67] DUGUIT. *Les transformations générales du droit privé depuis le Code Napoléon*, p. 8-9.

[68] DUGUIT. *Les transformations générales du droit privé depuis le Code Napoléon*, p. 9-10.

No que tange ao direito subjetivo de propriedade, o autor diz que é entendido como o direito do proprietário de impor a outrem o respeito à sua vontade de usar como quiser a coisa que detém. Assim, a noção de direito subjetivo implicaria sempre duas vontades concomitantes: uma vontade que pode impor-se a outra vontade; uma vontade que é superior a outra. Disso resulta uma hierarquia de vontades, uma medida de vontade, e uma afirmação sobre a natureza e a força da substância desejada.[69]

Mas Duguit assevera que é impossível medir a natureza e a força da vontade humana através da ciência positiva e, em consequência, a noção de direito subjetivo estaria arruinada. Tratar-se-ia de uma noção de ordem metafísica que não poderia ser sustentada "dans une époque de réalisme et de positivisme comme la nôtre".[70]

A seguir, o mesmo autor explicita a influência que o positivismo exerceu sobre o seu pensamento ao citar Augusto Comte, que afirmou que a palavra "direito" deveria ser tão afastada da verdadeira linguagem política, quanto a palavra "causa" da verdadeira linguagem filosófica. De fato, no Estado positivo, ainda segundo Comte, a ideia de direito desaparece irrevogavelmente, pois cada pessoa tem os seus próprios deveres, mas ninguém tem nenhum direito propriamente dito. Em outras palavras, ninguém possui outro direito além daquele de cumprir sempre o seu dever.[71]

Duguit prossegue justificando a sua tese do desaparecimento do conceito de direito subjetivo, afirmando que falar em direitos do homem natural, do indivíduo em si, isolado dos seus semelhantes, é uma contradição. Isto porque todo o direito, por definição, implica uma relação entre dois sujeitos. Assim, um homem isolado e absolutamente separado de seus semelhantes não pode possuir direitos. O indivíduo somente pode ter direitos se ele vive em sociedade,

---

[69] DUGUIT. *Les transformations générales du droit privé depuis le Code Napoléon*, p. 12.

[70] DUGUIT. *Les transformations générales du droit privé depuis le Code Napoléon*, p. 13.

[71] DUGUIT. *Les transformations générales du droit privé depuis le Code Napoléon*, p. 13-14. No original, são palavras de Comte: "(...) En d'autres termes, nul ne possède plus d'autre droit que celui de toujours faire son devoir".

e pelo fato mesmo de viver em sociedade. "Robinson dans son île n'a pas de droits", diz textualmente o autor.[72]

Essas ideias são trazidas para o âmbito jurídico da propriedade, a qual, segundo o autor em comento, não pode mais ser considerada um direito intangível, absoluto, que o proprietário tem sobre a coisa detida.[73]

Com efeito, Léon Duguit, depois de afirmar que a propriedade é condição indispensável para a prosperidade das sociedades, e que as doutrinas coletivistas são um retorno à barbárie, defende que ela não pode mais ser entendida como um direito, e sim como uma função social.[74] Isso quer dizer que o proprietário, detentor de

---

[72] DUGUIT. *Les transformations générales du droit privé depuis le Code Napoléon*, p. 18. Também Hans Kelsen rechaça o conceito tradicional de direito subjetivo, o qual seria decorrente da doutrina do Direito natural, e aborda especialmente a questão do direito subjetivo da propriedade. Diz o autor que "a concepção tradicional de que o direito é um objeto do conhecimento jurídico diferente do dever, de que àquele caberia mesmo a prioridade em relação a este, é sem dúvida devida à doutrina do Direito natural. Esta parte da suposição de direitos naturais, de direitos inatos ao homem, que existem antes de toda e qualquer ordem jurídica positiva. Entre eles desempenha um papel principal o direito subjetivo da propriedade individual. A função de uma ordem jurídica positiva (do Estado), que põe termo ao estado de natureza, é, de acordo com esta concepção, garantir os direitos naturais através da estatuição dos correspondentes deveres. (...) Se se afasta a hipótese desses direitos naturais e se reconhecem apenas os direitos estatuídos por uma ordem jurídica positiva, então verifica-se que um direito subjetivo, no sentido aqui considerado, pressupõe um correspondente dever jurídico, é mesmo este dever jurídico" (*Teoria pura do direito*, p. 144-147). No que se refere aos direitos reais, Kelsen, de início, afasta a distinção entre esses e os chamados direitos pessoais. Os primeiros significariam, na verdade, assim como os segundos, o dever de uma certa pessoa em face de outra: justamente o dever de não impedir ou dificultar a livre disposição de uma determinada coisa por parte de seu proprietário. Assim, o direito real não seria, como quer a concepção clássica, "o direito de um indivíduo a dispor por qualquer forma de uma coisa determinada, e sim o dever de uma determinada conduta em face de um indivíduo determinado". Portanto, "o *jus in rem* é também um *jus in personam*". Afirma, ainda, que a distinção entre direito real subjetivo e direito pessoal, "importante para sistemática do direito civil, tem um pronunciado caráter ideológico". De fato, defende Kelsen "que a definição da propriedade como relação entre uma pessoa e uma coisa encobre a sua função econômico-socialmente decisiva: uma função que — na medida em que se trata de propriedade dos meios de produção — é designada pela doutrina socialista — se com razão ou sem ela é coisa que não importa aqui decidir — como 'exploração', uma função que, em qualquer dos casos, consiste precisamente na relação do proprietário com todos os outros sujeitos que são excluídos da ingerência na sua coisa, que são obrigados, pelo Direito objetivo, a respeitar o exclusivo [e ilimitado] poder de disposição do proprietário". Como decorrência, tem-se que, em verdade, o direito subjetivo de propriedade seria "apenas o reflexo do dever jurídico dos outros".

[73] DUGUIT. *Les transformations générales du droit privé depuis le Code Napoléon*, p. 21.

[74] Nessa direção, Eros Roberto Grau assevera que o problema da compatibilização entre a ideia de propriedade como direito subjetivo e como função social inexistia para Duguit, "pois para

uma riqueza, tem, pelo fato mesmo de possuir tal riqueza,[75] uma função social a cumprir. Desde que ele cumpra essa missão, seus atos de proprietário estarão protegidos pela ordem jurídica. Se ele não a cumprir, ou a cumprir mal, a intervenção estatal seria legítima para obrigá-lo "à remplir sa fonction sociale de propriétaire, qui consiste à assurer l'emploi des richesses qu'il détient conformément à leur destination".[76]

Explica o autor que, de acordo com o ideário liberal de propriedade como direito absoluto, o proprietário tinha tanto o direito de usar, gozar e dispor da coisa, quanto o de não usar, não gozar e nem dispor do seu bem. Consequentemente, podia deixar suas terras sem cultivo, seus terrenos sem construção e suas casas sem locação.[77]

Todavia, tudo muda a partir do surgimento do conceito de propriedade-função social. Conclui Duguit que o proprietário passa a ter o *dever*, e portanto o *poder*, de empregar a coisa detida na satisfação de suas necessidades individuais, mas, concomitantemente, tem o *dever*, e portanto o *poder*, de destinar o uso do bem para a satisfação do interesse comum de toda a coletividade.[78]

---

ele inexistiria o direito subjetivo: tratar-se-ia de uma noção metafísica e, ademais, falar de direitos anteriores à sociedade é falar de nada" (*A ordem econômica na Constituição de 1988*: interpretação e crítica, p. 241).

[75] Importante lembrar que Duguit ressalta que a situação econômica que a propriedade representa não desaparece, e, de fato, não deve desaparecer. O que ele afirma é que a noção jurídica sobre a qual repousa sua proteção social é alterada. Apesar disso, a propriedade individual permanece protegida contra todas as interferências indevidas, mesmo aquelas promovidas pelo poder público. Aliás, no novo sistema ela seria protegida mais intensamente do que na concepção tradicional de propriedade (*Les transformations générales du droit privé depuis le Code Napoléon*, p. 160).

[76] DUGUIT. *Les transformations générales du droit privé depuis le Code Napoléon*, p. 21. Conforme leciona Pedro Escribano Collado, "Duguit rechaza de plano el concepto de propiedad como derecho subjetivo, lo cual no es rechazar la existencia misma de la propiedad privada, sino hacer hincapié en su naturaleza de derecho-función, esto es, en el dato de ser no un poder incondicionado, sino un poder jurídico que tiene una razón de ser específica de la que no puede desviarse: la de satisfacer necesidades individuales o colectivas" (*La propiedad privada urbana*: encuadramiento y régimen, p. 101).

[77] DUGUIT. *Les transformations générales du droit privé depuis le Code Napoléon*, p. 153.

[78] DUGUIT. *Les transformations générales du droit privé depuis le Code Napoléon*, p. 165-166. Orlando Gomes ensina que, para Duguit, "a ordem jurídica asseguraria aos indivíduos o poder de usar e desfrutar uma coisa para que o exercessem em benefício de todos. Através desse conceito de que a propriedade, por definição, impõe deveres, explicar-se-iam as crescentes limitações que a lei está opondo ao exercício desse poder sobre as coisas.

Apesar da influência que exerceu sobre o instituto da propriedade privada, e sobre o direito civil em geral, o pensamento de Duguit é alvo de muitas críticas. A doutrina ataca a descaracterização da propriedade como um direito subjetivo e a sua total absorção pela noção de função social. Na realidade, a propriedade não *é*, e sim *possui* uma função social.[79]

Orlando Gomes considerou "vazia de conteúdo" a teoria da propriedade-função social. Afirma que a sua grande aceitação se deve ao fato de "conter uma satisfação psicológica ambivalente, pois, do mesmo passo que condenava os excessos a que conduzia a noção quiritária do domínio, justificava a necessidade da propriedade privada". Todavia, para o autor, "na sua substancialidade lógica, a idéia de propriedade-função não resistia a uma análise mais profunda". Citando Gaston Morin, demonstra o ilogismo da elaboração do conceito, constituído na introdução da ideia de função na noção de direito subjetivo. Tal caracterizaria uma contradição estrutural, posto que impossível a cumulação dos conceitos de direito e de função.[80]

De sua parte, Ángel Sustaeta Elustiza também discorda da absorção do conteúdo do direito de propriedade pelo da função social. Esta última apenas condiciona, estimula e dirige aquele, e "otra cosa sería tanto como la negación de todo derecho". Referindo-se ao ordenamento jurídico espanhol, afirma que a função social não anula o direito de propriedade, "por cuanto que es principio de nuestro ordenamiento la imperativa admisión del postulado de la iniciativa privada (...)".[81]

Outrossim, defende a doutrina contrária ao pensamento de Duguit que o conceito de direito subjetivo de propriedade

---

O interesse geral, em função do qual se legitima a sua utilização econômica, estaria a exigir, no momento, maiores restrições aos poderes do proprietário" (Evolução contemporânea do direito de propriedade. *Revista Forense*, p. 14).

[79] Cf. GUERRA. *Aspectos jurídicos do uso do solo urbano*, p. 57. A autora lembra que, mesmo nos países socialistas, a existência da propriedade-função social é admitida apenas no que concerne aos bens de produção.

[80] GOMES. Evolução contemporânea do direito de propriedade. *Revista Forense*, p. 14.

[81] SUSTAETA ELUSTIZA. *Propiedad y urbanismo*: lo urbanístico como límite del derecho de propiedad, p. 293. O autor refere-se a "Ley de Principios del M.N. de 17.5.1958", "punto X", que "reconoce a la propiedad en todas sus formas como derecho condicionado a su función social".

e a noção de função social podem coexistir. Não há a alegada incompatibilidade entre ambos.[82] A seguir, o tema será abordado mais profundamente.

1.2.2 Conceituação do princípio da função social da propriedade. Compatibilidade entre os conceitos de direito subjetivo e função social

Carlos Ari Sundfeld afirma que a aparente contradição entre a ideia de garantia de um direito individual de propriedade e o estabelecimento de uma função social não é jurídica, "mas apenas histórica e ideológica".[83] Afinal, a noção de direito subjetivo de propriedade, juntamente com a de liberdade e com a concepção civilista de autonomia da vontade, servia "para garantir um modelo econômico e uma conseqüente necessidade prática: a de proteger o indivíduo contra o excessivo poder do Estado, permitindo-lhe o desempenho, totalmente autônomo, de sua atividade".[84]

Assim, o surgimento do princípio da função social da propriedade[85] não representa a extinção da propriedade privada; esta apenas passa a ser vinculada a outros interesses "que não os

---

[82] Nesse sentido, Pietro Barcelona (*Diritto privato e società moderna*, p. 299-301). Este autor critica a orientação que prega a incompatibilidade da função social com a ideia de direito subjetivo de propriedade. Para ele, tal pensamento erra já na colocação do problema, pois assume, *a priori*, o conceito abstrato de propriedade, anteposto ao dado normativo. Segundo o autor, "il proprietario può scegliere tra i vari usi del bene, può perseguire in questa scelta il proprio interesse, ma fra i vari moduli di utilizzazione del bene è protetto soltanto quello che contemporaneamente sai socialmente accettabile. La funzione sociale in definitiva, non costituisce la fascia esterna della proprietà. Essa, al contrario, identifica positivamente il contenuto stesso della situazione di appartenenza e si esprime 'normalmente' attraverso l'imposizione di obblighi di comportamento e di limiti incidenti sulla libertà di imprimere al bene la destinazione voluta".

[83] SUNDFELD. Função social da propriedade. In: DALLARI; FIGUEIREDO (Coord.). *Temas de Direito Urbanístico - 1*, p. 3.

[84] SUNDFELD. Função social da propriedade. In: DALLARI; FIGUEIREDO (Coord.). *Temas de Direito Urbanístico - 1*, p. 4. Lembra o autor que "é preciso perceber que o conceito de propriedade não nasceu com esta conotação individualista, tanto que já existia antes dela. Foi, em verdade, adaptado a ela, seguindo uma tendência do Direito privado da época".

[85] Para Carlos Ari Sundfeld, o nascimento do princípio da função social da propriedade representou o "compromisso entre a ordem liberal e a ordem socializante, de maneira a incorporar à primeira certos ingredientes da segunda" (Função social da propriedade. In: DALLARI; FIGUEIREDO (Coord.). *Temas de Direito Urbanístico - 1*, p. 2).

exclusivos do proprietário". Na realidade, imprimiu-se à propriedade "uma certa significação pública, vale dizer", pretendeu-se "trazer ao Direito Privado algo até então exclusivo do Direito Público: o condicionamento do poder a uma finalidade".[86]

De fato, o pleno exercício dos *poderes* do proprietário sobre o bem passa a ser condicionado ao cumprimento de *deveres* impostos em prol da sociedade. Mas isso não significa a desnaturação do direito de propriedade: trata-se, apenas, de lhe impor "cerceamentos diferenciados".[87]

Eros Roberto Grau também defende a compatibilidade entre direito subjetivo e função. Para o autor, o direito subjetivo não é simplesmente uma *faculdade* do indivíduo, ou seja, não se pode admitir a noção jusnaturalista de direito subjetivo que o iguala à *facultas agendi*.[88] Na verdade, o direito subjetivo é a permissão jurídica para o uso da faculdade atribuída ao indivíduo. "Assim, ser titular de um direito subjetivo é estar autorizado, pelo ordenamento jurídico, a praticar ou a não praticar um ato — isto é, a transformar em ato a potência, ou seja, a aptidão para a prática de tal ato".[89]

Prossegue o autor afirmando que a transformação, juridicamente autorizada, da faculdade do indivíduo em ato — o próprio direito *subjetivo* — "deve ser exercida dentro dos limites da autorização".[90] Assim, através dessa mesma autorização, pode o

---

[86] SUNDFELD. Função social da propriedade. In: DALLARI; FIGUEIREDO (Coord.). *Temas de Direito Urbanístico - 1*, p. 5.

[87] SUNDFELD. Função social da propriedade. In: DALLARI; FIGUEIREDO (Coord.). *Temas de Direito Urbanístico - 1*, p. 5.

[88] A respeito, Tercio Sampaio Ferraz Junior ressalta que a dicotomia entre o direito subjetivo e objetivo são modernas: "os romanos, pelo menos no sentido técnico de expressão, não conheceram o que hoje chamamos de direito subjetivo. Havia, é verdade, no *jus* romano algo que não se confundia com a *lex*, que os juristas medievais iriam expressar em termos de *facultas agendi* e *norma agendi*, a faculdade de agir e a norma de agir, termos esse que perseveram, até hoje". Ensina o autor que a referida dicotomia "pretende realçar que o direito é um fenômeno *objetivo*, que não pertence a ninguém socialmente, que é um dado cultural, composto de normas, instituições, mas que, de outro lado, é também um fenômeno *subjetivo*, visto que faz, dos sujeitos, titulares de poderes, obrigações, faculdades, estabelecendo entre eles relações" (*Introdução ao estudo do direito*: técnica, decisão, dominação, p. 143).

[89] GRAU. *Direito urbano*: regiões metropolitanas, solo criado, zoneamento e controle ambiental, projeto de lei de desenvolvimento urbano, p. 69.

[90] GRAU. *Direito urbano*: regiões metropolitanas, solo criado, zoneamento e controle ambiental, projeto de lei de desenvolvimento urbano, p. 69.

Parcelamento, edificação e utilização compulsórios de imóveis públicos urbanos | 41

direito objetivo exigir também vários requisitos para o seu regular exercício, sem que isso signifique uma incoerência em seu texto. Ou seja, pode o mesmo preceito que reconhece o direito subjetivo do proprietário impor-lhe determinados deveres e obrigações,[91] cujo descumprimento pode significar a perda do próprio direito. Em outras palavras:

> (...) a permissão jurídica para o exercício de uma faculdade pode perfeitamente ser concedida mediante a introdução, como elementos dela (= da permissão) integrantes, de vários requisitos, aí incluídos tantos quantos atribuam deveres e ônus para o titular da permissão, isto é, do direito subjetivo.[92]

O mesmo autor afirma, ainda, que é preciso considerar, na análise da compatibilidade entre a noção de direito subjetivo e a de função social, o conceito de *função* elaborado por Santi Romano:

> As funções (*officia, munera*) são os poderes que se exercem não por interesse próprio, ou exclusivamente próprio, mas por interesse de outrem ou por um interesse objetivo. Deles se encontram exemplos mesmo no direito privado (o pátrio-poder, o ofício do executor testamentário, do tutor etc.), mas no direito público sua figura é predominante. Com efeito, os interesses objetivos tutelados pelo Estado e os que nele se personificam são também interesses da coletividade considerada no seu conjunto e prescindindo de cada um dos que a compõe: os poderes do Estado são, em regra, funções.[93]

---

[91] GRAU. *Direito urbano*: regiões metropolitanas, solo criado, zoneamento e controle ambiental, projeto de lei de desenvolvimento urbano, p. 69.

[92] GRAU. A propriedade rural e a função social da propriedade. *Revista Trimestral de Direito Público*, p. 43.

[93] ROMANO. *Princípios de direito constitucional geral*, p. 145. Sobre o tema, a manifestação de Celso Antônio Bandeira de Mello: "Existe função quando alguém está investido no 'dever' de satisfazer dadas finalidades em prol do 'interesse de outrem', necessitando, para tanto, manejar os poderes requeridos para supri-las. Logo, tais poderes são 'instrumentais' ao alcance das sobreditas finalidades. Sem eles, o sujeito investido na função não teria como desimcumbir-se do 'dever' posto a seu cargo. Donde, quem os titulariza maneja, na verdade, 'deveres-poderes', no 'interesse alheio'" (*Curso de direito administrativo*, p. 62). Ainda, Fábio Konder Comparato ensina que "o substantivo *functio*, na língua matriz, é derivado do verbo depoente *fungor* (*functus sum, fungi*), cujo significado primigênio é de cumprir algo, ou desempenhar-se de um dever ou uma tarefa" (Estado, empresa e função social. *Revista dos Tribunais*, p. 40).

Portanto, para Eros Roberto Grau, percebe-se que direitos subjetivos como o direito ao exercício do pátrio poder, ao ofício de testamenteiro e à tutela consubstanciam, concomitantemente, uma função, entendida esta como "um poder que não se exercita exclusivamente no interesse de seu titular, mas também no de terceiros".[94] De maneira similar, o direito subjetivo de propriedade pode ou não ser caracterizado pelo ordenamento jurídico como função. No Direito pátrio, por exemplo, o princípio da função social, consagrado constitucionalmente,[95] deve integrar o seu conteúdo e, daí, tem-se que o direito subjetivo em causa é, ao mesmo tempo, função — "sem que aí se instale qualquer contradição dogmática".[96]

Os ensinamentos acima são acatados no que se refere à possibilidade de coexistência do direito subjetivo e da função, mas refutados quanto à ideia de ser o direito subjetivo igualado à noção de função. Conforme adiante demonstrado, na verdade, o direito de propriedade *tem uma* função social a cumprir, e não é uma função social.

Aliás, o próprio autor citado, não obstante afirmar que a "introdução do conceito de 'função social' no sistema que reconhece e garante a propriedade", provoca o surgimento de "verdadeiras propriedades-função social", assevera, outrossim, que a "propriedade continua a ser um direito subjetivo, porém com uma função

---

[94] GRAU. *Direito urbano*: regiões metropolitanas, solo criado, zoneamento e controle ambiental, projeto de lei de desenvolvimento urbano, p. 70.

[95] Constituição Federal, artigos 5º, XXIII; 170, III; 182, §2º; e 186.

[96] GRAU. *Direito urbano*: regiões metropolitanas, solo criado, zoneamento e controle ambiental, projeto de lei de desenvolvimento urbano, p. 70. Fábio Konder Comparato afirma que "há funções exercidas no interesse de uma pessoa ou de pessoas determinadas — como o pátrio poder, a tutela e a curatela — e funções que devem ser desempenhadas em benefício da coletividade" (Estado, empresa e função social. *Revista dos Tribunais*, p. 38). Para o autor, somente nesta última hipótese é apropriado falar-se em função social. Sobre o tema, discorre Marina Mariani de Macedo Rabahie: "A novidade reside exatamente no fato de serem atribuídas 'funções' ao proprietário particular, que sempre se manteve, perante o Estado, numa posição que a este era diametralmente oposta: enquanto ao Estado não é dado agir sob o ímpeto da vontade, é largamente sabido e difundido que ao administrado 'não' é vedado reunir poderes que lhe permitam um comportamento exclusivamente baseado em atos de sua vontade, desde que, é claro, para tanto não exista impedimento de ordem legal" (Função social da propriedade. In: DALLARI; FIGUEIREDO (Coord.). *Temas de Direito Urbanístico - 2*, p. 227).

social".[97] Não se trata mais de um direito subjetivo que se justifica unicamente pela sua origem, "mas que remanesce na medida em que entendemos que seu fundamento é inseparável da consideração de seu uso".[98]

Eros Roberto Grau demonstra, ainda, que a compatibilização entre direito subjetivo e função pode ser demonstrada também através da distinção entre os momentos *estático* e *dinâmico* da propriedade. Em um primeiro momento, considerada estaticamente, "como expressão da situação jurídica do proprietário, a propriedade é 'direito subjetivo'". No segundo, entretanto, quando examinada em seu dinamismo, "a propriedade é 'função'".[99]

Dessa forma, além do momento estático da propriedade, relacionado ao direito subjetivo do proprietário (poder) e fundado na relação de pertinência, deve ser considerado, outrossim, o seu momento dinâmico, de utilização. "Assim, é ela 'função' (dever) — isto é, é instrumento de uma função — quando vista e entendida como 'atividade'".[100] Tal não significa a substituição da ideia de poder, relacionada ao direito subjetivo, pela ideia de dever, ligada à função; "trata-se, simplesmente, de compreender que a propriedade deve ser examinada em 'dois momentos distintos': um, o momento estático, quando ela é regulada em termos de pertença ou pertinência — e aí é faculdade que se pode transmutar em ato em decorrência de permissão jurídica [direito subjetivo], é poder; outro, o momento dinâmico, em que regulada em razão do fim a que socialmente se destina [função]".[101]

Fixada a premissa acima, no sentido de ser admitida a coexistência entre o conceito de direito subjetivo e a ideia de função social da propriedade, conclui-se, com Celso Antônio Bandeira de Mello, no sentido de estar a propriedade "configurada como um direito que deve cumprir uma função social e não como sendo

---

[97] GRAU. *A ordem econômica na Constituição de 1988*: interpretação e crítica, p. 243.

[98] GRAU. *A ordem econômica na Constituição de 1988*: interpretação e crítica, p. 243.

[99] GRAU. *Elementos de direito econômico*, p. 120-121.

[100] GRAU. *Elementos de direito econômico*, p. 121.

[101] GRAU. *Elementos de direito econômico*, p. 121.

pura e simplesmente uma função social, isto é, bem protegido tão só na medida em que a realiza".[102]

Concebemos a função social da propriedade como o *dever-poder*[103] do proprietário de exercer o seu direito de propriedade sobre o bem no sentido de atender ao interesse de toda a coletividade. No intuito de cumprir tal mister, o proprietário utiliza os *poderes* que tem sobre a coisa, que correspondem aos poderes inerentes ao seu direito subjetivo de propriedade.[104] Portanto, a propriedade tem uma função social que é cumprida através da utilização dos próprios poderes a ela inerentes.[105]

Nesse sentido, Marina Mariani de Macedo Rabahie ressalta:

> (...) o particular reúne um "poder" (que viabiliza o exercício de seu direito subjetivo de propriedade, garantido constitucionalmente) ao qual se conjuga um "dever-poder", que se exterioriza quando do exercício

---

[102] BANDEIRA DE MELLO. Novos aspectos da função social da propriedade no direito público. *Revista de Direito Público*, p. 41. No mesmo texto, o autor observa que "a entender-se que o protegido é a propriedade função-social, ter-se-ia, conseqüentemente, que concluir ausente a proteção jurídica a ou às propriedades que não estivessem cumprindo função social. Estas, pois, deveriam ser suscetíveis de serem perdidas, sem qualquer indenização, toda e cada vez que fosse demonstrável seu desajuste à função social que deveriam preencher". Nesse diapasão, Angel Sustaeta Elustiza afirma que "la doctrina en general reconoce que la función social en el derecho de propiedad es inmanente en el mismo como en todo derecho, y por ello, afirma que sí tiene una función social, más no es una función social" (*Propiedad y urbanismo*: lo urbanístico como límite del derecho de propiedad, p. 294).

[103] Celso Antônio Bandeira de Mello utiliza a expressão dever-poder ao dissertar sobre a função administrativa. Ensina que em vista do caráter de sujeição do poder "a uma finalidade instituída no interesse de todos — e não da pessoa exercente do poder —, as prerrogativas da Administração não devem ser vistas ou denominadas como 'poderes' ou como 'poderes-deveres'. Antes se qualificam e melhor se designam como 'deveres-poderes', pois nisto se ressalta sua índole própria e se atrai atenção para o aspecto subordinado do poder em relação ao dever, sobressaindo, então, o aspecto finalístico que as informa, do que decorrerão suas inerentes limitações" (*Curso de direito administrativo*, p. 62-63). Faz-se um paralelo com a função social da propriedade, à qual atribuímos o caráter de dever-poder, em vista dos poderes instrumentais com os quais conta o titular do direito de propriedade para cumprir o seu dever de utilizar o objeto desse direito com vistas ao bem-estar social.

[104] Na esteira das lições de Eros Roberto Grau exposta linhas acima, estão configurados, aqui, os momentos *dinâmico* e *estático* da propriedade, nessa ordem.

[105] Sílvio Luís Ferreira da Rocha nos fornece definição quase idêntica sobre a função social da propriedade, descrevendo-a como um "*poder-dever* ou um *dever-poder* do proprietário de exercer o seu direito de propriedade sobre o bem em conformidade com o fim ou interesse coletivo" (*Função social da propriedade pública*, p. 71). O autor utiliza as expressões *dever-poder* e *poder-dever*, mas preferimos utilizar a expressão *dever-poder* para bem ressaltar o caráter instrumental do direito de propriedade em relação à função social. O *poder-dever* seria justamente o direito de propriedade.

deste mesmo direito, com vistas ao atingimento de finalidades sociais. A procura desses interesses sociais demonstra a existência de um "poder" instrumentalizador de um "dever" maior e fundamental, dirigido a finalidades públicas e do qual não se pode dispor — o dever de satisfazer as necessidades que a vida comunitária acarreta.[106]

A autora citada deixa claro que, para chegar à conclusão acima exposta, partiu dos ensinamentos de Celso Antônio Bandeira de Mello, o qual, discorrendo sobre a função administrativa, afirma que "existe função quando alguém está investido no 'dever' de satisfazer dadas finalidades em prol do 'interesse de outrem', necessitando, para tanto, manejar os poderes requeridos para supri-las. Logo, tais poderes são 'instrumentais' ao alcance das sobreditas finalidades. Sem eles, o sujeito investido na função não teria como desimcumbir-se do 'dever' posto a seu cargo. Donde, quem os titulariza maneja, na verdade, 'deveres-poderes', no 'interesse alheio'".[107] Portanto, o autor ressalta o caráter instrumental do poder em relação à função, atribuindo a esta última a denominação de *dever-poder*.

Da mesma forma, atribuímos o caráter de *dever-poder* à função social da propriedade, posto que ao titular do direito subjetivo de propriedade foi instituída uma função, cujo instrumento de realização é justamente os poderes inerentes à figura de proprietário.[108]

De outra parte, Celso Antônio Bandeira de Mello ensina que cabe mais de uma intelecção a respeito do significado da expressão "função social da propriedade". Em um primeiro entendimento,

---

[106] RABAHIE. Função social da propriedade. In: DALLARI; FIGUEIREDO (Coord.). *Temas de Direito Urbanístico - 2*, p. 228.

[107] BANDEIRA DE MELLO. *Curso de direito administrativo*, p. 62.

[108] Maria Magnólia Lima Guerra lembra que "o atributo da bilateralidade constitui a essência de todo e qualquer direito. Isto significa que a ordem jurídica, ao garantir certo direito a alguém, implícita ou explicitamente, impõe a ela um correspondente 'dever'. Nisto está, como já se disse, a própria essência do direito, ou seja, a sua bilateralidade atributiva. Aí também se deve encontrar as matrizes da ordem jurídica sempre voltadas para a proteção e conciliação dos interesses dos homens conviventes, como seres individuais e sociais que o são. Se ela garante um direito, está a exigir, imediatamente, o seu dever correspondente. E o direito de propriedade não poderia ser exceção. Simplesmente, é que pelo fato de seu dever correspondente ser para com a coletividade, ele ficou por muito tempo esquecido. Só com o declínio do individualismo é que as atenções dos juristas voltaram-se para a tutela dos interesses sociais" (*Aspectos jurídicos do uso do solo urbano*, p. 58).

é possível considerar que a sua *função social* consiste em que a *propriedade* deve cumprir "um destino economicamente útil, produtivo, de maneira a satisfazer as necessidades sociais preenchíveis pela espécie tipológica do bem (ou pelo menos não poderá ser utilizada de modo a contraditar estes interesses".[109] Nessa concepção, ressalta-se a exigência de que o bem produza sua específica utilidade, ou, pelo menos, que não seja utilizado contrariamente à utilidade social.[110]

Todavia, observa o autor em comento, ainda a discorrer sobre essa primeira acepção, que "o sistema legal não pode negar proteção à propriedade alheiada de um destino socialmente útil, pena de transmudar a propriedade em mera função social, ao invés de reconhecê-la como um direito que se deve ajustar a uma função, mas sem dúvida pode agravar os que se recusam a tal submissão, estimulando-os, pois, a se vergarem ao intento constitucional".[111] Traz o mestre, aqui, mais uma justificativa para a definição da propriedade como um direito que deve cumprir uma função social, e não como a própria função social.

Em uma segunda acepção, a expressão *função social da propriedade* estaria ligada à persecução de objetivos de justiça social. Celso Antônio Bandeira de Mello, para justificar tal entendimento, e referindo-se ao texto da Constituição anterior, lembra que a finalidade da ordem econômica e social é realizar o desenvolvimento nacional e a justiça social. E, uma vez que tais fins hão de ser realizados com base, entre outros princípios, no da "função social da propriedade, é óbvio que esta foi concebida tomando em conta objetivos de justiça social".[112]

---

[109] BANDEIRA DE MELLO. Novos aspectos da função social da propriedade no direito público. *Revista de Direito Público*, p. 43.

[110] BANDEIRA DE MELLO. Novos aspectos da função social da propriedade no direito público. *Revista de Direito Público*, p. 43.

[111] BANDEIRA DE MELLO. Novos aspectos da função social da propriedade no direito público. *Revista de Direito Público*, p. 44. O autor refere-se, no texto citado, à Constituição anterior.

[112] BANDEIRA DE MELLO. Novos aspectos da função social da propriedade no direito público. *Revista de Direito Público*, p. 44. O dispositivo constitucional a que se refere o autor é o art. 160 da Constituição Federal anterior, mas o art. 170 da Carta de 1988 também elenca, em seu inciso III, a função social da propriedade como princípio da ordem econômica, "que tem por fim assegurar a todos existência digna, conformes os ditames da justiça social".

Concluímos as considerações feitas até aqui com os ensinamentos de Pedro Escribano Collado, que ressalta que o direito subjetivo deixou de ser caracterizado por um conteúdo abstrato e homogêneo, passando a constituir uma figura complexa dentro da qual se combinam deveres, limites e obrigações com poderes e faculdades diferentes em cada caso, segundo os interesses levados em consideração por cada ordenamento. Para o autor, essa figura complexa e variável não é incompatível com a noção de função. Ao contrário, a nova concepção de direito subjetivo encontra sua razão de ser justamente na ideia de função (posto ser, como já visto, instrumento para o atingimento de fins de caráter coletivo).[113] E esse elemento funcional constitui, dentro da estrutura interna do direito subjetivo, uma instância causal que adquire relevância tanto no momento do reconhecimento e garantia do direito, quanto no de seu exercício.[114]

De todo o exposto, conclui-se que o direito subjetivo de propriedade foi alterado em seu próprio conteúdo pela introdução de sua função social. Ao lado das prerrogativas de usar, gozar e dispor da coisa em seu proveito, o proprietário passa a ter que utilizar o bem também em prol da coletividade. O poder transformou-se em poder-dever.

1.3 Função social da propriedade e limitações à propriedade

Preliminarmente, cabe ressaltar que adotamos, neste particular, a posição de Celso Antônio Bandeira de Mello, exposta na seção 1.1 deste trabalho. Para o autor, não há de se falar em restrições ou limitações ao direito de propriedade, mas sim de

---

[113] ESCRIBANO COLLADO. *La propiedad privada urbana*: encuadramiento y régimen, p. 119.

[114] ESCRIBANO COLLADO. *La propiedad privada urbana*: encuadramiento y régimen, p. 119. Discorrendo sobre o texto de Escribano Collado, José Afonso da Silva ressalta que a função social atinge o "regime de atribuição do direito e o regime de seu exercício. Pelo primeiro, cumpre um objetivo de legitimação, enquanto determina uma causa justificadora da qualidade de proprietário. Pelo segundo, realiza um objetivo de harmonização dos interesses sociais e dos privativos de seu titular, através da ordenação do conteúdo do direito" (*Direito urbanístico brasileiro*, p. 68).

restrições ou limitações à propriedade. Isso porque, como ensina o jurista, "o direito de propriedade é a expressão juridicamente reconhecida à propriedade. É o perfil jurídico da propriedade. É a propriedade, tal como configurada em dada ordenação normativa". Esse sistema normativo pode prever tais e quais limitações aos poderes do proprietário, mas essas limitações fazem parte da própria definição do direito.[115] Não podem, portanto, ser consideradas limitações ao direito, posto que nascem com ele. Daí, referimo-nos no título desta seção a limitações à propriedade, e não a limitações ao direito de propriedade.

Feitas essas considerações iniciais, lembra-se que na seção relativa à evolução do conceito de propriedade, foi ressaltado que a propriedade, desde tempos remotos, sempre sofreu limitações, que podiam ser estabelecidas em razão do interesse público ou privado. Faz-se importante, neste ponto, destacar que a função social da propriedade, como será detalhado a seguir, não pode ser considerada apenas mais uma dessas limitações.

José Afonso da Silva alerta que o princípio da função social da propriedade muitas vezes é confundido com os sistemas de limitação da propriedade.[116] Na realidade, afirma, não se confundem os institutos, pois "limitações dizem respeito ao exercício do direito, ao proprietário, enquanto a função social interfere com a estrutura do direito mesmo".[117] Com efeito, a função social passa a fazer parte da estrutura do direito de propriedade, agindo como "elemento qualificante na predeterminação dos modos de aquisição, gozo e utilização dos bens".[118] Já as limitações ao direito de

---

[115] BANDEIRA DE MELLO. Novos aspectos da função social da propriedade no direito público. *Revista de Direito Público*, p. 39.

[116] Hely Lopes Meirelles afirma que "as limitações urbanísticas, como as administrativas, embasam-se no art. 170, III, da CF, que condiciona a utilização da propriedade à sua 'função social'. São, portanto, limitações de uso da propriedade, e não da propriedade em sua substância; são limitações ao exercício de direitos individuais, e não aos direitos em si mesmos. E exatamente por não atingirem a substância da propriedade, nem afetarem o direito individual em sua essência constitucional, é que as limitações urbanísticas podem ser expressas por lei ou regulamento de qualquer das entidades estatais, desde que observem e respeitem as competências institucionais de cada uma delas" (*Direito municipal brasileiro*, p. 517).

[117] SILVA. *Direito urbanístico brasileiro*, p. 65.

[118] SILVA. *Direito urbanístico brasileiro*, p. 66.

propriedade não alteram a sua configuração estrutural, "vinculando simplesmente a atividade do proprietário, interferindo tão-só com o exercício do direito, e se explicam pela simples atuação do poder de polícia".[119]

Pietro Perlingieri adverte, por sua vez, que "a função social predeterminada para a propriedade privada não diz respeito exclusivamente aos seus limites".[120] Referindo-se ao art. 42 da Constituição italiana, cujo texto atribui à lei ordinária a fixação dos "modos de aquisição, de gozo e os limites com o objetivo de assegurar a sua função social", afirma que "esta última concerne o conteúdo global da disciplina proprietária, não apenas os limites".[121] Para o autor, a função social, caso entendida como conjunto de limites, significaria apenas uma noção do tipo negativo destinada a reduzir os poderes do proprietário, os quais, ausentes esses limites, restariam *íntegros* e *livres*. Tal resultado estaria próximo à *perspectiva tradicional.*[122]

Ocorre que, "em um sistema inspirado na solidariedade política, econômica e social e no pleno desenvolvimento da pessoa" (o autor refere-se ao art. 2º da Constituição italiana),[123] a função social assume um papel promocional, direcionando as formas de propriedade no sentido de garantir os valores sobre os quais se funda o ordenamento. E isso não se realiza se a função social for reduzida à disciplina dos limites, pois deve ser entendida como "a própria razão pela qual o direito de propriedade foi atribuído a um determinado sujeito".[124]

Nessa mesma direção, Fábio Konder Comparato ressalta:

> (...) quando se fala em função social da propriedade não se indicam as restrições ao uso e gozo dos bens próprios. Estas últimas são limites negativos aos direitos do proprietário. Mas a noção de função, no

---

[119] SILVA. *Curso de direito constitucional positivo*, p. 281.

[120] PERLINGIERI. *Perfis do direito civil*: introdução ao direito civil constitucional, p. 226.

[121] PERLINGIERI. *Perfis do direito civil*: introdução ao direito civil constitucional, p. 226.

[122] PERLINGIERI. *Perfis do direito civil*: introdução ao direito civil constitucional, p. 226.

[123] Constituição italiana, art. 2º: "A República reconhece e garante os direitos invioláveis do homem, quer como ser individual quer nas formações sociais onde se desenvolve a sua personalidade, e requer o cumprimento dos deveres inderrogáveis de solidariedade política, econômica e social".

[124] PERLINGIERI. *Perfis do direito civil*: introdução ao direito civil constitucional, p. 226.

sentido em que é empregado o termo nesta matéria, significa um poder, mais especificamente, o poder de dar ao objeto da propriedade destino determinado, de vinculá-lo a certo objetivo.[125]

Liana Portilho Mattos segue a mesma linha, ao afirmar que é incorreto referir-se à função social da propriedade como um limite para a atuação do proprietário, pois isso equivaleria a atribuir-lhe um caráter meramente negativo. Ao contrário, "é preciso ter em mente que a idéia jurídica de função é sempre a de uma atividade cujos efeitos benéficos projetam-se para além do universo de interesses secundários de seu exercente".[126] Assim, a função social funciona, na verdade, como norma imperativa da ação do titular do direito de propriedade em relação ao bem que lhe pertence "ou, ainda mais profundamente: como a razão mesma da atribuição do direito de propriedade a um determinado sujeito".[127]

Fábio Nusdeo, nesse mesmo sentido, ressalta a diferença entre o conceito de poder de polícia e o de função social da propriedade. Ensina que o primeiro foi historicamente utilizado, no campo do Direito Administrativo, para dar lastro à ação do Estado Liberal que visava "controlar ou coibir determinadas atividades, com vistas à defesa da saúde, da incolumidade, do sossego e da segurança da sociedade". Como exemplo, o autor cita as normas que fixam "gabaritos para a construção civil, leis de zoneamento, de proteção de mananciais, de segurança em edifícios e outras".[128] Esse poder de polícia foi atribuído ao Estado de acordo com os ditames da ideologia liberal, e significou o conjunto limitado de restrições que podiam ser impostas aos particulares pelo Poder Público, justamente para "impedir a interferência recíproca das esferas individuais de liberdade".[129]

---

[125] COMPARATO. Função social da propriedade dos bens de produção. *Revista de Direito Mercantil, Industrial, Econômico e Financeiro*, p. 75.

[126] MATTOS. *Nova ordem jurídico-urbanística*: função social da propriedade na prática dos tribunais, p. 45.

[127] MATTOS. *Nova ordem jurídico-urbanística*: função social da propriedade na prática dos tribunais, p. 46.

[128] NUSDEO. *Curso de economia*: introdução ao direito econômico, p. 207.

[129] NUSDEO. *Curso de economia*: introdução ao direito econômico, p. 135.

Todavia, salienta o autor que essas limitações impostas aos cidadãos possuíam um caráter negativo, isto é, procurava-se impedir malefícios causados por determinada atividade, mas eram "nitidamente insuficientes para dar conta da intrincada dinâmica dos mercados da atualidade, férteis na distribuição errática e aleatória de custos sociais". Nesse contexto surge o conceito de função social da propriedade, caracterizada por uma visão não mais negativa, mas positiva, segundo a qual não basta à propriedade "deixar de gerar efeitos nocivos, mas deve promover benefícios ainda quando indiretos ao todo social. Trata-se do conceito jurídico de poder-dever, isto é, o poder dado ao titular de um direito como instrumento para que ele cumpra o dever decorrente daquela titularidade. E, portanto, passa-se a exigir dele, titular do direito, não apenas uma abstenção, mas uma ação, da qual, supostamente, advirão benefícios gerais, por exemplo, construindo um edifício ou plantando em terrenos até então ociosos".[130]

Nesse diapasão, Eros Roberto Grau enfatiza que o princípio da função social da propriedade não pode ser concebido apenas negativamente — "isto é, como expressivo da imposição de um dever de não fazer ao proprietário". Caso contrário, estaríamos somente atribuindo uma outra denominação à clássica concepção de poder de polícia, *herança da ideologia do Estado Liberal*. Em realidade, a função social da propriedade acarreta a imposição ao proprietário de deveres de ação.[131]

Victor Carvalho Pinto ensina que o estabelecimento de obrigações de construir para proprietários de terrenos urbanos ociosos encontra fundamento na função social da propriedade, mas não no poder de polícia. Este apenas permite a imposição de obrigações de fazer no interesse da segurança e da salubridade públicas.[132] Daí, infere se que, na realidade, o poder de polícia pode também fundamentar a imposição de obrigações de fazer.

---

[130] NUSDEO. *Curso de economia*: introdução ao direito econômico, p. 207.

[131] GRAU. *Direito urbano*: regiões metropolitanas, solo criado, zoneamento e controle ambiental, projeto de lei de desenvolvimento urbano, p. 68.

[132] PINTO. *Direito urbanístico*: plano diretor e direito de propriedade, p. 188. Daí, extrai-se que, na realidade, o poder de polícia pode também fundamentar a imposição de obrigações de fazer, e não somente de obrigações de não fazer.

Fixamos, aqui, mais uma premissa — a de que função social da propriedade não pode ser confundida com limitações à propriedade, sejam estas decorrentes de direito privado, por exemplo as decorrentes do direito de vizinhança, ou de direito público. Tal diferenciação é essencial para a satisfatória compreensão do princípio em estudo. A seguir, será estudado o seu fundamento constitucional.

1.4 Fundamento constitucional do princípio da função social da propriedade

Antes de adentrarmos propriamente na questão da previsão do princípio da função social da propriedade na Carta Magna de 1988, vejamos como foi a evolução do tema no texto das várias Constituições Brasileiras.

1.4.1 Previsão do princípio nos textos das Constituições brasileiras

As Cartas de 1824 e 1891, sob forte influência do ideário liberal, apenas declaravam garantido o direito de propriedade em toda a sua plenitude, sem qualquer menção ao interesse social ou coletivo do uso da propriedade.

A Constituição de 1934, cuja elaboração foi influenciada pela Constituição de Weimar de 1919,[133] pela primeira vez no histórico constitucional brasileiro fez "expressa referência às relações entre

---

[133] A Constituição de Weimar previa em seu art. 153 que "A propriedade obriga. Seu uso deve ao mesmo tempo servir o interesse da sociedade". Ressalta Fábio Nusdeo que "a atual Lei Fundamental da Alemanha (Grundgesetz) de 1949 repete o mesmo dispositivo no seu art. 14-2" (*Curso de economia*: introdução ao direito econômico, p. 207-208). Ensina Paulo Bonavides que, com a Constituição de 1934 chega-se à fase da penetração de uma nova corrente de princípios, "até então ignorados do direito constitucional vigente no País. Esses princípios consagravam um pensamento diferente em matéria de direitos fundamentais da pessoa humana, a saber, faziam ressaltar o aspecto social, sem dúvida grandemente descurado pelas Constituições precedentes. O social aí assinalava a presença e a influência do modelo de Weimar numa variação substancial de orientação e de rumos para o constitucionalismo brasileiro" (*Curso de direito constitucional*, p. 332).

propriedade e função social".[134] O seu art. 113, 17, preceituava que:

> Art. 113. A Constituição assegura a brasileiros e a estrangeiros residentes no País a inviolabilidade dos direitos concernentes à liberdade, à subsistência, à segurança individual e à propriedade, nos termos seguintes: (...)
>
> 17) *É garantido o direito de propriedade, que não poderá ser exercido contra o interesse social ou coletivo, na forma que a lei determinar.* A desapropriação por necessidade ou utilidade pública far-se-á nos termos da lei, mediante prévia e justa indenização. Em caso de perigo iminente, como guerra ou comoção intestina, poderão as autoridades competentes usar da propriedade particular até onde o bem público o exija, ressalvado o direito à indenização ulterior. (grifos nossos)

Nota-se que o termo *função social da propriedade* ainda não era empregado no texto constitucional brasileiro. Na verdade, pela redação do citado dispositivo, extrai-se que a propriedade ainda não estava atrelada diretamente ao cumprimento de um interesse social, muito embora o exercício do direito de propriedade não pudesse ser realizado em contrariedade a esse interesse social ou coletivo.[135]

A Constituição de 1937 silenciou a respeito do interesse social do uso da propriedade, tendo apenas garantido, em seu art. 122, 14, o direito de propriedade, salvo a desapropriação por necessidade ou utilidade pública, mediante indenização prévia. Determinava, ainda, que o conteúdo do direito de propriedade e os seus limites seriam os definidos nas leis que lhe regulassem o exercício.

Já a Carta de 1946 previu, em seu art. 147:

> Art. 147. O uso da propriedade será condicionado ao bem-estar social. A lei poderá, com observância do disposto no art. 141, §16, promover a justa distribuição da propriedade, com igual oportunidade para todos.

Por sua vez, o seu art. 141, §16, garantia o direito de propriedade, "salvo o caso de desapropriação por necessidade ou

---

[134] BANDEIRA DE MELLO. Novos aspectos da função social da propriedade no direito público. *Revista de Direito Público*, p. 40.

[135] BANDEIRA DE MELLO. Novos aspectos da função social da propriedade no direito público. *Revista de Direito Público*, p. 40.

utilidade pública, ou por interesse social, mediante prévia e justa indenização em dinheiro. Em caso de perigo iminente, como guerra ou comoção intestina, as autoridades competentes poderão usar da propriedade particular, se assim o exigir o bem público, ficando, todavia, assegurado o direito a indenização ulterior".

Celso Antônio Bandeira de Mello ressalta que este preceito é um marco jurídico, pois não apenas prevê a desapropriação por interesse social, como também aponta para "um rumo social da propriedade, ao ser prefigurada legislação que lhe assegure justa distribuição, buscando mais que a tradicional igualdade perante a lei, igualdade perante a oportunidade de acesso à propriedade".[136]

A Carta de 1967, através da redação do seu art. 157, preceituava que a ordem econômica tinha por fim realizar a justiça social com base em determinados princípios, dentre eles o *princípio da função social da propriedade* expresso em seu inciso III. A Emenda nº 1, de 1969, manteve o preceito em seu art. 160, inciso III.

Nota-se, aqui, um "avanço na linguagem normativa", pois os dois textos constitucionais citados "proclamam explicitamente a 'função social da propriedade'".[137]

De outra parte, o citado art. 157, §1º, da Carta de 1967, determinava:

> §1º Para os fins previstos neste artigo a União poderá promover a desapropriação da propriedade territorial rural, mediante pagamento de justa indenização, fixada segundo os critérios que a lei estabelecer, em títulos especiais da dívida pública, com cláusula de exata, correção monetária, resgatáveis no prazo máximo de vinte anos, em parcelas anuais sucessivas, assegurada a sua aceitação, a qualquer tempo, como meio de pagamento de até cinqüenta por cento do imposto territorial rural e como pagamento do preço de terras públicas. (*Redação dada pelo Ato Institucional nº 9, de 1969*)

Além dessa modalidade de desapropriação, ambos os Textos mantiveram a previsão da desapropriação por interesse social

---

[136] BANDEIRA DE MELLO. Novos aspectos da função social da propriedade no direito público. *Revista de Direito Público*, p. 40.

[137] BANDEIRA DE MELLO. Novos aspectos da função social da propriedade no direito público. *Revista de Direito Público*, p. 40.

(art. 150, §22, da Constituição de 1967, com redação mantida pela Emenda de 1969).

1.4.2 Previsão na Constituição de 1988

Mas foi a Constituição de 5 de outubro de 1988 que introduziu as transformações mais profundas na disciplina da propriedade, "no âmbito de uma ampla reforma de ordem econômica e social, de tendência nitidamente intervencionista e solidarista".[138]

Com efeito, como resultado das novas previsões do ordenamento constitucional vigente (artigos 5º, XXIII; 170, III; 182, §2º; e 186), o conceito clássico de propriedade foi definitivamente transformado, e o exercício do direito de propriedade passou a ser efetivamente condicionado à observância do princípio da função social.[139]

Mais tarde, o Código Civil de 2002 viria a consagrar o princípio em seu art. 1.228, §1º, determinado que o proprietário utilize o bem "em consonância com as suas finalidades econômicas e sociais e de modo que sejam preservados, de conformidade com o estabelecido em lei especial, a flora, a fauna, as belezas naturais, o equilíbrio ecológico e o patrimônio histórico e artístico, bem como evitada a poluição do ar e das águas".

1.4.2.1 Função social da propriedade como direito fundamental

Na Constituição de 1967 a função social da propriedade foi concebida como princípio de ordem econômica e social,

---

[138] TEPEDINO. Contornos constitucionais da propriedade privada. In: TEPEDINO. *Temas de direito civil*, p. 303-304.

[139] Nas palavras de Edésio Fernandes, "somente na Constituição Federal de 1988 o princípio da função social da propriedade urbana encontrou uma fórmula conceitual consistente, que pode ser assim sintetizada: o direito de propriedade imobiliária urbana é assegurado desde que cumprida sua função social, que por sua vez é aquela determinada pela legislação urbanística, sobretudo no contexto municipal" (Do Código Civil de 1916 ao Estatuto da Cidade: algumas notas sobre a trajetória do Direito Urbanístico no Brasil. In: MATTOS (Org.). *Estatuto da Cidade comentado*: Lei n. 10.257, de 10 de julho de 2001, p. 35. O autor refere-se à lei que institui o plano diretor municipal).

enquanto no texto ora em vigor, sobre permanecer com este *status* (art. 170, inciso III), passou a constituir direito fundamental (art. 5º, inciso XXIII).

De fato, em seguida ao preceito que garante o direito de propriedade (art. 5º, inciso XXII), a Constituição de 1988 determina que "a propriedade atenderá a sua função social" (art. 5º, inciso XXIII).

Lúcia Valle Figueiredo, ao analisar tais preceitos, assevera que, a partir deles, pode-se afirmar que o direito de propriedade continua assegurado, mas "também o está o direito coletivo e/ou difuso, que é atendido pela função social da propriedade (art. 5º, incisos XXII e XXIII)". Arremata a autora que a "democrática Constituição de 1988" não mais contém apenas uma "breve referência à função social como se fora um 'cala-boca' às tensões político-sociais".[140] Daí o progresso em relação à Constituição anterior, a qual, como visto, limitou-se a uma vaga previsão da função social como princípio da ordem econômica.

Afirma ainda a autora que, em vista dos novos dispositivos, é forçoso concluir-se que "o Ordenamento Básico brasileiro acolhe a propriedade privada, porém a que não entre em rota de colidência com o direito coletivo".[141]

Celso Ribeiro Bastos, a respeito dos citados incisos XXII e XXIII do art. 5º da Constituição Federal, na esteira do já exposto no presente trabalho, afirma que o Texto acaba por repelir de vez a ideia de que a propriedade tenha sido transformada em mera função. Segundo o autor,

> (...) o Texto Constitucional, ao dar independência à proteção da propriedade, tornando-a objeto de um inciso próprio e exclusivo, deixa claro que a propriedade é assegurada por si mesma, erigindo-se em uma

---

[140] FIGUEIREDO. *Disciplina urbanística da propriedade*, p. 25. Nesse diapasão, e a partir do texto dos incisos XXII e XXIII do art. 5º da CF/1988, Victor Carvalho Pinto assevera que "a função social da propriedade constitui um 'direito coletivo', a que corresponde um 'dever individual' do proprietário de dar ao bem um destino útil para a sociedade. Ela coexiste com o 'direito individual' de propriedade, a que corresponde o 'dever coletivo' de respeitar o uso do bem pelo seu titular" (*Direito urbanístico*: plano diretor e direito de propriedade, p. 215).

[141] FIGUEIREDO. *Disciplina urbanística da propriedade*, p. 25.

das opções fundamentais do Texto Constitucional, que assim repele modalidades outras de resolução da questão dominial como, por exemplo, a coletivização estatal.[142]

De outra parte, ensina Celso Ribeiro Bastos que a propriedade, considerada direito fundamental, não pode deixar de compatibilizar-se com a sua destinação social, posto que "mesmo os mais absolutos direitos, tais como formulados no Texto, acabam por impor-se à necessidade de harmonizar-se com os fins legítimos da sociedade".[143]

1.4.2.2 Função Social da Propriedade como princípio da ordem econômica

O princípio da função social da propriedade é previsto, ainda, no art. 170, inciso III, da Carta Nacional, como princípio da ordem econômica. Tal previsão é antecedida pelo inciso que impõe a propriedade privada como outro dos princípios.

Nota-se que a Carta Maior, por duas vezes, respectivamente nos seus artigos 5º e 170, buscou garantir o direito de propriedade individual para, logo após, determinar o cumprimento da função social da propriedade. Isso bem demonstra que a Constituição de 1988, na esteira de outras Constituições contemporâneas, constitui um documento jurídico elaborado a partir do compromisso entre o liberalismo capitalista e o intervencionismo socialista.[144] A

---

[142] Cf. BASTOS; MARTINS. *Comentários à Constituição do Brasil*: promulgada em 5 de outubro de 1988, v. 2, p. 124. Nesse mesmo sentido, Victor Carvalho Pinto afirma que "não se pode, no entanto, adotar a teoria da função social da propriedade na formulação original de Duguit como interpretação da Constituição brasileira. Esta adotou posição intermediária entre a doutrina original e a que considera a propriedade um direito absoluto. No capítulo dos Direitos e Deveres Individuais e Coletivos afirma-se, por um lado, que 'a propriedade atenderá a função social', mas, por outro, que é 'garantido o direito de propriedade' (art. 5º, XXII e XXIII). Conclui-se que a propriedade não é uma função social, mas um direito, que tem uma função social. (...) A doutrina positivista pura jamais foi adotada por qualquer país" (*Direito urbanístico*: plano diretor e direito de propriedade, p. 185).

[143] Cf. BASTOS; MARTINS. *Comentários à Constituição do Brasil*: promulgada em 5 de outubro de 1988, v. 2, p. 124.

[144] SILVA. *Aplicabilidade das normas constitucionais*, p. 135. Em outro trecho da obra afirma o autor: "poder-se-ia dizer que as declarações dos direitos fundamentais do homem, do século XVII, postularam a realização dos valores jurídicos da segurança, da ordem e da certeza,

propriedade privada tem garantidas a sua existência e preservação, mas deve cumprir sua função social, sob pena de sofrer a intervenção estatal necessária para que os seus fins sociais sejam atingidos. De outra parte, o atendimento ao princípio da função social da propriedade não pode significar o aniquilamento do direito de propriedade.

Eros Roberto Grau, ao comentar o disposto nos incisos II e III do art. 170 da Constituição, depois de lembrar que o princípio da função social da propriedade tem como pressuposto necessário a propriedade privada, afirma que o conúbio entre os dois incisos citados determina a afetação da propriedade privada pela função social, bem como subordina "o exercício dessa propriedade aos ditames da justiça social" e transforma "esse mesmo exercício em instrumento para a realização do fim de assegurar a todos existência digna".[145]

1.4.2.3 Aplicabilidade do princípio constitucional da função social da propriedade

João Alberto Schützer Del Nero, ao comparar o atual Texto Constitucional com o da Carta anterior, afirma que o supracitado art. 160, inciso III, da Constituição de 1967-1969 (o único que se referia à função social da propriedade, como princípio da ordem econômica) "configurava uma norma programática, porque a regulação constitucional era insuficiente para a produção de todos os possíveis efeitos da função social da propriedade na realização do desenvolvimento nacional e da justiça social, exigindo uma integração ulterior, quer mediante a atividade da legislação, quer mediante a atividade da administração e da jurisdição (...)".[146]

---

enquanto as declarações constitucionais dos direitos econômicos e sociais pretendem a realização do valor-fim do Direito: a 'justiça social', que é uma aspiração do nosso tempo, em luta aberta contra as injustiças do individualismo capitalista" (p. 146).

[145] GRAU. *A ordem econômica na Constituição de 1988*: interpretação e crítica, p. 246-247.

[146] DEL NERO. O significado jurídico da expressão "função social da propriedade". *Revista da Faculdade de Direito de São Bernardo do Campo*, p. 95.

Prossegue o autor ressaltando que a Constituição de 1988, diversamente, não se limitou a referir a função social em seu art. 170, inciso III, como princípio da ordem econômica, mas também a elevou à categoria de direito fundamental (art. 5º, inciso XXIII), e a referiu no §2º do art. 182 (propriedade urbana), e nos artigos 184 e 186 (propriedade rural). Porém, para o autor, "apesar de o número de referências à função social da propriedade ter aumentado sensivelmente no texto de 1988, parece que o âmbito funcional do conceito foi, paradoxalmente, reduzido".[147]

O autor justifica tal assertiva com base no texto do citado §2º do art. 182, que determina que "a propriedade urbana cumpre sua função social quando atende às exigências fundamentais de ordenação da cidade expressas no plano diretor", e na redação do §4º do mesmo dispositivo que determina a obrigatoriedade de edição de lei específica para a aplicação dos institutos relativos ao parcelamento e edificação compulsórios do solo urbano. Essa referência à legislação futura representaria um recuo em relação ao texto de 1967-1969, posto que a aplicação do princípio da função social, no caso da propriedade urbana, depende de atividade legislativa posterior, o que o tornaria "norma constitucional de eficácia limitada".[148]

Não é esse o entendimento de José Afonso da Silva, que defende que "a norma que contém o princípio da função social da propriedade incide imediatamente, é de aplicabilidade imediata, como o são todos os princípios constitucionais".[149] Para o autor, tal norma possui eficácia plena, posto que transforma a estrutura e o

---

[147] DEL NERO. O significado jurídico da expressão "função social da propriedade". *Revista da Faculdade de Direito de São Bernardo do Campo*, p. 96.

[148] DEL NERO. O significado jurídico da expressão "função social da propriedade". *Revista da Faculdade de Direito de São Bernardo do Campo*, p. 96. No caso da propriedade rural, e adotando a classificação de José Afonso da Silva (In: *Aplicabilidade das normas constitucionais*), o autor afirma que "o princípio da função social da propriedade [rural] aparece em normas constitucionais de eficácia contida (...): a regulação constitucional já é suficiente para a aplicabilidade e a eficácia imediatas do princípio (...), apenas podendo a lei ulterior definir critérios e graus de exigência que, eventualmente, limitem ainda mais o âmbito do exercício do direito de propriedade".

[149] SILVA. *Curso de direito constitucional positivo*, p. 281.

conceito da propriedade, fundamentando o novo regime jurídico desta e transformando-a numa instituição de Direito Público.[150]

Celso Antônio Bandeira de Mello, em comentário sobre a previsão do princípio da função social da propriedade na Constituição de 1967, com a redação da Emenda nº 1 de 1969, afirma que as disposições constitucionais relativas à Justiça Social não são meros conselhos do legislador constituinte, ou simples normas de valor moral. Todos esses preceitos são comandos jurídicos e, como tal, geram para o Estado deveres de fazer ou de não-fazer.[151]

Para o autor, "todas as normas constitucionais concernentes à Justiça Social — inclusive as programáticas — geram imediatamente direitos para os cidadãos, inobstante tenham teores eficaciais distintos".[152] Isso quer dizer que algumas dessas normas concedem poderes jurídicos que podem ser exercitados de imediato, *com prescindência de lei*; outras são atributivas de benefícios jurídicos concretos, mas *cujo gozo se faz mediante prestação alheia que é exigível judicialmente, se negada*; e há ainda normas relativas à Justiça Social que apontam finalidades a serem perseguidas pelo Poder Público, mas que não indicam a conduta que as satisfaz. Estas últimas "conferem aos administrados, de imediato, direito de se oporem judicialmente aos atos do Poder Público, acaso conflitantes com tais finalidades".[153]

É pertencente à terceira categoria citada, segundo Celso Antônio Bandeira de Mello, a norma que estatui ser princípio da

---

[150] SILVA. *Curso de direito constitucional positivo*, p. 281. Em outra obra, José Afonso da Silva reafirma a premissa de que "não há norma constitucional alguma destituída de eficácia, e todas elas irradiam efeitos jurídicos, importando sempre uma inovação da ordem jurídica preexistente à entrada em vigor da constituição a que aderem e a nova ordenação instaurada" (*Aplicabilidade das normas constitucionais*, p. 81). O autor admite apenas o fato da eficácia de certas normas constitucionais não se manifestar "na plenitude dos efeitos jurídicos pretendidos pelo constituinte enquanto não se emitir uma normação jurídica ordinária ou complementar executória, prevista ou requerida". Veremos a seguir que é a lei que institui o plano diretor que dá plena eficácia ao princípio da função social da propriedade.

[151] BANDEIRA DE MELLO. Eficácia das normas constitucionais sobre justiça social. *Revista de Direito Público*, p. 254.

[152] BANDEIRA DE MELLO. Eficácia das normas constitucionais sobre justiça social. *Revista de Direito Público*, p. 255.

[153] BANDEIRA DE MELLO. Eficácia das normas constitucionais sobre justiça social. *Revista de Direito Público*, p. 255.

ordem econômica e social a função social da propriedade.[154] Tal preceito não confere aos administrados uma fruição imediata, e "nem lhes permite exigir que se lhes dê o desfrute de algo". Todavia, sua previsão permite "deduzir imediatamente que é proibida a edição de normas ou a prática de comportamentos antagônicos ao disposto no preceptivo, pois seriam inconstitucionais". Além disso, obriga a Administração a agir em sintonia com a diretriz traçada, e o Judiciário a decidir em consonância com a norma.[155]

Assim, pode o administrado opor-se judicialmente à prática de comportamentos que atentem contra a função social da propriedade, bem como obter das prestações jurisdicionais interpretações e decisões que caminhem no sentido preconizado pela norma que prevê o princípio.[156] Conclui o autor textualmente:

> (...) os indivíduos atingidos por atos do Poder Público que atentem contra a "função social da propriedade" — *verbi gratia*, desalojando de terras devolutas moradores carentes, para trespassá-las a pessoas ou entidades abonadas — podem impugná-los judicialmente, com fundamento direto no art. 160, III.[157]

---

[154] BANDEIRA DE MELLO. Eficácia das normas constitucionais sobre justiça social. *Revista de Direito Público*, p. 243. Recordamos que o autor refere-se ao texto da Ordem Constitucional anterior (CF 1967, art. 157, III; e CF 1969, art. 160, III). A Carta atual traz detalhes para a aplicação prática do princípio (art. 182), mas a discussão ainda é pertinente, em vista da possibilidade de inexistência de plano diretor municipal, como veremos a seguir.

[155] BANDEIRA DE MELLO. Eficácia das normas constitucionais sobre justiça social. *Revista de Direito Público*, p. 243. Em outra obra, Celso Antônio Bandeira de Mello, discorrendo sobre a previsão do princípio da função social da propriedade, também ainda sob a égide da Carta anterior, afirma que a previsão constitucional desse princípio "já permitiria adotar, caso se desejasse fazê-lo deveras, uma série de providências aptas a conformá-la ao proveito coletivo. Assim, 'exempli gratia', a instituição de uma pesada e progressiva tributação sobre imóveis rurais e urbanos ociosos ou insatisfatoriamente utilizados, a proteção legal à posse produtivas sobre prédios rústicos inaproveitados por seus titulares ou sobre terrenos urbanos estocados para valorização e não edificados, seriam providências confortadas pela noção de função social da propriedade, mesmo que disto se tenha uma visão atrelada tão-somente à sua aplicação útil" (Novos aspectos da função social da propriedade no direito público. *Revista de Direito Público*, p. 44). Tais observações foram feitas antes da promulgação da Constituição de 1988, a qual, em seu art. 182, prevê o IPTU progressivo e outros instrumentos urbanos que visam ao combate da retenção especulativa.

[156] BANDEIRA DE MELLO. Eficácia das normas constitucionais sobre justiça social. *Revista de Direito Público*, p. 243.

[157] BANDEIRA DE MELLO. Eficácia das normas constitucionais sobre justiça social. *Revista de Direito Público*, p. 256. Como já dito, trata-se do art. 160, III, da Constituição anterior.

Nesse diapasão, vale destacar acórdão proferido pela 8ª Câmara Civil do Tribunal de Justiça do Estado de São Paulo nos autos da Apelação Cível nº 212.726-1/8, relator o Desembargador José Osório, proferido em dezembro de 1994.[158] Apesar de proferido há mais de dez anos, o julgado será útil para ilustrar a apresentação desta seção.

Cuidou-se de ação reivindicatória referente a lotes de terreno ocupados por favela, julgada procedente em primeira instância, tendo sido repelida a alegação de usucapião e condenados os réus na desocupação da área, sem direito a retenção por benfeitorias. Ademais, foram os requerentes condenados a pagar montante indenizatório pela ocupação dos terrenos, desde a data do ajuizamento da demanda. Os sucumbentes interpuseram recurso de apelação e o julgado foi reformado pela Corte Paulista, cujo aresto reconheceu o direito dos ocupantes de permanecer no imóvel, em vista da prevalência, *in casu*, do princípio constitucional da função social da propriedade sobre as regras de *direito comum*.[159]

No caso em exame, os lotes objeto do pedido reivindicatório, em que residiam 30 famílias, faziam parte de uma grande favela consolidada, com ocupação iniciada há cerca de 20 anos. A área era dotada pelo Poder Público de equipamentos urbanos como água, iluminação pública e luz domiciliar. Por essa razão, consideraram os julgadores de 2ª instância que os referidos lotes de terreno, e o próprio loteamento, não passavam, havia muito tempo, de mera abstração jurídica. Tinham sido tragados por uma favela consolidada, e tal realidade concreta deveria preponderar sobre a *pseudo-realidade jurídico-cartorária*. Concluíram os juízes, dessa forma, que o objeto do direito de propriedade, reivindicado pelos autores, havia perecido, o que ocasionou a perda do próprio direito.[160]

Ponderou-se que a coisa, o terreno, ainda existia fisicamente, mas o objeto do direito teria se transformado. Já não existiria mais

---

[158] SÃO PAULO. Tribunal de Justiça do Estado de São Paulo. Apelação Cível nº 212.726-1/8. 8ª Câmara Cível. Acórdão de 16.12.1994. Rel. Des. José Osório. *Revista dos Tribunais*, p. 204-208.

[159] SÃO PAULO. Tribunal de Justiça do Estado de São Paulo. Apelação Cível nº 212.726-1/8. 8ª Câmara Cível. Acórdão de 16.12.1994. Rel. Des. José Osório. *Revista dos Tribunais*, p. 204-205.

[160] SÃO PAULO. Tribunal de Justiça do Estado de São Paulo. Apelação Cível nº 212.726-1/8. 8ª Câmara Cível. Acórdão de 16.12.1994. Rel. Des. José Osório. *Revista dos Tribunais*, p. 205-206.

jurídica, econômica e socialmente, e razões da mesma espécie impediam a recuperação física do antigo imóvel. O *jus reivindicandi* teria sido suprimido pelas razões apontadas acima, e a retomada física do bem se tornara inviável, pois "o desalojamento de trinta famílias, todas inseridas na comunidade urbana muito maior da extensa favela, já consolidada", implicaria "uma operação cirúrgica de natureza ético-social, sem anestesia, inteiramente incompatível com a vida e a natureza do Direito".[161]

O julgado, portanto, considerou inviável a aplicação do poder reivindicatório dos requerentes, expresso à época no art. 524 do Código Civil de 1916 (art. 1.228, *caput*, do Código Civil atual), posto que "a leitura de todos os textos do CC só pode se fazer à luz dos preceitos constitucionais vigentes. Não se concebe um direito de propriedade que tenha vida em confronto com a Constituição Federal, ou que se desenvolva paralelamente a ela. Ao mesmo tempo em que manteve a propriedade privada, a CF a submeteu ao princípio da função social (artigos 5º, XXII e XXIII; 170, II e III; 182, 2º; 184; 186; etc.)". E prossegue afirmando que "o princípio da função social atua no conteúdo do direito. Entre os poderes inerentes ao domínio, previstos no art. 524 do CC[162] (usar, fruir, dispor e reivindicar), o princípio da função social introduz um outro interesse (social) que pode não coincidir com os interesses do proprietário (...). Assim, o referido princípio torna o direito de propriedade, de certa forma, conflitivo consigo próprio, *cabendo ao Judiciário dar-lhe a necessária e serena eficácia nos litígios graves que lhe são submetidos*"[163] (grifos nossos).

A conclusão do *decisum* é a de que, no caso dos autos, o direito de propriedade foi exercitado, pelos autores e por seus antecessores, de forma *antissocial*. O loteamento ficou abandonado por mais de 20 anos e, "em uma cidade de franca expansão populacional, com problemas gravíssimos de habitação, não se

---

[161] SÃO PAULO. Tribunal de Justiça do Estado de São Paulo. Apelação Cível nº 212.726-1/8. 8ª Câmara Cível. Acórdão de 16.12.1994. Rel. Des. José Osório. *Revista dos Tribunais*, p. 206-207.

[162] Corresponde ao art. 1.228 do Código Civil de 2002, atualmente em vigor.

[163] SÃO PAULO. Tribunal de Justiça do Estado de São Paulo. Apelação Cível nº 212.726-1/8. 8ª Câmara Cível. Acórdão de 16.12.1994. Rel. Des. José Osório. *Revista dos Tribunais*, p. 207-208.

pode prestigiar tal comportamento de proprietários". Destarte, considerou-se que o poder reivindicatório ficou neutralizado pelo princípio constitucional da função social da propriedade, sendo possível apenas a eventual pretensão indenizatória em favor dos proprietários, contra quem de direito.[164]

A referida decisão vai ao encontro dos ensinamentos de Celso Antônio Bandeira de Mello expostos parágrafos acima, ainda que tenha sido proferida já sob a égide da atual Constituição. Com efeito, o normativo constitucional que prescreve a observância ao princípio da função social da propriedade gerou efeito imediato na hipótese do processo judicial em questão, tendo sido reconhecido o direito dos moradores de permanecer no imóvel ocupado, justamente por este ter sido usado de forma antissocial pelos autores da ação reivindicatória. Aqueles que residiam na área obtiveram prestação jurisdicional fundamentada diretamente nos preceitos constitucionais que determinam o atendimento ao princípio da função social da propriedade.

Não obstante a eficácia imediata atribuída ao princípio da função social da propriedade, não é possível ignorar-se a imprescindibilidade da existência do plano diretor, instituído por lei municipal, para a concreta e plena aplicação do princípio em tela, em face do que prescreve o §2º do art. 182 da Constituição Federal, que será o nosso próximo objeto de análise.

1.4.2.4 Princípio da função social da propriedade urbana e o plano diretor municipal

Reza o art. 182 da Carta Federal de 1988:

> Art. 182. A política de desenvolvimento urbano, executada pelo Poder Público municipal, conforme diretrizes gerais fixadas em lei, tem por objetivo ordenar o pleno desenvolvimento das funções sociais da cidade e garantir o bem-estar de seus habitantes.

---

[164] SÃO PAULO. Tribunal de Justiça do Estado de São Paulo. Apelação Cível nº 212.726-1/8. 8ª Câmara Cível. Acórdão de 16.12.1994. Rel. Des. José Osório. *Revista dos Tribunais*, p. 208.

§1° O plano diretor, aprovado pela Câmara Municipal, obrigatório para cidades com mais de vinte mil habitantes, é o instrumento básico da política de desenvolvimento e de expansão urbana.

§2° A propriedade urbana cumpre sua função social quando atende às exigências fundamentais de ordenação da cidade expressas no plano diretor.

§3° As desapropriações de imóveis urbanos serão feitas com prévia e justa indenização em dinheiro.

§4° É facultado ao Poder Público municipal, mediante lei específica para área incluída no plano diretor, exigir, nos termos da lei federal, do proprietário do solo urbano não edificado, subutilizado ou não utilizado, que promova seu adequado aproveitamento, sob pena, sucessivamente, de:

I - parcelamento ou edificação compulsórios;

II - imposto sobre a propriedade predial e territorial urbana progressivo no tempo;

III - desapropriação com pagamento mediante títulos da dívida pública de emissão previamente aprovada pelo Senado Federal, com prazo de resgate de até dez anos, em parcelas anuais, iguais e sucessivas, assegurados o valor real da indenização e os juros legais.

Por sua vez, o art. 183 determina:

Art. 183. Aquele que possuir como sua área urbana de até duzentos e cinqüenta metros quadrados, por cinco anos, ininterruptamente e sem oposição, utilizando-a para sua moradia ou de sua família, adquirir-lhe-á o domínio, desde que não seja proprietário de outro imóvel urbano ou rural.

§1° O título de domínio e a concessão de uso serão conferidos ao homem ou à mulher, ou a ambos, independentemente do estado civil.

§2° Esse direito não será reconhecido ao mesmo possuidor mais de uma vez.

§3° Os imóveis públicos não serão adquiridos por usucapião.

Os dispositivos constitucionais estão inseridos no Capítulo II (Da política urbana), que faz parte do Título VII (Da ordem econômica e financeira).

Márcio Cammarosano comenta que, "à primeira vista pode até parecer estranho que disposições concernentes à política urbana estejam inseridas, na Constituição, logo em seguida às relativas aos princípios gerais da atividade econômica". Lembra, porém, que a função social da propriedade está arrolada como princípio da ordem econômica, e que "um adequado desenvolvimento urbano constitui também condição fundamental para o desenvolvimento das atividades econômicas que ocorrem nas cidades, e sem as quais não são criadas riquezas a serem compartilhadas por todo o corpo social".[165]

Adverte o autor que, entretanto, "a finalidade mais imediata dos dispositivos constitucionais em questão é viabilizar a democratização das funções sociais da cidade em proveito de seus habitantes, prevendo mecanismos de promoção do adequado aproveitamento do solo urbano". Assevera, ainda, que "o princípio da função social da propriedade urbana só é cumprido quando esta atende às exigências fundamentais de ordenação da cidade expressas no plano diretor (CF, art. 182)".[166]

Com efeito, o Texto Constitucional tornou imprescindível a existência da lei municipal instituidora de plano diretor para a efetividade da norma que determina a observância ao princípio da função social da propriedade situada em solo urbano. O preceito vai ao encontro do disposto no art. 30, inciso VIII, da Constituição, que atribui ao Município a competência para a promoção do adequado ordenamento territorial, "mediante planejamento e controle do uso, do parcelamento e da ocupação do solo urbano". Afinal, a atividade de organização do território urbano deve ser desenvolvida de forma descentralizada, levando-se sempre em conta as peculiaridades sociais, econômicas e culturais de cada Município.

Daí a importância do plano diretor, conceituado por Hely Lopes Meirelles como "o complexo de normas legais e diretrizes técnicas para o desenvolvimento global e constante do Município, sob os aspectos físico, social, econômico e administrativo, desejado pela comunidade local".[167]

---

[165] CAMMAROSANO. Fundamentos constitucionais do Estatuto da Cidade (arts. 182 e 183 da Constituição Federal). In: DALLARI; FERRAZ (Coord.). *Estatuto da Cidade*: comentários à Lei Federal 10.257/2001, p. 22.

[166] CAMMAROSANO. Fundamentos constitucionais do Estatuto da Cidade (arts. 182 e 183 da Constituição Federal). In: DALLARI; FERRAZ (Coord.). *Estatuto da Cidade*: comentários à Lei Federal 10.257/2001, p. 22.

[167] MEIRELLES. *Direito municipal brasileiro*, p. 538. Afirma o autor que o plano diretor deve ser uno e único, ainda que "sucessivamente adaptado às novas exigências da comunidade e do progresso local". Assevera ainda que o plano diretor não é estático, e sim evolutivo,

Vale ressaltar que, no que se refere à propriedade rural a aplicabilidade do princípio da função social independe da existência de plano diretor, em face do que prescreve o art. 186 da Carta Nacional. Lembra-se, entretanto, conforme já exposto na seção 1.2.1 supra, que o objeto do presente trabalho está restrito à propriedade imobiliária urbana.[168]

Feita a ressalva acima, e voltando para a questão objeto de estudo nesta subseção, conclui-se, com Victor Carvalho Pinto, que a Constituição Federal, através da redação do §2º do art. 182, consagrou o princípio da reserva de plano, que consiste, segundo o autor, "na exigência de que as medidas que possam vir a afetar a transformação do território constem dos planos urbanísticos, como condição para que possam ser executadas".[169]

Para o autor, o princípio da reserva do plano urbanístico impede que intervenções urbanísticas planejadas convivam com ações não planejadas, o que seria prejudicial para o planejamento urbano. Através da imposição da previsão das ações urbanísticas na lei que institui o plano diretor, permite-se que tais ações sejam "decididas após cuidadosa ponderação das alternativas e avaliação de seus efeitos". Impede-se, assim, a aprovação de medidas isoladas por órgãos da Administração Municipal, muitas vezes em descompasso com outras promovidas por outros órgãos municipais. Além de condicionar toda a intervenção no espaço urbano à sua prévia inclusão no plano urbanístico, o princípio da reserva de plano exige que este incorpore as intervenções preexistentes.[170]

---

e que se constitui na lei suprema e geral "que estabelece as prioridades nas realizações do governo local, conduz e ordena o crescimento da cidade, disciplina e controla as atividades urbanas em benefício do bem-estar social".

[168] Sobre o tema, José Cretella Júnior faz um paralelo entre o §2º do art. 182 e o art. 186, incisos I a IV, afirmando que a propriedade urbana cumpre sua função social apenas quando atende às exigências do plano diretor, enquanto a função social da propriedade rural é cumprida quando imóvel atende, simultaneamente, de acordo com critérios e graus de exigência definidos em lei, "os quatro requisitos enumerados no art. 186, I a IV, a saber, o aproveitamento racional e adequado, o que, aliás, também se aplica à propriedade urbana, a utilização dos recursos naturais disponíveis e preservação do meio ambiente, o que, até certo ponto, também se aplicaria à propriedade urbana, a observância das disposições que regulam as relações de trabalho e a exploração que favoreça o bem-estar dos proprietários e dos trabalhadores, o que, de modo algum, se aplicaria à 'propriedade urbana'" (*Comentários à Constituição brasileira de 1988*, v. 1, p. 4.168).

[169] PINTO. *Direito urbanístico*: plano diretor e direito de propriedade, p. 217-220.

[170] PINTO. *Direito urbanístico*: plano diretor e direito de propriedade, p. 217-220.

Portanto, conclui-se que o §2º do art. 182 "atribuiu exclusivamente ao plano diretor a concretização do regime da propriedade urbana",[171] pois esta cumpre sua função social apenas e tão somente quanto atende às exigências de ordenação da cidade expressas no plano diretor.

Liana Portilho Mattos, após ressalvar que, como princípio constitucional, a função social da propriedade tem natureza de norma e, portanto, seu papel está muito além de um "simples comando constitucional generalista", destaca que o seu conteúdo "é intrinsecamente fluido, indeterminado, abstrato", aberto e plurissignificativo. Destarte, a sua efetiva aplicação exige o preenchimento, ou a densificação, do seu conteúdo, "de acordo com as peculiaridades de cada localidade urbana",[172] processo realizado justamente pela lei que institui o plano diretor, segundo a opção do próprio legislador constituinte.

No entender da autora citada, essa fórmula aberta adotada pela Carta de 1988 para a caracterização da função social da propriedade urbana é a mais adequada, pois se está tratando de norma de natureza principiológica que, como tal, desempenha o papel de válvula que permite a atualização do sistema normativo. E, "quanto mais hermético for o conceito, muito mais dificilmente ele se prestará a essa função".[173] Conclui afirmando que a função social da propriedade é um conceito "a ser preenchido pelo processo político, democratizado e descentralizado na gestão local".[174]

Tais opiniões contradizem a ideia de que a previsão da necessidade de promulgação de lei instituidora de plano diretor,

---

[171] PINTO. *Direito urbanístico*: plano diretor e direito de propriedade, p. 220.

[172] MATTOS. *Nova ordem jurídico-urbanística*: função social da propriedade na prática dos tribunais, p. 39-40.

[173] MATTOS. *Nova ordem jurídico-urbanística*: função social da propriedade na prática dos tribunais, p. 40-41. A autora ressalta que a fórmula eleita para a aplicação do princípio da função social da propriedade rural possui, ao contrário, um caráter hermético, pois no art. 186 da CF/1988 já se encontram previstos todos os requisitos para que a propriedade rural cumpra sua função social. Isso justificaria a pouca eficácia que esse princípio teve desde a sua consagração no Estatuto da Terra de 1964, apesar de contar com critérios tão nitidamente delimitados.

[174] MATTOS. *Nova ordem jurídico-urbanística*: função social da propriedade na prática dos tribunais, p. 41.

contida no art. 182 da Constituição, acabaria por reduzir a eficácia do princípio da função social da propriedade urbana. Trata-se, ao contrário, de assegurar a concretização da norma, de garantir que seja de fato respeitada, a partir do resultado do processo descentralizado e democrático de elaboração do plano diretor, que é regulado pelos artigos 40 a 42 da Lei nº 10.257/2001 (Estatuto da Cidade).[175]

O princípio da função social da propriedade urbana tem relativa eficácia imediata já que, em virtude de sua previsão constitucional e independentemente da existência de plano diretor, nenhuma lei ou ato administrativo pode contrariá-lo. Aliás, nem mesmo a lei que institui o plano pode conter dispositivos que contrariem o princípio. Contudo, embora gere efeitos desde a sua previsão constitucional, a sua plena eficácia é assegurada somente com a edição do plano diretor municipal, que é "o instrumento básico da política de desenvolvimento e de expansão urbana (art. 182, §1º, da Constituição)".[176]

---

[175] Fernando Dias Menezes de Almeida discorda. O autor diz que lhe causa estranheza a opção do constituinte em vincular a aferição do cumprimento do princípio da função social da propriedade ao cumprimento das disposições do plano diretor municipal. Para ele, "seria perfeitamente cabível, e mesmo recomendável, que houvesse uma definição material de abrangência nacional quanto à função social da propriedade urbana, com um enfoque geral que independesse das especificidades de cada Município. Afirma, ainda, que não se nega ser razoável a Constituição permitir que cada plano diretor estabeleça as exigências fundamentais de ordenação da cidade, direcionando assim o modo de atendimento da função social da propriedade urbana de acordo com a realidade local. Porém, isso não seria incompatível com uma definição constitucional das linhas gerais a serem seguidas pelos Municípios nesse mister" (Dos instrumentos da política urbana. In: MEDAUAR; ALMEIDA (Coord.). *Estatuto da Cidade*: Lei 10.257, de 10.07.2001: comentários, p. 60).

[176] Tercio Sampaio Ferraz Júnior aborda a questão dos diferentes graus de aplicabilidade das normas. Diz o autor que a eficácia "tem a ver com a aplicabilidade das normas como uma aptidão mais ou menos extensa para produzir efeitos". Afirma, outrossim, que "como essa aptidão admite graus, podemos dizer que a norma é mais ou menos eficaz". Para aferir o grau de eficácia, o autor assevera que é preciso verificar quais as "funções da eficácia no plano da realização normativa". Chama-as de "funções eficaciais", e ressalta que "quando a concretização da função eficacial é imediata, sem necessidade de outra norma, não podendo ser restringida, dizemos que a eficácia é 'plena' (...). Quando, para a realização da função eficacial, há necessidade de outras normas, diz-se que a eficácia é limitada (...)" (*Introdução ao estudo do direito*: técnica, decisão, dominação, p. 196-197). Para a realização da função eficacial do princípio da função social da propriedade pública é necessário outra norma, qual seja, a lei municipal que institui o plano diretor.

Não se pode concebê-lo como princípio constitucional carente de eficácia. Todas as características de norma constitucional principiológica, ressaltadas por José Joaquim Gomes Canotilho, estão presentes: grau de abstração elevado; vagueza e indeterminação; caráter de fundamentalidade no sistema das fontes de direito; *proximidade da ideia de direito*; e *natureza normogenética*.[177] Aliás, a sua vagueza explica, exatamente, a sua carência de *mediações concretizadoras*[178] por parte do legislador. Essa necessidade de concretização do princípio da função social da propriedade é suprida pela edição da lei que institui o plano diretor, nos termos do próprio Texto Constitucional (§2º, art. 182).

A respeito do tema, Celso Ribeiro Bastos afirma que, como consequência da previsão do §2º do art. 182, "a propriedade urbana não está sujeita a uma modalidade qualquer de exigência feita em nome de uma teórica concepção do que seja função social do imóvel". E complementa afirmando que "só são admitidas exigências que digam respeito à ordenação da cidade, e mais, é necessário ainda que se trate de exigência inserida no plano diretor".[179]

Conclui o autor afirmando que a inexistência do plano diretor, por exemplo nas cidades com menos de vinte mil habitantes, em que ele não é obrigatório (§1º do art. 182), impede o Poder Público municipal de aplicar as sanções previstas no §4º do mesmo dispositivo,[180] que serão detalhadas adiante.

---

[177] CANOTILHO. *Direito constitucional e teoria da Constituição*, p. 1034-1035. O seu caráter normogenético e de fundamentalidade no sistema das fontes de direito resta evidente se atentarmos para o fato de que o Estatuto da Cidade foi erigido sobre as bases da função social da propriedade.

[178] CANOTILHO. *Direito constitucional e teoria da Constituição*, p. 1034.

[179] BASTOS; MARTINS. *Comentários à Constituição do Brasil*: promulgada em 5 de outubro de 1988, v. 2, p. 216.

[180] BASTOS; MARTINS. *Comentários à Constituição do Brasil*: promulgada em 5 de outubro de 1988, v. 2, p. 216. Celso Ribeiro Bastos Afirma ainda que "do proprietário situado em município sem plano diretor, ou mesmo em área não incluída neste, só é possível fazerem-se exigências de cunho abstrato fundadas nos artigos 5º, XXIII, e 170, III. Ambos referem a um genérico princípio da função social da propriedade sem maiores especificações" (p. 216-217). A respeito da previsão do §1º do art. 182 da Lei maior, comenta Diogenes Gasparini que cidades com número de habitantes inferior a vinte mil não estão obrigadas a ter plano diretor (*O Estatuto da Cidade*, p. 202). Lembra, porém, que o art. 41 do Estatuto da Cidade tornou o plano diretor obrigatório para cidades: "I - com mais de vinte mil habitantes; II - integrantes de regiões metropolitanas e aglomerações urbanas; III - onde o Poder Público

A aplicação desses instrumentos somente é possível no momento em que o princípio da função social da propriedade urbana atinja a sua plena eficácia, e isso ocorre, como visto, quando da edição da lei instituidora do plano diretor municipal. Aliás, a aplicação da maioria dos instrumentos de ordenação do espaço urbano previstos no Estatuto da Cidade (Lei n$^{\circ}$ 10.257/2001), que têm como fundamento o princípio da função social da propriedade urbana, depende da existência de lei municipal instituidora de plano diretor, como é o caso do parcelamento, edificação e utilização compulsórios (art. 5° do Estatuto); do IPTU progressivo no tempo (art. 7°); da desapropriação com pagamento de títulos (art. 8°) — esses três primeiros previstos no citado §4° do art. 182 da Constituição Federal —; do direito de preempção (art. 25 do Estatuto); da outorga onerosa do direito de construir (art. 28); das operações urbanas consorciadas (art. 32); e da transferência do direito de construir (art. 35). Além do plano diretor, exige-se lei municipal específica para a aplicação desses instrumentos, como também será visto mais adiante.

---

municipal pretenda utilizar os instrumentos previstos no §4° do art. 182 da Constituição Federal; IV - integrantes de áreas de especial interesse turístico; V - inseridas na área de influência de empreendimentos ou atividades com significativo impacto ambiental de âmbito regional ou nacional". Observa, outrossim, o autor, que a Constituição do Estado de São Paulo, em seu art. 181, §1°, prescreve a obrigatoriedade de edição do plano diretor para todos os Municípios paulistas.

Capítulo 2

O Estatuto da Cidade: Lei nº 10.257/2001

Os artigos 182 e 183 da Constituição de 1988, referidos no capítulo anterior, foram regulamentados pela Lei nº 10.257/2001, que se autodenomina Estatuto da Cidade (art. 1º, parágrafo único). Pode-se dizer que essa Lei Federal regulamentou todo o capítulo constitucional da política urbana, constituído justamente pelos dois citados dispositivos.

O próprio *caput* do art. 182 exigiu a edição de lei que fixasse as diretrizes gerais da política de desenvolvimento urbano, que tem como meta garantir o desenvolvimento das funções sociais da cidade e o bem-estar de seus habitantes.

Carlos Ari Sundfeld afirma que, antes do surgimento do Estatuto, faltava a regulamentação necessária para a eficácia das normas constitucionais constantes dos artigos 182 e 183, em especial no que concerne aos novos instrumentos urbanísticos previstos pelo §4º do art. 182.[181] Faltavam, também, segundo o autor, "normas nacionais que consagrassem alguns instrumentos

---

[181] SUNDFELD. O Estatuto da Cidade e suas diretrizes gerais. In: DALLARI; FERRAZ (Coord.). *Estatuto da Cidade*: comentários à Lei Federal 10.257/2001, p. 51. Nesse sentido, também Betânia de Moraes Alfonsin afirma que a ausência da Lei Federal de Desenvolvimento Urbano, citada pelo art. 182 da Constituição, representava um entrave à aplicação de vários instrumentos, sobretudo àqueles citados no §4º daquele artigo e que visavam dar cumprimento ao princípio da Função Social da Propriedade através da implantação das sanções sucessivas à manutenção de vazios urbanos (Dos instrumentos da política urbana. In: MATTOS (Org.). *Estatuto da Cidade comentado*: Lei n. 10.257, de 10 de julho de 2001, p. 109).

importantes à completa operatividade do direito urbanístico, ainda ausentes de nosso ordenamento" (direito de superfície, direito de preempção, concessão de uso especial para fins de moradia) "ou carentes de maior visibilidade e regulamentação" (operações urbanas consorciadas, outorga onerosa, transferência do direito de construir).[182]

Para o autor citado, a Lei nº 10.257/2001 surgiu com "a pretensão de pôr fim à prolongada adolescência em que ainda vive o direito urbanístico brasileiro". O novo Estatuto buscou consolidá-lo e conferir-lhe articulação interna (estabelecendo os vínculos entre os diversos instrumentos urbanísticos) e externa (fazendo conexões de suas disposições com as de outros sistemas normativos, como as do direito registral e imobiliário).[183]

Cabe ressaltar que sua edição atende ao disposto no art. 24, inciso I, da Constituição, em interpretação conjugada com o determinado no §1º do mesmo dispositivo. A leitura conjunta de tais preceitos atribui à União, aos Estados e ao Distrito Federal a competência concorrente para legislar sobre direito urbanístico, e atribui à primeira a edição de normas gerais.

Nesse ponto, é mister realçar o entendimento de Adilson Abreu Dallari no sentido de que "a atuação do Poder Público Municipal no tocante à aplicação do princípio da função social da propriedade na ordenação dos espaços urbanos" não foi, após 1988, "condicionada à promulgação de lei ordinária federal autorizativa", diante da previsão constitucional da edição de normas gerais de direito urbanístico pela União (art. 24, inc. I, em combinação com o §4º do mesmo dispositivo). Para o autor, "a lei federal não pode reduzir ou condicionar o exercício de competências que a Constituição Federal outorgou diretamente aos Municípios". O art. 30 estabelece, no seu inciso I, a competência da Urbe para legislar sobre assuntos de interesse local, e no inciso VIII

---

[182] SUNDFELD. O Estatuto da Cidade e suas diretrizes gerais. In: DALLARI; FERRAZ (Coord.). *Estatuto da Cidade*: comentários à Lei Federal 10.257/2001, p. 52.

[183] SUNDFELD. O Estatuto da Cidade e suas diretrizes gerais. In: DALLARI; FERRAZ (Coord.). *Estatuto da Cidade*: comentários à Lei Federal 10.257/2001, p. 52.

ser do Município a competência para a promoção do adequado ordenamento territorial, "mediante planejamento e controle do uso, do parcelamento e da ocupação do solo urbano". Conclui afirmando que "o Município não depende de autorização legislativa federal para exercer competência que lhe foi conferida pela Constituição Federal" (e não pelo Estatuto da Cidade).[184]

Não obstante, em vista da norma constante do art. 24, inciso I, da Constituição e da contida no §1º do mesmo artigo, bem como em face do que prescreve o *caput* do art. 182, as previsões do Estatuto da Cidade devem ser acatadas pelo Município, quando este desempenha a sua atividade de ordenação do espaço urbano.

Daniela Campos Libório Di Sarno ressalta que o Estatuto da Cidade tem como finalidade tornar saudáveis e sustentáveis as cidades brasileiras, "aliando políticas públicas, iniciativa privada e participação popular (gestão democrática da cidade)". A autora comenta que, diante da falta de recursos públicos, criaram-se instrumentos, regulados pelo Estatuto, como por exemplo a outorga onerosa do direito de construir e a transferência do direito de construir, "para estimular o empreendimento particular por meio de contraprestação de interesse público, seja ela financeira ou urbanística". Afirma, outrossim, que foi dada uma atenção especial para o processo de regularização fundiária, através de instrumentos como a usucapião especial de imóvel urbano e a concessão de direito real de uso para fins de moradia, cuja previsão pelo Estatuto foi vetada, mas restabelecida pela Medida Provisória nº 2.220/01.[185]

Importante salientar que o Estatuto da Cidade fixa as diretrizes gerais da política urbana, que "tem por objetivo ordenar o pleno desenvolvimento das funções sociais da cidade e garantir o bem-estar de seus habitantes" (*caput* do art. 182, CF).

A respeito da expressão *função social da cidade*, assevera Daniela Campos Libório Di Sarno que simboliza a "síntese suprema

---

[184] DALLARI. Instrumentos da política urbana (art. 4º). In: DALLARI; FERRAZ (Coord.). *Estatuto da Cidade*: comentários à Lei Federal 10.257/2001, p. 74.

[185] DI SARNO. *Elementos de direito urbanístico*, p. 60.

do Direito Urbanístico, e resume a finalidade última das atividades urbanísticas, quer sejam públicas, quer sejam privadas". A busca pelo pleno desenvolvimento das funções sociais da cidade traduz a prevalência do coletivo sobre o particular, e a ideia de que "a cidade deve existir e servir a seus habitantes".[186]

Ensina a autora, ainda, que as funções da cidade, "descritas como elementos fundamentais no estudo do urbanismo e do Direito Urbanístico moderno, foram definidas em 1933, durante o IV Congresso Internacional de Arquitetura Moderna, em Atenas. O item 77 da Carta de Atenas indica as seguintes funções: habitação, trabalho, recreação e circulação". Essa Carta transformou-se em um código de princípios para os urbanistas, e o desenvolvimento das funções da cidade nortearam a elaboração de processos de planejamento urbano em diversos países.[187]

Nelson Saule Júnior salienta que o *caput* do art. 182 introduziu a função social da cidade como princípio constitucional dirigente da política urbana, de forma vinculada com a garantia do bem-estar de seus habitantes.[188] E o aprimoramento das funções da cidade, como visto, é ordenado pela política de desenvolvimento urbano, que tem suas diretrizes gerais fixadas pelo Estatuto da Cidade.[189]

Mas o fundamento de constitucionalidade do Estatuto não reside apenas no texto do citado art. 182 da Constituição. Conforme ensina Diogenes Gasparini, serve-lhe de fundamento também o princípio da função social da propriedade estampado, como visto, no inciso XXIII do art. 5º e no inciso III do art. 170, ambos da Carta Federal. Para o autor, o art. 6º da Lei Maior, que indica o direito à moradia como um dos direitos sociais, de acordo com a redação determinada pela Emenda Constitucional nº 26, de 14.2.2000, também pode ser considerado fundamento de constitucionalidade

---

[186] DI SARNO. *Elementos de direito urbanístico*, p. 47.

[187] DI SARNO. *Elementos de direito urbanístico*, p. 13.

[188] SAULE JÚNIOR. A relevância do direito à cidade na construção de cidades justas, democráticas e sustentáveis. In: SAULE JÚNIOR (Org.). *Direito urbanístico*: vias jurídicas das políticas urbanas, p. 53.

[189] Tais diretrizes são indicadas no art. 2º da Lei nº 10.257/2001.

do Estatuto da Cidade,[190] além do previsto pelo art. 24, I, em interpretação conjugada com o §1º do mesmo dispositivo, que atribui à União editar normas gerais de direito urbanístico, como já visto.[191]

No que tange ao último fundamento constitucional citado supra (art. 24, inc. I, c/c §1º da Constituição), Odete Medauar ressalta que todos os preceitos estabelecidos pelo Estatuto da Cidade — e não somente as diretrizes gerais constantes de seu Capítulo I — vinculam a legislação urbanística municipal, os planos diretores e os projetos e planos decorrentes do plano diretor. Impõem-se, também, à legislação dos Estados e do Distrito Federal.[192] Ou seja, o Poder Público municipal, como agente executor da política de desenvolvimento urbano, deve agir conforme as disposições do Estatuto, pautando-se pelas suas diretrizes gerais e utilizando os instrumentos nele previstos.[193] Dentre tais instrumentos estão os regulados pelos artigos 5º a 8º da Lei — parcelamento, edificação e utilização compulsórios; IPTU progressivo no tempo e desapropriação com pagamento em títulos —, que serão estudados mais detalhadamente no capítulo seguinte.

Pela sua importância, reportar-se-á, em seguida, às diretrizes gerais da política urbana, indicadas pelo art. 2º da Lei nº 10.257/2001. São elas:

> I - garantia do direito a cidades sustentáveis entendido como o direito à terra urbana, à moradia, ao saneamento ambiental, à infra-estrutura urbana, ao transporte e aos

---

[190] O inciso I do art. 2º da Lei nº 10.257/2001 menciona como uma das diretrizes gerais da política urbana a garantia do direito a cidades sustentáveis, "entendido como o direito à terra urbana, à moradia, ao saneamento ambiental, à infraestrutura urbana, ao transporte e aos serviços públicos, ao trabalho e ao lazer, para as presentes e futuras gerações". São vários os dispositivos do Estatuto da Cidade que buscam garantir o direito constitucional à moradia. Dentre eles, citamos o parcelamento, edificação ou utilização compulsórios; a usucapião especial de imóvel urbano (já previsto no art. 183 da Constituição); e a concessão de uso especial para fins de moradia (cuja previsão na Lei nº 10.257/2001 foi vetada, mas retomada pela Medida Provisória nº 2.220/01).

[191] GASPARINI. *O Estatuto da Cidade*, p. 4.

[192] MEDAUAR. Diretrizes gerais. In: MEDAUAR; ALMEIDA (Coord.). *Estatuto da Cidade*: Lei 10.257, de 10.07.2001: comentários, p. 22.

[193] Ver comentários supra de Adilson Abreu Dallari a respeito (nota 184).

serviços públicos, ao trabalho e ao lazer, para as presentes e futuras gerações;

II - gestão democrática por meio da participação da população e de associações representativas dos vários segmentos da comunidade na formulação, execução e acompanhamento de planos, programas e projetos de desenvolvimento urbano;

III - cooperação entre os governos, a iniciativa privada e os demais setores da sociedade no processo de urbanização, em atendimento ao interesse social;

IV - planejamento do desenvolvimento das cidades, da distribuição espacial da população e das atividades econômicas do Município, de modo a evitar e corrigir as distorções do crescimento urbano e seus efeitos negativos sobre o meio ambiente;

V - oferta de equipamentos urbanos e comunitários, transporte e serviços públicos adequados aos interesses e necessidades da população e às características locais;

VI - ordenação e controle do uso do solo, de forma a evitar:

a) a utilização inadequada dos imóveis urbanos;

b) a proximidade de usos incompatíveis ou inconvenientes;

c) o parcelamento do solo, a edificação ou o uso excessivos ou inadequados em relação à infra-estrutura urbana;

d) a instalação de empreendimentos ou atividades que possam funcionar como pólos geradores de tráfego, sem a previsão da infra-estrutura correspondente;

e) a retenção especulativa de imóvel urbano, que resulte na sua subutilização ou não utilização;

f) a deterioração das áreas urbanizadas;

g) a poluição e a degradação ambiental;

VII - integração e complementariedade entre as atividades urbanas e rurais, tendo em vista o desenvolvimento socioeconômico do Município e do território sob sua área de influência;

VIII - adoção de padrões de produção e consumo de bens e serviços e de expansão urbana compatíveis com os limites de sustentabilidade ambiental, social e econômica do Município e do território sob sua área de influência;

IX - justa distribuição dos benefícios e ônus decorrentes do processo de urbanização;

X - adequação dos instrumentos de política econômica, tributária e financeira e dos gastos públicos aos objetivos do desenvolvimento urbano, de modo a privilegiar os investimentos geradores de bem-estar geral e a fruição dos bens pelos diferentes segmentos sociais;

XI - recuperação dos investimentos do Poder Público de que tenham resultado a valorização de imóveis urbanos;

XII - proteção, preservação e recuperação do meio ambiente natural e construído, do patrimônio cultural, histórico, artístico, paisagístico e arqueológico;

XIII - audiência do Poder Público municipal e da população interessada nos processos de implantação de empreendimentos ou atividades com efeitos potencialmente negativos sobre o meio ambiente natural ou construído, o conforto ou a segurança da população;

XIV- regularização fundiária e urbanização de áreas ocupadas por população de baixa renda mediante o estabelecimento de normas especiais de urbanização, uso e ocupação do solo e edificação, consideradas a situação socioeconômica da população e as normas ambientais;

XV - simplificação da legislação de parcelamento, uso e ocupação do solo e das normas edilícias, com vistas a permitir a redução dos custos e o aumento da oferta de lotes e unidades habitacionais;

XVI - isonomia de condições para os agentes públicos e privados na promoção de empreendimentos e atividades relativos ao processo de urbanização, atendido o interesse social.

Destaca-se dentre tais diretrizes a do combate à retenção especulativa, que leva à subutilização ou à não utilização da propriedade imobiliária urbana (art. 2°, inciso VI, alínea *e*). Os instrumentos previstos nos artigos 5° a 8° da Lei nº 10.257/2001, que regulamentaram o art. 182, §4° da Constituição Federal, destinam-se especialmente a atender essa diretriz,[194] e serão analisados no próximo capítulo.

---

[194] Betânia de Moraes Alfonsin observa que "há uma lógica no Estatuto da Cidade que não estabelece princípios sem outorgar conseqüências. Se as diretrizes do art. 2° são um programa de intervenção urbana, os instrumentos elencados e regulados pelo Capítulo II representam o ferramental disponível para alcançar os claros objetivos traçados no Capítulo anterior" (Dos instrumentos da política urbana. In: MATTOS (Org.). *Estatuto da Cidade comentado*: Lei n. 10.257, de 10 de julho de 2001, p. 109).

Capítulo 3

Instrumentos de política urbana

Sumário: **3.1** Parcelamento, edificação e utilização compulsórios - **3.1.1** Parcelamento compulsório - **3.1.2** Edificação compulsória - **3.1.3** Utilização compulsória - **3.1.4** Solo urbano - **3.1.5** Imóvel subutilizado - **3.1.6** Imóvel não utilizado - **3.1.7** Imóvel não edificado - **3.1.8** Lei específica - **3.1.9** Sujeito passivo da obrigação - **3.1.1**0 Procedimento - **3.1.1**1 Consórcio imobiliário - **3.2** IPTU progressivo no tempo - **3.2.1** Aplicação - **3.2.2** Extrafiscalidade - **3.2.3** Progressividade - **3.2.4** Majoração da alíquota - **3.2.5** Alíquota máxima e o princípio constitucional da proibição de instituição de impostos com caráter confiscatório - **3.2.6** Vedação da concessão de isenções ou anistia - **3.3** Desapropriação com pagamento em títulos - **3.3.1** Cotejo com a desapropriação prevista no §3º do art. 182 da Constituição Federal - **3.3.2** Discricionariedade administrativa - **3.3.3** Emissão de títulos da dívida pública - **3.3.4** Valor real da indenização - **3.3.5** Aproveitamento do imóvel expropriado

Conforme ressaltado supra, a Constituição Federal de 1988 dedicou o Capítulo II à Política Urbana, determinando em seu art. 182 que será executada pelo Poder Público municipal, de acordo com as diretrizes gerais fixadas em lei.

Essa lei corresponde ao Estatuto da Cidade, o qual indicou, como visto, as diretrizes da política de desenvolvimento urbano (Capítulo I), listadas supra. Apresentou, outrossim, os instrumentos para a persecução das finalidades escolhidas pelo legislador (Capítulo II), forneceu os parâmetros gerais para a elaboração do plano diretor (Capítulo III), tratou da gestão democrática das cidades (Capítulo IV), e, em suas Disposições Gerais (Capítulo V), incluiu a responsabilização do Chefe do Executivo municipal pela inércia na elaboração do plano diretor (art. 52).

O princípio da função social da propriedade urbana fundamentou as disposições da Lei nº 10.257/2001, e os instrumentos de política urbana nela previstos buscam realizar a concreta aplicação dessa norma principiológica e atender às diretrizes do seu art. 2º, no intuito de garantir o desenvolvimento das funções sociais da cidade. Nada disso é realizado sem a existência de plano diretor municipal, que fornece os parâmetros para a aferição do cumprimento da função social da propriedade imobiliária urbana.

Dentre tais instrumentos, estão os previstos nos artigos 5º a 8º da Lei nº 10.257/2001, que regulamentaram o §4º do art. 182 da Constituição, transcrito supra (seção 1.4.2.4).

Tal preceito constitucional facultou ao Poder Público municipal exigir do proprietário do solo urbano não edificado, subutilizado ou não utilizado, situado em área incluída no plano diretor, o adequado aproveitamento do imóvel, sob pena de serem aplicadas, sucessivamente, as sanções que indica, nos termos de lei federal (no caso, o Estatuto da Cidade).

Essas sanções são:

I - o parcelamento ou edificação compulsórios;

II - imposto sobre a propriedade predial e territorial urbana progressivo no tempo;

III - desapropriação com pagamentos mediante títulos da dívida pública.

Trata-se de previsão constitucional (art. 182, §4º) e legal (artigos 5º a 8º do Estatuto da Cidade) que permite ao Município impor o respeito ao princípio da função da propriedade urbana, impedindo a retenção especulativa do imóvel. A seguir, discorrer-se-á acerca da primeira das sanções acima indicadas.

3.1 Parcelamento, edificação e utilização compulsórios

O primeiro instrumento a ser estudado é o do parcelamento, edificação ou utilização compulsórios de solo urbano não edificado, subutilizado ou não utilizado, previsto no art. 182, §4º, inciso I, CF, bem como nos artigos 4º, inciso V, alínea *i*, 5º e 6º da Lei nº 10.257/2001.

Esses dois últimos dispositivos dispõem:

> Art. 5º Lei municipal específica para área incluída no plano diretor poderá determinar o parcelamento, a edificação ou a utilização compulsórios do solo urbano não edificado, subutilizado ou não utilizado, devendo fixar as condições e os prazos para implementação da referida obrigação.
>
> §1º Considera-se subutilizado o imóvel:
>
> I - cujo aproveitamento seja inferior ao mínimo definido no plano diretor ou em legislação dele decorrente;
>
> II - (Vetado)
>
> §2º O proprietário será notificado pelo Poder Executivo municipal para o cumprimento da obrigação, devendo a notificação ser averbada no cartório de registro de imóveis.
>
> §3º A notificação far-se-á:
>
> I - por funcionário do órgão competente do Poder Público municipal, ao proprietário do imóvel ou, no caso de este ser pessoa jurídica, a quem tenha poderes de gerência geral ou administração;
>
> II - por edital quando frustrada, por três vezes, a tentativa de notificação na forma prevista pelo inciso I.
>
> §4º Os prazos a que se refere o *caput* não poderão ser inferiores a:
>
> I - um ano, a partir da notificação, para que seja protocolado o projeto no órgão municipal competente;
>
> II - dois anos, a partir da aprovação do projeto, para iniciar as obras do empreendimento.
>
> §5º Em empreendimentos de grande porte, em caráter excepcional, a lei municipal específica a que se refere o *caput* poderá prever a conclusão em etapas, assegurando-se que o projeto aprovado compreenda o empreendimento como um todo.
>
> Art. 6º A transmissão do imóvel, por ato 'inter vivos' ou 'causa mortis', posterior à data da notificação, transfere as obrigações de parcelamento, edificação ou utilização previstas no art. 5º desta Lei, sem interrupção de quaisquer prazos.

Assim, o Município deve notificar o proprietário de imóvel que não esteja atendendo às disposições do plano diretor municipal para que lhe dê adequado aproveitamento, a fim de que este cumpra sua função social.

Utilizamos a locução *deve notificar* porque, na verdade, trata-se de um *dever-poder* da Administração Municipal.[195] Ainda que a Constituição Federal prescreva ser *facultado* ao Poder Público exigir o adequado aproveitamento do solo urbano, não pode furtar-se a Municipalidade a exercer tal dever-poder, sob pena de vulneração do princípio constitucional da função social da propriedade urbana.

De fato, é o Município o ente federativo competente para promover o adequado ordenamento territorial, "mediante planejamento e controle do uso, do parcelamento e da ocupação do solo urbano" (art. 30, inc. VIII, CF). O referido art. 182 da Carta permite a utilização pela Urbe dos instrumentos nele arrolados para que esta possa cumprir o seu mister de realizar a adequada ordenação urbanística. Em outras palavras, a Municipalidade tem o *dever* de levar a cabo o adequado ordenamento do seu território, e para isso lhe são conferidos os *poderes* previstos pelo texto do §4º do art. 182 da Constituição, regulamentado pelos dispositivos constantes dos artigos 5º a 8º do Estatuto da Cidade. Daí tratar-se de um *dever-poder* da Administração Pública municipal.

Por sua vez, o *caput* do sobredito art. 5º da Lei nº 10.257/2001 determina que lei municipal específica para área incluída no plano diretor *pode* determinar o parcelamento, a edificação ou a utilização compulsórios do solo urbano. Portanto, se não for editada referida lei específica, aprovada pelo Legislativo Municipal, não poderá o Município notificar o proprietário de solo urbano não edificado, não utilizado ou subutilizado para que dê adequado aproveitamento ao seu imóvel, nos termos do plano diretor.

Assim, a leitura conjunta dos dispositivos constantes do art. 182 da Lei Maior e do art. 5º do Estatuto conduz à seguinte

---

[195] Vale lembrar, nesse ponto, novamente, as lições de Celso Antônio Bandeira de Mello que utiliza a expressão dever-poder ao dissertar sobre a função administrativa. Ensina que em vista do caráter de sujeição do poder "a uma finalidade instituída no interesse de todos — e não da pessoa exercente do poder —, as prerrogativas da Administração não devem ser vistas ou denominadas como 'poderes' ou como "poderes-deveres'. Antes se qualificam e melhor se designam como "deveres-poderes', pois nisto se ressalta sua índole própria e se atrai atenção para o aspecto subordinado do poder em relação ao dever, sobressaindo, então, o aspecto finalístico que as informa, do que decorrerão suas inerentes limitações" (*Curso de direito administrativo*, p. 62-63).

conclusão: o Poder Público municipal deve tomar todas as providências que lhe cabem para que sejam aplicados os instrumentos de urbanificação compulsória ora em estudo. Não pode furtar-se, por exemplo, a encaminhar projeto da referida lei específica à Câmara de Vereadores, que poderá ou não aprová-lo. Ou seja, a iniciativa da lei em questão é obrigatória para o Poder Público municipal, assim como a iniciativa para elaboração do plano diretor nas hipóteses de Municípios com mais de 20.000 habitantes (art. 182, §1º, CF; e art. 41, inc. I, Lei nº 10.257/2001).

Voltando à análise específica dos dispositivos apresentados, vale ressaltar os comentários de Diogenes Gasparini aos artigos 5º e 6º da Lei nº 10.257/2001. O autor nos fornece o conceito do instrumento em questão, afirmando que se trata de determinação de natureza urbanística, prevista em lei municipal baseada no plano diretor, imposta pelo Poder Público municipal ao proprietário de solo urbano não utilizado ou subutilizado, situado em área indicada no plano diretor.[196]

Para o jurista, as medidas previstas nos preceitos em tela têm o objetivo de desestimular a especulação imobiliária, "cujos ganhos decorrem exclusivamente das atividades públicas e privadas que acontecem no entorno", além de buscar a redução dos custos da urbanização e a otimização dos investimentos públicos, com um maior número de administrados deles se valendo.[197]

Dessa forma, o Texto Constitucional permite ao Município impor ao proprietário a obrigação de parcelar ou edificar solo urbano não edificado, subutilizado ou não utilizado (§4º do art. 182), enquanto o art. 5º da Lei nº 10.257/2001 concede ao Poder Público municipal o poder de exigir o parcelamento, a edificação e a utilização compulsórios de imóveis urbanos que não estejam cumprindo sua função social. A seguir, discorrer-se-á sobre cada uma dessas imposições: parcelamento, edificação e utilização do solo urbano.

Antes disso, porém, cabe ressaltar que, para aplicação dos institutos em comento, é imprescindível a existência do plano

---

[196] GASPARINI. *O Estatuto da Cidade*, p. 25-26.
[197] GASPARINI. *O Estatuto da Cidade*, p. 32.

diretor municipal, de acordo com os textos dos arts. 5° e 41, inciso III, da Lei n° 10.257/2001, que se fundamentam no $\S4^{\circ}$ do art. 182 da Constituição. Os imóveis a serem atingidos pelas imposições em estudo devem estar localizados em área incluída no plano diretor, o qual, aliás, por expressa determinação do art. 42, inciso I, do Estatuto da Cidade, deverá conter "a delimitação das áreas urbanas onde poderá ser aplicado o parcelamento, edificação ou utilização compulsórios, considerando a existência de infra-estrutura e de demanda para utilização", na forma do art. 5° da mesma Lei.[198]

3.1.1 Parcelamento compulsório

Como bem aponta Diogenes Gasparini, de acordo com a Lei Federal n° 6.766/1979, que dispõe sobre o parcelamento do solo urbano, "parcelamento é a divisão em lotes de uma área ou gleba situada em zona urbana ou de expansão urbana".[199] O art. 2° da Lei Federal citada reza que o parcelamento poderá ser feito mediante loteamento ou desmembramento, enquanto o $\S1^{\circ}$ do mesmo dispositivo define loteamento como "a subdivisão de gleba em lotes destinados a edificação, com abertura de novas vias de circulação, de logradouros públicos ou prolongamento, modificação ou ampliação das vias existentes". Já o $\S2^{\circ}$ do mesmo versículo define o desmembramento como a "subdivisão de gleba em lotes destinados a edificação, com aproveitamento do sistema

---

[198] Sobre a questão, Nelson Saule Júnior afirma que a consideração da existência de infraestrutura prevista pelo art. 42, I, do Estatuto da Cidade tem como escopo "potencializar o uso e ocupação do solo de áreas urbanas que tenham disponibilidade de infra-estrutura". Assevera ainda que "o critério da intensidade de uso da propriedade urbana para atividades urbanas tem que ser compatível com a capacidade de infra-estrutura urbana de equipamentos e serviços. Para a propriedade urbana atender à sua função social é preciso que exista um grau de razoabilidade entre a intensidade de seu uso com o potencial de desenvolvimento das atividades de interesse urbano. Por exemplo, para áreas de preservação de manancial, a implantação de um loteamento urbano com alta densidade populacional, sem dúvida estará desrespeitando o critério da existência de infra-estrutura, e não atenderá ao princípio da função social da propriedade" (Do plano diretor. In: MATTOS (Org.). *Estatuto da Cidade comentado*: Lei n. 10.257, de 10 de julho de 2001, p. 280). Ressalta-se, outrossim, por oportuno, que o art. 41, inciso III, do Estatuto da Cidade estabelece que o plano diretor é obrigatório para cidades em que o Poder Público municipal pretenda utilizar os instrumentos previstos no $\S4^{\circ}$ do art. 182 da Constituição.

[199] GASPARINI. *O Estatuto da Cidade*, p. 29.

viário existente, desde que não implique a abertura de novas vias e logradouros públicos, nem prolongamento, modificação ou ampliação dos já existentes".

Ainda segundo o autor, tanto o loteamento quanto o desmembramento objetivam a implantação de uma aglomeração urbana, mas o primeiro implica a abertura ou o prolongamento de logradouros públicos, e o segundo não. Observa o jurista que nenhuma das duas modalidades pode ser confundida com o fracionamento, "que é apenas uma divisão da área urbana sem nenhuma intenção de implantar uma aglomeração urbana". Define área ou gleba como "a porção de terra em que técnica e legalmente pode ser aprovado e implantado um parcelamento, sob a forma de loteamento ou desmembramento", e lote como a "porção de terreno que tem ao menos uma frente para a via pública, imprestável tecnicamente para a implantação de um parcelamento".[200]

Na definição de José Afonso da Silva, "parcelamento urbanístico do solo é o processo de urbanificação[201] de uma gleba, mediante sua divisão ou redivisão em parcelas destinadas ao exercício das funções elementares urbanísticas".[202]

---

[200] GASPARINI. *O Estatuto da Cidade*, p. 29. Cabe ressaltar que o §4º do art. 2º da Lei nº 6.766/1979, acrescentado pela Lei nº 9.785/1999, descreve lote como "o terreno servido de infra-estrutura básica cujas dimensões atendam aos índices urbanísticos definidos pelo plano diretor ou lei municipal para a zona em que se situe".

[201] O termo *urbanificação* é definido por José Afonso da Silva como "a atividade deliberada de beneficiamento ou de rebeneficiamento do solo para fins urbanos, quer criando áreas urbanas novas, pelo beneficiamento de solo ainda não urbanificado, quer modificando solo urbano já urbanificado" (*Direito urbanístico brasileiro*, p. 325).

[202] SILVA. *Direito urbanístico brasileiro*, p. 329. Ainda segundo José Afonso da Silva, "o 'parcelamento urbanístico do solo' caracteriza-se por vários tipos de operações materiais juridicamente reguladas, que consistem na execução de planos de arruamento, planos de loteamento, em desmembramentos, em desdobro de lotes ou, ainda, em reparcelamento. Daí decorrem os 'institutos' que dão configuração a 'instituição do parcelamento', que são: o 'arruamento', o 'loteamento', o 'desmembramento', o 'desdobro do lote' e o 'reparcelamento'" (p. 330). Ensina o autor, também, que 'loteamento' é a divisão das quadras em lotes com frente para logradouro público, enquanto o arruamento (...) consiste no 'enquadramento' da gleba por sua divisão em quadras. Se se traçarem quatro ruas formando uma quadra, já se pode dizer que houve arruamento; mas a formação de um lote já não basta para caracterizar o loteamento. Este é um tipo de parcelamento do solo que se configura no retalhamento de quadras para a formação de 'unidades edificáveis' (lotes) com frente para via oficial de circulação de veículos (p. 332). Ainda o mesmo jurista (p. 346-347) ressalta que a divisão de um lote maior em dois menores equivale ao desdobro do lote, e, com apoio em Antonio Carceller Fernández, afirma que o reparcelamento significa uma nova divisão de área previamente parcelada com o intuito de regularizar a configuração dos lotes, ou de distribuir

Dessarte, pode o Poder Público municipal, através de lei específica, para área incluída no plano diretor, desde que desrespeitada a função social do imóvel, obrigar o proprietário ao loteamento ou ao desmembramento de gleba ou lote com dimensões superiores ao máximo permitido pela legislação municipal.

3.1.2 Edificação compulsória

De outra parte, a edificação é definida por Hely Lopes Meirelles como "a obra destinada a habitação, trabalho, culto, ensino ou recreação". Ensina o autor que *edificação* não se confunde com a expressão *construção*, posto esta ser gênero da qual aquela é a espécie. A "construção, como realização material, é toda obra executada, intencionalmente, pelo homem". Assevera o jurista, ainda, que, nas edificações distingue-se o *edifício* das *edículas*: o primeiro é a obra principal, enquanto as edículas são as obras complementares.[203]

Assim, pode o Município impor a obrigação de edificar ao dono de imóvel urbano sem nenhum aproveitamento, desde que a situação de não edificação do solo seja contrária às disposições do plano diretor, e desde que cumpridos os demais requisitos do art. 5º da Lei nº 10.257/2001.

3.1.3 Utilização compulsória

No que tange à *utilização*, vale destacar as opiniões de Victor Carvalho Pinto. O autor ressalta que o art. 5º do Estatuto guarda relação direta com o art. 182, §4º, inciso I, CF. Ambos contêm a expressão "não edificado, subutilizado ou não utilizado", que caracteriza o imóvel que não esteja cumprindo sua função social.

---

justamente entre os proprietários os benefícios e ônus da ordenação. Todavia, entendemos suficiente, para fins de aplicação do disposto no art. 5º do Estatuto da Cidade, a divisão do conceito de parcelamento em loteamento e desmembramento, nos termos indicados por Diogenes Gasparini conforme exposto supra. Afinal, o loteamento pressupõe o arruamento, o reparcelamento equivale a um novo parcelamento e o desdobro de lote iguala-se ao fracionamento, também nos termos acima expostos.

[203] MEIRELLES. *Direito de construir...*, p. 350.

Porém, lembra o autor que a "compulsoriedade do parcelamento ou da edificação constam da Constituição, mas o mesmo não ocorre com a utilização". Observa o autor que, na verdade, o texto constitucional é confuso nesse ponto, "vez que faz uso das expressões 'subutilização' e 'não utilização' para designar situações a serem coibidas, mas não prevê qualquer 'utilização' compulsória enquanto sanção". A conclusão a que chega é a de que a utilização a que se refere a Constituição cinge-se ao parcelamento e à edificação do imóvel, e que o art. 5° da Lei n° 10.257/2001 "deve ser interpretado no mesmo sentido pois, de outra forma, estaria incorrendo em inconstitucionalidade".[204] Estaria dizendo mais do que a Constituição quis dizer.

No entender de Victor Carvalho Pinto, portanto, inexiste a possibilidade de imposição da *utilização* compulsória do bem no sentido estrito do termo. Afinal, dificilmente "se poderia conceber uma forma de aferir e sancionar a efetiva utilização de um imóvel". Inexistiriam critérios objetivos para tanto.[205]

Nelson Saule Júnior não partilha da mesma opinião. Para ele, o Estatuto da Cidade, ao instituir o instrumento da utilização compulsória, busca conferir maior eficácia às normas constitucionais de política urbana. Essa finalidade fundamentaria a imposição da obrigação de utilização adequada do imóvel. O autor em comento assevera que o Poder Público municipal pode, nas hipóteses em que a propriedade urbana seja considerada subutilizada, "aplicar

---

[204] PINTO. Do parcelamento, edificação ou utilização compulsórios. In: MATTOS (Org.). *Estatuto da Cidade comentado*. Lei n. 10.257, de 10 de julho de 2001, p. 132-133.

[205] PINTO. Do parcelamento, edificação ou utilização compulsórios. In: MATTOS (Org.). *Estatuto da Cidade comentado*: Lei n. 10.257, de 10 de julho de 2001, p. 133. São palavras do autor: "(...) dificilmente se poderia conceber uma forma de aferir e sancionar a efetiva utilização de um imóvel. Seria necessário, por exemplo, contar a quantidade de pessoas que utilizam o imóvel, ou saber por que ele se encontra vazio. Estaria seu proprietário viajando? Ou estudando no exterior? Ou apenas esperando que apareça um locatário? Como distinguir qualquer dessas situações da mera retenção especulativa? Qualquer tentativa neste sentido certamente criará uma enorme burocracia e acabará por invadir a privacidade dos moradores". Contrariando a tese do autor, o Plano Diretor Estratégico do Município de São Paulo (Lei n° 13.430/2002), em seu art. 201, $\S4^{\circ}$, fornece parâmetros para a aferição da efetiva utilização do imóvel. Diz o dispositivo que "é considerado solo urbano não utilizado todo o tipo de edificação nos distritos da Sé, República, Bom Retiro, Consolação, Brás, Liberdade, Cambuci, Pari, Santa Cecília e Bela Vista que tenham, no mínimo, 80% (oitenta por cento) de sua área construída desocupada há mais de cinco anos (...)".

a utilização compulsória como forma de garantir uma destinação social para esta propriedade". Esse instrumento poderia ser aplicado "para imóveis edificados que não estão cumprindo uma finalidade social".[206]

Para Nelson Saule Júnior, uma área urbana situada em região da cidade em que exista uma grande demanda social por habitação, ou mesmo uma demanda cultural significativa, pode ser delimitada como subutilizada pelo plano diretor. O autor fornece o exemplo de "uma área urbana, situada na região do centro da cidade de São Paulo, que tenha uma grande concentração de imóveis destinados a estacionamentos, prédios, armazéns e galpões fechados ou abandonados". Suponhamos que exista na mesma área, concomitantemente, "uma demanda social para usar esta área para habitação social destinada à população moradora de cortiços e de rua, bem como uma demanda cultural para destinar parte desses imóveis em centros e espaços culturais, de lazer e de esporte para as crianças, adolescentes e idosos que vivem, trabalham ou freqüentam a região central". Na hipótese apresentada, "em razão da comprovação desta demanda social e cultural, o Plano Diretor poderá delimitar esta área urbana como subutilizada, em razão de concentrar prédios, galpões e armazéns fechados, visando a destiná-la primordialmente para fins de habitação de interesse social".[207]

Conclui o autor, afirmando que "a demanda social e cultural para a utilização de área urbana deve ser adotada para definir o aproveitamento mínimo do imóvel urbano no Plano Diretor, de modo que o instrumento da utilização compulsória possa ser aplicado".[208]

---

[206] "Vamos supor a existência, em área delimitada no Plano Diretor, de prédios, armazéns, galpões fechados e abandonados. Neste caso, seria suficiente a lei municipal específica, que pode se caracterizar como um plano urbanístico, ao estabelecer os usos de interesse urbanístico admitidos para esses imóveis — como, por exemplo, habitação social, centros culturais, centros comunitários, atividades econômicas promovidas por organizações e cooperativas populares – de modo a exigir de seus proprietários a utilização prevista" (SAULE JÚNIOR. *A proteção jurídica da moradia nos assentamentos irregulares*, p. 275).

[207] SAULE JÚNIOR. *A proteção jurídica da moradia nos assentamentos irregulares*, p. 276.

[208] SAULE JÚNIOR. *A proteção jurídica da moradia nos assentamentos irregulares*, p. 276. Afirma Nelson Saule Júnior que o objetivo da utilização compulsória é potencializar o uso e ocupação do solo de áreas urbanas que tenham disponibilidade de infra-estrutura,

O coeficiente de aproveitamento, equivalente à proporção entre a construção e a área total do terreno, não é o único parâmetro para a caracterização do imóvel como subutilizado, para fins de imposição ao proprietário da obrigação de utilizar o bem de acordo com o prescrito pelo Plano Diretor municipal. Tal entendimento, de fato, é o que mais prestigia o princípio constitucional da função social da propriedade urbana, evitando reduzi-lo a um mero cálculo da área edificada sobre um terreno.

Afinal, o inciso I do §1º do art. 5º do Estatuto da Cidade refere-se a "aproveitamento inferior ao mínimo definido no plano diretor". O "aproveitamento inferior" ao exigido pelo plano deve ser entendido de forma ampla: não somente como o desatendimento ao coeficiente mínimo de aproveitamento (construção sobre área do lote), mas também como uma espécie de utilização do imóvel que contrarie o princípio da função social da propriedade pelo descumprimento de outros indicadores, criados pelo próprio plano diretor municipal.

Como exemplo do afirmado supra, cita-se o disposto no Plano Diretor Estratégico do Município de São Paulo (Lei nº 13.430/2002) que, em seu art. 201, §4º, fornece outros parâmetros para a aferição da efetiva utilização do imóvel. Diz o dispositivo:

> (...) é considerado solo urbano não utilizado todo o tipo de edificação nos distritos da Sé, República, Bom Retiro, Consolação, Brás, Liberdade, Cambuci, Pari, Santa Cecília e Bela Vista que tenham, no mínimo, 80% (oitenta por cento) de sua área construída desocupada há mais de cinco anos, ressalvados os casos em que a desocupação decorra de impossibilidades jurídicas ou resultantes de pendências judiciais incidentes sobre o imóvel.

---

equipamentos e serviços urbanos (p. 275). Invocando disposto no art. 42, inciso I, do Estatuto da Cidade, que determina que para a delimitação das áreas urbanas sujeitas às sanções em estudo deve ser considerada a existência de infraestrutura e demanda para sua utilização, completa o autor que "para a propriedade urbana atender à sua função social, é preciso que exista um grau de razoabilidade entre a intensidade de seu uso com o potencial de desenvolvimento das atividades de interesse urbano. Para áreas de preservação de manancial, por exemplo, a implantação de um loteamento urbano com alta densidade populacional, sem dúvida, estará desrespeitando o critério da existência de infra-estrutura e não atenderá ao princípio da função social da propriedade".

Assim, referido Plano Diretor apresentou novo parâmetro para a verificação da subutilização do imóvel, possibilitando a aplicação do instrumento da utilização obrigatória pelo Poder Público local. A legislação leva em conta o percentual de ocupação e o tempo de subutilização, além de delimitar uma área de abrangência territorial para o emprego de tal instrumento. Sem desrespeitar o direito fundamental da propriedade privada, a lei em comento está em consonância com o disposto no citado §2º do art. 182 da Constituição Federal.[209] O Plano Diretor pode exigir não somente que o proprietário construa acima do coeficiente mínimo, ou que parcele gleba ou lote com área superior à máxima permitida, mas também que *utilize* o imóvel de modo a cumprir a sua função social.

Na opinião de Vera Scarpinella Bueno, a partir da edição do Estatuto da Cidade o atendimento da norma prevista no §4º do art. 182 da Constituição "é feito da seguinte forma: lei municipal específica para área incluída no plano diretor determina ao proprietário que dê 'adequada utilização' à sua propriedade urbana". Prossegue a autora afirmando que "o papel da 'lei municipal específica' é estabelecer as condições e os prazos para implementação da 'obrigação de fazer'", e que o proprietário da área atingida pela obrigação deve ser "notificado para que ele próprio parcele, edifique ou utilize o solo urbano não edificado, subutilizado ou não utilizado". No caso de descumprimento da obrigação, o proprietário "está sujeito ao IPTU progressivo no tempo e, após, certo lapso de tempo, à desapropriação". No entender da jurista, "o Estatuto da Cidade autorizou o Município a editar ato para compelir o proprietário a fazer uso adequado de sua propriedade urbana (seja parcelando, edificando, habitando, alugando ou vendendo)".[210]

---

[209] "A propriedade urbana cumpre sua função social quando atende às exigências fundamentais de ordenação da cidade expressas no plano diretor" (art. 182, §2º, CF).

[210] BUENO. Parcelamento, edificação ou utilização compulsórios da propriedade urbana (arts. 5º e 6º). In: DALLARI; FERRAZ (Coord.). *Estatuto da Cidade*: comentários à Lei Federal 10.257/2001, p. 90. Vale aqui o alerta de Carlos Ari Sundfeld, feito antes mesmo da promulgação da Constituição de 1988, "quanto à amplitude da faculdade estatal de impor a utilização compulsória do imóvel". Escreve o autor que não é aceitável, "salvo em casos excepcionais, que o Poder Público indique ao possuidor 'exatamente' qual a utilização a ser dada" ao imóvel que não cumpra sua função social. Defende que "o meio mais adequado

No entender de Fernando Dias Menezes de Almeida, o termo *utilização* "diz com a construção de acordo com o coeficiente de aproveitamento do terreno",[211] e nesse sentido deve ser entendido para que se afaste a possível alegação de inconstitucionalidade do art. 5º da Lei nº 10.257/2001 que, como visto, além das expressões *parcelamento* e *edificação*, constantes do inciso I do §4º do art. 182 do Texto Constitucional, menciona o referido termo *utilização*. Assim, o dispositivo da Lei nº 10.257/2001 não teria ultrapassado o limite constitucional, mas apenas teria sido mais explícito, mais detalhado do que o seu correspondente versículo presente na Constituição.[212]

Entretanto, acreditamos que inexiste qualquer inconstitucionalidade na previsão da *utilização compulsória* pelo art. 5º do Estatuto. O inciso I do §4º do art. 182 não se refere à utilização compulsória, mas a interpretação teleológica do dispositivo[213] permite vislumbrar a possibilidade de sua imposição, em respeito ao princípio constitucional da função social da propriedade. Afinal, um imóvel ocioso situado em área de alto déficit habitacional muito provavelmente não está cumprindo sua função social,

---

de impor a utilização é o estabelecimento de zonas de uso, onde haja a previsão de usos (genéricos) possíveis, facultada ao administrado, dentre eles, a escolha daquele que melhor atenda seu interesse pessoal. A obrigação seria, então, instalar estabelecimento comercial ou construir imóvel residencial" (SUNDFELD. Função social da propriedade. In: DALLARI; FIGUEIREDO (Coord.). *Temas de Direito Urbanístico - 1*, p. 19).

[211] José Afonso da Silva ensina que "o 'coeficiente de aproveitamento' é a relação existente entre a área total da construção e a área do lote. Se se quer implantar no terreno uma construção com área correspondente à do terreno, então, o coeficiente de aproveitamento é igual a 1,0" (*Direito urbanístico brasileiro*, p. 255). O Plano Diretor Estratégico do Município de São Paulo (Lei Municipal nº 13.430/2002), em seu art. 146, inciso IX, define coeficiente de aproveitamento como "a relação entre a área edificada, excluída a área não computável, e a área do lote podendo ser: a) básico, que resulta do potencial construtivo gratuito inerente aos lotes e glebas urbanos; b) máximo, que não pode ser ultrapassado; c) mínimo, abaixo do qual o imóvel poderá ser considerado subutilizado".

[212] ALMEIDA. Dos instrumentos da política urbana. In: MEDAUAR; ALMEIDA (Coord.). *Estatuto da Cidade*: Lei 10.257, de 10.07.2001: comentários, p. 73-74.

[213] Nas palavras de Luís Roberto Barroso, o método interpretativo teleológico "procura revelar o fim da norma, o valor ou bem jurídico visado pelo ordenamento com a edição de dado preceito" (*Interpretação e aplicação da Constituição*: fundamentos de uma dogmática constitucional transformadora, p. 138). Ora, a finalidade da norma constitucional em comento é garantir o pleno e adequado aproveitamento do imóvel subutilizado, em atendimento ao princípio da função social da propriedade. Para que seja alcançado esse escopo normativo em sua plenitude, necessário lançar-se mão do instituto da utilização compulsória, ao lado da edificação e do parcelamento obrigatórios.

independentemente de sua edificação atender ou não ao coeficiente mínimo de aproveitamento.

Por outro lado, é óbvio que a edificação compulsória, prevista no inciso I do §4º do art. 182 deve ser entendida como a edificação acompanhada da respectiva utilização. Afinal, de nada adiantaria erigir uma construção que permaneça ociosa e vazia, pois o imóvel continuaria a descumprir sua função social. É dessa forma que deve ser interpretado o versículo constitucional em tela.

Portanto, o *caput* do art. 5º do Estatuto, ao prever a utilização compulsória, não incorreu em inconstitucionalidade, tendo apenas detalhado o seu correspondente dispositivo constitucional. Entendimento em sentido contrário prestigia a simples interpretação literal do referido preceito do Texto Maior, em detrimento do efetivo cumprimento do princípio da função social da propriedade urbana.

É de ser admitida, destarte, a imposição da utilização compulsória de imóvel subutilizado, nos termos do plano diretor municipal, que deve criar parâmetros para a aferição da efetiva utilização do imóvel urbano, conforme já realçado e exemplificado linhas acima.

3.1.4 Solo urbano

Tanto o §4º do art. 182 da Constituição quanto o art. 5º, *caput*, do Estatuto da Cidade referem-se ao termo *solo urbano*.

Ensina José Afonso da Silva que "a qualificação do solo como 'urbano' é função dos planos e normas urbanísticos, que lhe fixam o 'destino urbanístico' a que fica vinculado o proprietário". Explica o autor que "esse destino consiste primordialmente na ordenação do terreno e na sua predeterminação a uma das funções do urbanismo". A destinação urbanística é uma utilidade atribuída aos terrenos pelos planos e leis urbanísticos, utilidade que "se especifica em várias modalidades, conforme o aproveitamento concreto definido para cada terreno".[214]

---

[214] SILVA. *Direito urbanístico brasileiro*, p. 82-83.

Pedro Escribano Collado disserta acerca do *destino urbanístico*, qualificando-o como um dos efeitos do plano urbanístico sobre o solo. O outro efeito seria a vinculação desse destino para o proprietário do imóvel. A figura do *destino* expressa uma qualificação formal dos terrenos, executada exclusivamente pelo plano urbanístico.[215] Ou seja, o *destino*, imputável exclusivamente ao plano, cria uma utilidade legal do solo da qual pode aproveitar-se o proprietário, e que se contrapõe à utilidade natural dos terrenos, identificada com sua natureza de rústicos.[216] Em outras palavras, é a lei do plano urbanístico a responsável pela atribuição de um *destino urbanístico* ao solo, já que a vocação natural do terreno é materialmente agrícola.

Nas palavras de José Afonso da Silva, a utilização do solo urbano por seu proprietário "depende da predeterminação dada pela legislação e planos urbanísticos". Uma dessas utilidades legais é a edificabilidade. Esta não é vocação natural do terreno. O que lhe é natural é a "produção das chamadas riquezas naturais. A edificabilidade é algo que surge com a ordenação urbanística do solo. É algo novo, acrescido, criado pelos planos e normas urbanísticos, por mais elementares que sejam". É a qualificação que possibilita ao proprietário o exercício da faculdade de construir sobre o terreno: "sem ela, a faculdade não existe".[217]

Na lição de Diogenes Gasparini, o *solo urbano*, para fins de incidência das obrigações de parcelar, edificar e utilizar, de acordo com o disposto no art. 5º da Lei nº 10.257/2001, equivale a um "terreno com qualquer configuração, e área". Para o jurista, "não importa a figura geométrica que ostenta, a área que encerra ou a topografia que apresenta". Acrescenta o autor que o solo urbano

---

[215] ESCRIBANO COLLADO. *La propiedad privada urbana*: encuadramiento y régimen, p. 173-174.

[216] ESCRIBANO COLLADO. *La propiedad privada urbana*: encuadramiento y régimen, p. 183.

[217] SILVA. *Direito urbanístico brasileiro*, p. 83. Para o autor, "o 'lote' — parcela de terreno destinada à edificação — é uma das modalidades predeterminadas por via especialmente dos planos de parcelamento do solo para fins urbanos. O lote é, conseqüentemente, uma criação da atividade urbanística; surge, pois, como uma utilidade legal do terreno: a 'edificabilidade'".

"pode ser uma gleba ou um lote", e que "basta que possa ter alguma utilização segundo as exigências da legislação municipal para que seja passível" das obrigações em questão, "ou, mesmo, de uma combinação entre elas (edificação e estacionamento)".[218]

Assim, o plano diretor, ou outra lei municipal, define o solo como urbano e, no caso de lhe ser atribuída a edificabilidade, se este for considerado "subutilizado", "não utilizado" ou "não edificado", nos termos desse mesmo plano urbanístico, o seu proprietário pode ser compelido pelo Poder Público municipal a proceder ao seu parcelamento, edificação ou utilização compulsórios.

Nesse diapasão, vale ressaltar que o art. 3º da Lei nº 6.766/1979, que dispõe sobre o parcelamento do solo urbano, determina que é o plano diretor ou a lei municipal que definem as zonas urbanas, de expansão urbana ou de urbanização específica, e que somente nessas áreas será admitido o parcelamento do solo para fins urbanos.[219]

Cabe destacar, outrossim, que o §2º do art. 40 do Estatuto da Cidade determina que "o plano diretor deverá englobar o território do Município como um todo".

Sobre o tema, realça-se o magistério de Nelson Saule Júnior, que ressalta que, de acordo com o disposto no inciso VII do art. 2º do Estatuto da Cidade, a política urbana tem como uma de suas diretrizes a integração e a complementaridade entre as atividades urbanas e rurais, tendo em vista o desenvolvimento socioeconômico

---

[218] GASPARINI. *O Estatuto da Cidade*, p. 28-29. Outrossim, afirma o autor que "o imóvel urbano tem alguma possível utilização quando dotado das dimensões mínimas exigidas para a zona em que está situado".

[219] Observa-se que a definição de zona urbana apresentada pelo Código Tributário Nacional (Lei nº 5.172/1966), em seu art. 32, §1º, é válida apenas para efeitos fiscais (cobrança do IPTU). Assim, o plano diretor ou a lei municipal podem definir como zona urbana uma área que não conte com a existência de pelo menos dois dos melhoramentos indicados nos incisos do citado dispositivo do C.T.N. (meio-fio ou calçamento, abastecimento de água, sistema de esgotos sanitários, rede de iluminação pública, escola primária ou posto de saúde). Registre-se que não é esse o entendimento de Diogenes Gasparini, para quem, não obstante a Lei nº 6.766/79, através de seu art. 3º, "tenha deixado à livre competência municipal a definição da zona urbana, cremos que o plano diretor deverá observar as exigências do Código Tributário Nacional, ao descrever a zona urbana. Destarte, somente no interior da zona urbana assim delimitada é que poderá incidir o IPTU progressivo e será possível a implantação de parcelamentos urbanos (...)" (*O Estatuto da Cidade*, p. 48).

do Município e do território sob sua área de influência. Tal diretriz vai ao encontro do que prescreve o referido §2º do art. 40 do Estatuto.

Com efeito, como bem disserta Nelson Saule Júnior:

> (...) a Constituição, ao prescrever que a política de desenvolvimento urbano tem por objetivo ordenar o pleno desenvolvimento das funções sociais da cidade e garantir o bem-estar de seus habitantes, não diferencia os habitantes situados na zona rural dos que estão situados na zona urbana. A realidade das cidades demonstra, cada vez mais, a ligação entre as atividades promovidas na zona rural e as atividades realizadas na zona urbana.[220]

De outra parte, cabe salientar:

> (...) grande parte da população que vive na zona rural tem seu emprego e trabalho na região urbana, sem contar a utilização da infra-estrutura e serviços urbanos como o transporte coletivo, escolas, postos de saúde, hospitais, comércio e lazer. A política de desenvolvimento urbano, fundamentada no princípio do desenvolvimento sustentável, como já visto, significa um modelo de desenvolvimento baseado na garantia do meio ambiente sadio e ecologicamente equilibrado para as presentes e futuras gerações. O desenvolvimento da cidade nestes termos depende do desenvolvimento da região rural.[221]

Portanto, não obstante ser da competência privativa da União legislar sobre direito agrário, conforme dispõe o art. 22, inciso I, da Constituição, o fato é que se faz necessária "uma nítida integração entre a questão urbana e a questão agrária".[222] Para tanto, mister a abrangência de todo o território do Município pelas prescrições do plano diretor municipal.

Nesse diapasão, explica Jacintho Arruda Câmara que a previsão do §2º do art. 40 do Estatuto há de ser entendida de forma a não contrariar o Texto Constitucional. Assim,

---

[220] SAULE JÚNIOR. *A proteção jurídica da moradia nos assentamentos irregulares*, p. 256.
[221] SAULE JÚNIOR. *A proteção jurídica da moradia nos assentamentos irregulares*, p. 256.
[222] SAULE JÚNIOR. *A proteção jurídica da moradia nos assentamentos irregulares*, p. 257.

> (...) não é porque o plano diretor deve abranger toda a área do Município, inclusive a rural, que o legislador poderá, no exercício dessa competência específica, prescrever políticas agrárias ou disciplinar o uso de imóveis rurais. Se assim o fizesse estaria, efetivamente, usurpando competência legislativa exclusiva da União. Quando o Estatuto prevê a abrangência do plano diretor para a área de todo o Município, parte do pressuposto de que tal competência será exercida no âmbito da atuação legítima do legislador municipal, que, em relação ao citado plano, deve se ater a aspectos urbanísticos.[223]

Mas o autor explica que são várias as diretrizes urbanísticas que podem abranger as áreas rurais.

> Assim ocorre, por exemplo, ao disciplinar a forma de expansão urbana, impondo regras que afetem área rurais destinadas a tal fim; ao condicionar o uso de áreas rurais importantes ao desenvolvimento urbano em virtude de recursos ambientais ou hídricos; ao disciplinar o trânsito de veículos automotores entre cidades e centros urbanos — e assim por diante.[224]

Conclui Jacintho Arruda Câmara que, portanto, a prescrição do §2º do art. 40 do Estatuto deve ser entendida no sentido de que todas as prescrições contidas no plano diretor devam ter caráter urbanístico, "inclusive aquelas que abarquem áreas rurais integrantes do Município".[225]

Vale ressaltar que, no entender de Nelson Saule Júnior, "padece de vício constitucional o plano diretor que se restringir apenas à zona urbana e de expansão urbana".[226] A afirmação é justificada por ser o Estatuto da Cidade norma geral de direito urbanístico (art. 182 da Constituição), e pelo fato desse diploma legal conter regras para a elaboração do plano diretor municipal (artigos 39 a 42).

---

[223] CÂMARA. Plano diretor (arts. 39 a 42). In: DALLARI; FERRAZ (Coord.). *Estatuto da Cidade*: comentários à Lei Federal 10.257/2001, p. 312.

[224] CÂMARA. Plano diretor (arts. 39 a 42). In: DALLARI; FERRAZ (Coord.). *Estatuto da Cidade*: comentários à Lei Federal 10.257/2001, p. 313.

[225] CÂMARA. Plano diretor (arts. 39 a 42). In: DALLARI; FERRAZ (Coord.). *Estatuto da Cidade*: comentários à Lei Federal 10.257/2001, p. 313.

[226] SAULE JÚNIOR. Do plano diretor. In: MATTOS (Org.). *Estatuto da Cidade comentado*: Lei n. 10.257, de 10 de julho de 2001, p. 267.

Neste ponto, passa-se a discorrer acerca dos termos, "subutilizado", "não utilizado" e "não edificado", que estão presentes tanto na Lei nº 10.257/2001, quanto na Constituição Federal (art. 182).

3.1.5 Imóvel subutilizado

O inciso I do §1º do art. 5º do Estatuto da Cidade define como subutilizado o imóvel "cujo aproveitamento seja inferior ao mínimo definido no plano diretor ou em legislação dele decorrente", ou seja, o imóvel cujo aproveitamento fique abaixo do coeficiente mínimo para a área em que se situa.[227]

No entender de Victor Carvalho Pinto, "o parágrafo deixa claro que o termo abrange os conceitos de gleba não parcelada e de lote não edificado, mas não a edificação ociosa". Afirma, ainda, que esses índices de aproveitamento mínimo dos imóveis urbanos "são análogos aos já tradicionalmente praticados na técnica do zoneamento, mas com 'sinal trocado'". Para o autor, o zoneamento tradicional busca impedir o adensamento excessivo de cada zona e, para tanto, fixa áreas mínimas de lotes e coeficientes máximos de aproveitamento desses lotes. Agora, o que se exige é que sejam fixadas áreas máximas de lotes e coeficientes mínimos de aproveitamento. "Cabe ao plano diretor estabelecer com precisão estes índices, tendo em vista sempre a proporcionalidade entre a densidade populacional e a disponibilidade de infra-estrutura em cada região da cidade".[228]

---

[227] O Plano Diretor do Município de São Paulo (Lei nº 13.430, de 13.9.2002) define, no §2º do seu art. 201, solo urbano subutilizado. Reza o dispositivo:
"(...) são considerados solo urbano subutilizado, os terrenos e glebas com área superior a 250 m² (duzentos e cinqüenta metros quadrados), onde o coeficiente de aproveitamento não atingir o mínimo definido para o lote na zona onde se situam, excetuando:
I - os imóveis utilizados como instalações de atividades econômicas que não necessitam de edificações para exercer suas finalidades;
II - os imóveis utilizados como postos de abastecimento de veículos;
III - os imóveis integrantes do Sistema de Áreas Verdes do Município."

[228] PINTO. Do parcelamento, edificação ou utilização compulsórios. In: MATTOS (Org.). *Estatuto da Cidade comentado*: Lei n. 10.257, de 10 de julho de 2001, p. 134. Lembra o autor, ainda, "que a necessidade de estabelecer áreas máximas de lotes já havia sido consagrada pela Lei nº 9.785/1999, que modificou a redação do §1º do art. 4º da Lei nº 6.766/1979.

Fernando Dias Menezes de Almeida define solo *subutilizado* como aquele cuja edificação não atinge o coeficiente de aproveitamento mínimo definido na legislação, ao passo que o solo "não utilizado seria aquele com aproveitamento igual a zero".[229]

Reporta-se, nesse ponto, à conclusão exposta supra (3.1.3), no sentido de que a edificação ociosa também pode ser qualificada como imóvel subutilizado para fins de aplicação da sanção de utilização compulsória, ao contrário do que afirmam os autores citados acima.

Aqui cabe uma observação quanto à outra hipótese de imóvel subutilizado, que foi inicialmente prevista no inciso II do §1º do art. 5º do Projeto de Lei embrião do Estatuto, mas que foi objeto de veto presidencial. O dispositivo vetado previa que podia ser considerado subutilizado o imóvel "utilizado em desacordo com a legislação urbanística ou ambiental". A questão causa controvérsias na doutrina.

A seguir, as razões do veto:

> O inciso II do §1º do art. 5º do projeto equipara ao imóvel subutilizado aquele "utilizado em desacordo com a legislação urbanística ou ambiental". Essa equiparação é inconstitucional, porquanto a Constituição penaliza somente o proprietário que subutiliza o seu imóvel de forma a não atender ao interesse social, não abrangendo aquele que a seu imóvel deu uso ilegal, o qual pode, ou não, estar sendo subutilizado.
>
> Vale lembrar que, em se tratando de restrição a direito fundamental — direito de propriedade —, não é admissível a ampliação legislativa para abarcar os indivíduos que não foram contemplados pela norma constitucional.

Este índice deve ser fixado para toda a zona urbana e de expansão urbana, uma vez que constitui-se em condição para a caracterização de um terreno como gleba (inedificável) ou lote (edificável)". A Lei nº 6.766/79, em seu art. 4º, §1º, prevê que a "legislação municipal definirá, para cada zona em que se divida o território do Município, os usos permitidos e os índices urbanísticos de parcelamento e ocupação do solo, que incluirão, obrigatoriamente, as áreas mínimas e máximas de lotes e os coeficientes máximos de aproveitamento". Note-se que o citado dispositivo não se refere a coeficientes *mínimos* de aproveitamento, ou seja, procurou evitar o adensamento exagerado, mas não a ocupação ociosa.

[229] ALMEIDA. Dos instrumentos da política urbana. In: MEDAUAR; ALMEIDA (Coord.). *Estatuto da Cidade*: Lei 10.257, de 10.07.2001: comentários, p. 70. O termo "não utilizado" será analisado a seguir.

Vera Scarpinella Bueno afirma que, diante do veto em questão, não existe a possibilidade de lei municipal ampliar o rol do §1º do art. 5º do Estatuto da Cidade, ou seja, lei municipal — inclusive o plano diretor — não pode estabelecer outros casos de subutilização de imóvel urbano. Afinal, "a própria Constituição Federal diz que a lei municipal pode exigir do solo urbano não edificado, subutilizado ou não utilizado o seu adequado aproveitamento 'nos termos da lei federal' (art. 182, §4º)". Prossegue a autora afirmando que é essa Lei Federal — o Estatuto da Cidade — que traz os parâmetros para a exigência dessa obrigação. Afirma, ainda, que "se o Estatuto poderia ter trazido um rol maior de hipóteses de subutilização, esta é outra discussão. O fato é que não o fez. Restringiu o conceito de imóvel urbano 'subutilizado' àquele 'cujo aproveitamento seja inferior ao mínimo definido no plano diretor ou em legislação decorrente'". Para a autora, o Município não teria competência para tratar do assunto, e "nem para dar uma interpretação que 'encubra' o veto presidencial". O uso ilegal de imóveis urbanos autorizaria, portanto, outras atitudes da Municipalidade — como a lacração, o fechamento, a proibição de entrada nesses imóveis, ou mesmo a imposição de multa ao proprietário — mas não a aplicação do instrumento do parcelamento, edificação ou utilização compulsórios.[230]

Fernando Dias Menezes de Almeida partilha da mesma opinião. Afirma que, com a redação do dispositivo vetado (inc. II do §1º do art. 5º) pretendia-se dar à expressão *subutilizado* "um sentido mais amplo, abrangendo genericamente as hipóteses de uso em desacordo com a legislação urbanística ou ambiental". Mas, para o autor, estão excluídas das sanções previstas no §4º do art. 182 da Constituição e no art. 5º da Lei nº 10.257/2001 "as áreas que nao cumpram sua funçao social por outras espécies de desatendimento às exigências fundamentais de ordenação da cidade, *v.g.*, descumprimento do zoneamento de uso". Isso porque não há previsão constitucional nesse sentido, e não se pode

---

[230] BUENO. Parcelamento, edificação ou utilização compulsórios da propriedade urbana (arts. 5º e 6º). In: DALLARI; FERRAZ (Coord.). *Estatuto da Cidade*: comentários à Lei Federal 10.257/2001, p. 99-100.

interpretar de forma ampla uma exceção ao direito fundamental de propriedade.[231]

Não é esse o entendimento de Victor Carvalho Pinto. Para o autor, "os índices de parcelamento (áreas máximas e mínimas de lotes) e de ocupação (coeficientes máximos e mínimos de aproveitamento) têm sempre como pressuposto a definição dos usos permitidos no terreno". Dessa forma, haveria sempre um "aspecto qualitativo e não meramente quantitativo na caracterização da função social da propriedade". Os usos fixados para cada zona não serviriam "apenas para controlar as atividades que serão desenvolvidas no interior das edificações, mas também para determinar suas características estruturais, em conjugação com o Código de Obras". Este determina as características a serem obedecidas pela edificação, de acordo com a destinação (habitação unifamiliar, hospital, escola, indústria, etc.). Conclui o autor afirmando que, portanto, "um terreno que contenha edificação industrial em zona residencial pode ser considerado subutilizado".[232]

O autor em comento assevera, ainda, que "se até o imóvel legal, mas desconforme pode ser considerado subutilizado, com maior razão haverá o imóvel ilegalmente utilizado de ser enquadrado no conceito". No seu entender, "só não é subutilizado o imóvel parcelado e edificado em conformidade com os usos permitidos e índices urbanísticos instituídos pelo plano diretor".[233]

Márcio Cammarosano defende a inexistência de fundamento constitucional para o veto presidencial ao inciso II do §1º do art. 5º do Estatuto da Cidade, e sustenta a ineficácia desse veto. Afirma que "lei municipal pode estabelecer como hipótese ensejadora da sanção prevista no art. 5º do Estatuto o imóvel 'subutilizado' porque 'utilizado em desacordo com a legislação urbanística ou ambiental'".[234]

---

[231] ALMEIDA. Dos instrumentos da política urbana. In: MEDAUAR; ALMEIDA (Coord.). *Estatuto da Cidade*: Lei 10.257, de 10.07.2001: comentários, p. 71-76.

[232] PINTO. Do parcelamento, edificação ou utilização compulsórios. In: MATTOS (Org.). *Estatuto da Cidade comentado*: Lei n. 10.257, de 10 de julho de 2001, p. 135.

[233] PINTO. Do parcelamento, edificação ou utilização compulsórios. In: MATTOS (Org.). *Estatuto da Cidade comentado*: Lei n. 10.257, de 10 de julho de 2001, p. 136-137.

[234] CAMMAROSANO apud BUENO. Parcelamento, edificação ou utilização compulsórios da propriedade urbana (arts. 5º e 6º). In: DALLARI; FERRAZ (Coord.). *Estatuto da Cidade*: comentários à Lei Federal 10.257/2001, p. 99.

De fato, o imóvel utilizado em desacordo com a legislação urbanística pode ser considerado subutilizado, e pode fundamentar, por exemplo, a instituição de alíquota diferenciada do imposto predial e territorial urbano, de acordo com o disposto no art. 156, §1º, inc. II, CF. Este dispositivo será abordado em momento posterior deste trabalho.

3.1.6 Imóvel não utilizado

No entender de Diogenes Gasparini, "não utilizado é o imóvel urbano despojado de qualquer uso útil e legal, como é o dotado de vegetação imprestável para qualquer fim de interesse social". Por outro lado, afirma o autor que "o imóvel edificado também pode ser havido como não utilizado, quando está há longo tempo desocupado e já começa a mostrar sinais de abandono". Assevera, outrossim, que esse lapso temporal "deve ser prescrito pela lei específica a que se refere o *caput* do art. 5º do Estatuto da Cidade", e que também deverão ser considerados subutilizados "os imóveis cujas construções foram iniciadas e estão há muito tempo paralisadas, isto é, as chamadas construções inacabadas".[235]

Nessas hipóteses, poderá ser determinada a utilização compulsória do imóvel, na esteira da opinião que defende a possibilidade da aplicação desse instrumento aos proprietários de imóveis ociosos, desde que prevista em lei específica, e para área incluída no plano diretor, a partir de critérios ditados por este último.

Vera Scarpinella Bueno atribui o termo *não utilizado* ao "imóvel abandonado e não habitado, incluídas as construções

---

[235] GASPARINI. *O Estatuto da Cidade*, p. 30. Interessante lembrar, novamente, que o Plano Diretor Estratégico do Município de São Paulo (Lei Municipal nº 13.430/2002), em seu art. 201, §4º, diz ser "considerado solo urbano não utilizado todo o tipo de edificação nos distritos da Sé, República, Bom Retiro, Consolação, Brás, Liberdade, Cambuci, Pari, Santa Cecília e Bela Vista que tenham, no mínimo, 80% (oitenta por cento) de sua área construída desocupada há mais de cinco anos, ressalvados os casos em que a desocupação decorra de impossibilidades jurídicas ou resultantes de pendências judiciais incidentes sobre o imóvel". Assim, o Plano Diretor Municipal fornece parâmetros para a aferição da *não utilização*, que podem fundamentar a imposição da obrigação de utilizar o imóvel conforme suas prescrições. Na verdade, seria mais lógico a Lei Municipal utilizar-se da expressão *subutilizado*, neste caso.

paralisadas e destruídas". Para a autora, "as propriedades nessas situações estão sujeitas ao parcelamento (ou desmembramento, ou loteamento), à edificação ou à utilização compulsórios, conforme o caso".[236] A autora também admite, portanto, a imposição pelo Município da obrigação de utilizar a edificação ociosa.

Os parâmetros para a aferição da *não utilização* do imóvel são fornecidos pelo Plano Diretor Municipal, assim como a medida da *subutilização* do solo, conforme exposto supra.

3.1.7 Imóvel não edificado

Vera Scarpinella Bueno define propriedade *não edificada* como "a terra nua que não atende à utilização desejada pelo plano diretor e lei dele decorrente (moradia, indústria, recreação, etc.)".[237]

Evidente que a qualificação do imóvel como *não edificado* deve ser realizada em cotejo com as disposições do plano diretor. A *não edificação*, para ensejar a aplicação da edificação compulsória, deve ser contrária às disposições do plano, pois a própria legislação municipal, em certos casos, pode determinar a proibição de se construir sobre determinada área. Trata-se dos *espaços não-edificáveis*, um conceito urbanístico definido por José Afonso da Silva como os "espaços que, por determinação de planos ou normas urbanísticas, não devem receber edificações, porque são destinados a cumprir outras funções sociais da cidade".[238]

São encontrados:

> (...) "espaços não-edificáveis em áreas de domínio privado", como imposição urbanística, e "espaços não-edificáveis de domínio público",

---

[236] BUENO. Parcelamento, edificação ou utilização compulsórios da propriedade urbana (arts. 5º e 6º). In: DALLARI; FERRAZ (Coord.). *Estatuto da Cidade*: comentários à Lei Federal 10.257/2001, p. 95.

[237] BUENO. Parcelamento, edificação ou utilização compulsórios da propriedade urbana (arts. 5º e 6º). In: DALLARI; FERRAZ (Coord.). *Estatuto da Cidade*: comentários à Lei Federal 10.257/2001, p. 95. O Plano Diretor do Município de São Paulo (Lei nº 13.430/2002), em seu art. 201, §1º, prescreve que são considerados solo urbano não edificado, terrenos e glebas com área superior a 250m², onde o coeficiente de aproveitamento utilizado é igual a zero.

[238] SILVA. *Direito urbanístico brasileiro*, p. 272.

como elementos componentes da estrutura urbana, como são as vias de circulação, os quais se caracterizam como áreas *non aedificandi*, vias de comunicação e espaços livres, áreas verdes, áreas de lazer e recreação.[239]

De outra parte, vale a ressalva de Regis Fernandes de Oliveira, que alerta que por vezes o terreno não edificado está sendo utilizado regularmente em atividade que prescinde de edificação, como é o caso dos estacionamentos.[240] Obviamente, nesse caso, autorizada a atividade pela legislação urbanística municipal, e respeitadas as determinações do plano diretor para a área correspondente, não há de se falar em aplicação da sanção de edificação compulsória.

3.1.8 Lei específica

O §4º do art. 182 da Constituição Federal e o art. 5º da Lei nº 10.257/2001 determinam que os instrumentos previstos para impor ao proprietário o adequado aproveitamento do imóvel devem ser aplicados nos termos de *lei específica*, para área incluída no plano diretor. Portanto, além da existência de plano diretor municipal, faz-se necessária a edição de lei municipal específica para que o Poder Público possa aplicar os instrumentos em questão.

Nos dizeres de Vera Scarpinella Bueno, essa legislação municipal específica tem a função de concretizar as disposições do plano diretor. Cabe a ela "especificar, por meio da delimitação da área atingida, as propriedades sujeitas à sanção. Também é ela que definirá, no caso de o plano diretor não o ter feito, os parâmetros para aferição da 'adequada' utilização da propriedade, estabelecendo a obrigação a que o proprietário descumpridor dos ditames legais está sujeito". Afinal, tal legislação deve fixar as condições e os prazos para a imposição das obrigações de parcelar, edificar ou utilizar o imóvel, nos termos do art. 5º, *caput*, do Estatuto da Cidade. Lembra a autora, ainda, que os prazos e condições estipulados por essa legislação específica devem "estar em perfeita

---

[239] SILVA. *Direito urbanístico brasileiro*, p. 272.
[240] OLIVEIRA. *Comentários ao Estatuto da Cidade*, p. 43.

compatibilidade com a lógica do planejamento urbano desenhado pelo plano diretor" (cuja edição precede, necessariamente, essa lei específica).[241]

Observa a autora, outrossim, que não existe hierarquia entre o plano diretor e as leis específicas editadas para a efetiva aplicação dos instrumentos em estudo. Ressalta que "são normas de mesma hierarquia", mas "o plano diretor, porque é plano, é o fundamento de validade dessas normas; não jurídico propriamente dito, mas lógico".[242]

Diogenes Gasparini afirma que essa lei específica deve conter um só tema,[243] pelo fato mesmo de ser *específica*, e que é ela que garante a eficácia dos dispositivos do Estatuto da Cidade atinentes à imposição das obrigações em questão.[244] Tal legislação deve determinar as urbanificações "sob a forma de parcelamento, edificação e utilização compulsórios", e "fixar as condições e os prazos para a implementação dessas obrigações" pelos proprietários dos imóveis situados em áreas delimitadas pelo plano diretor.[245]

---

[241] BUENO. Parcelamento, edificação ou utilização compulsórios da propriedade urbana (arts. 5º e 6º). In: DALLARI; FERRAZ (Coord.). *Estatuto da Cidade*: comentários à Lei Federal 10.257/2001, p. 93. Ressalta a autora, outrossim, que a lei específica em comento pode ser considerada lei de efeitos concretos, posto que especifica as propriedades sujeitas à urbanificação compulsória. Por tal razão, assevera, pode ser impetrado mandado de segurança contra essa lei pelo proprietário do imóvel atingido pela imposição da obrigação de parcelar, edificar ou utilizar.

[242] BUENO. Parcelamento, edificação ou utilização compulsórios da propriedade urbana (arts. 5º e 6º). In: DALLARI; FERRAZ (Coord.). *Estatuto da Cidade*: comentários à Lei Federal 10.257/2001, p. 93.

[243] Mas o autor lembra que, na verdade, "todas as leis deveriam, por força do art. 7º, II, da Lei Complementar federal nº 95, de 26.2.98, que dispõe sobre a elaboração, a redação, a alteração e a consolidação das leis, tratar de um só tema, na medida em que esse dispositivo prescreve que 'a lei não conterá matéria estranha a seu objeto ou a este não vinculada por afinidade, pertinência ou conexão'" (GASPARINI. *O Estatuto da Cidade*, p. 34).

[244] GASPARINI. *O Estatuto da Cidade*, p. 31.

[245] GASPARINI. *O Estatuto da Cidade*, p. 34. O Plano Diretor do Município de São Paulo (Lei nº 13.430/2002) define, em seu art. 201, *caput*, as áreas em que poderão incidir o parcelamento, a edificação e a utilização compulsórios de imóveis não edificados, subutilizados ou não utilizados. São elas: as ZEIS (Zona Especial de Interesse Social) 2 e 3, descritas no Quadro nº 14 e delimitadas no Mapa nº 07 integrantes da Lei; os imóveis incluídos nas áreas de Operações Urbanas Consorciadas e Projetos Estratégicos; e os imóveis inseridos nos perímetros dos distritos municipais Água Rasa, Alto de Pinheiros, Aricanduva, Artur Alvim, Barra Funda, Bela Vista, Belém, Bom Retiro, Brás, Butantã, Cambuci, Campo Belo, Carrão, Casa Verde, Consolação, Freguesia do Ó, Ipiranga, Itaim Bibi, Jabaquara, Jaguara, Jaguaré, Jardim Paulista, Lapa, Liberdade, Limão, Mandaqui, Moema, Moóca, Morumbi, Pari,

Victor Carvalho Pinto alerta que a lei específica em questão deve conter prazos para o término das obras de parcelamento e edificação, "sob pena de se criar uma forma de burla ao instituto, representada pela postergação dos trabalhos, logo após o seu início".[246]

Observa Nelson Saule Júnior:

> (...) na lei municipal específica, a definição dos tipos de uso e de edificação que devem ser atendidos pelo proprietário deve atender ao princípio da razoabilidade e da proporcionalidade. Devem ser conferidas opções ao proprietário sobre as exigências de uso e edificação do seu imóvel. A lei pode, por exemplo, definir que um imóvel não utilizado e não edificado deve ser destinado para implantar um loteamento urbano ou um centro cultural.[247]

Nesse ponto, cabe ressaltar a controvérsia que surge na doutrina a respeito da escolha da obrigação (parcelar, edificar ou utilizar compulsoriamente) a ser cumprida pelo proprietário em razão do descumprimento dos preceitos do plano diretor.

No entender de Diogenes Gasparini, é o Município que deve determinar a urbanificação a ser promovida pelo proprietário, de acordo com as características do imóvel, nos termos da lei específica e do plano diretor. Para o jurista, "não cabe ao proprietário escolher a urbanização (parcelamento, edificação ou utilização) que entenda como a melhor para a satisfação de seus interesses, pois essa liberdade poderia contrariar a função social da propriedade". Afirma o autor que a escolha deve resultar de estudos decorrentes da reforma urbana, "indicada pela política urbana adotada pelo Município", e há de ser motivada. Admite, porém, a combinação das obrigações, com parte do imóvel utilizada para parcelamento, e

---

Penha, Perdizes, Pinheiros, Pirituba, Ponte Rasa, República, Santa Cecília, Santana, Santo Amaro, São Domingos, São Lucas, São Miguel Paulista, Sé, Tatuapé, Tucuruvi, Vila Andrade, Vila Formosa, Vila Guilherme, Vila Leopoldina, Vila Maria, Vila Mariana, Vila Matilde, Vila Medeiros, Vila Prudente, Vila Sônia. Por sua vez, o §5º do mesmo dispositivo prescreve que os planos regionais baseados no plano diretor estratégico podem especificar novas áreas de parcelamento, edificação e utilização compulsórios.

[246] PINTO. Do parcelamento, edificação ou utilização compulsórios. In: MATTOS (Org.). *Estatuto da Cidade comentado*: Lei n. 10.257, de 10 de julho de 2001, p. 138.

[247] SAULE JÚNIOR. *A proteção jurídica da moradia nos assentamentos irregulares*, p. 274.

parte para edificação, "sem se descartar o uso, que também poderá ser uma opção".[248]

Regis Fernandes de Oliveira discorda. Afirma que "a opção do que fazer com o imóvel é exclusiva do particular, uma vez que escolherá a forma de cumprimento da obrigação". Justifica sua opinião afirmando que "a invasão da intimidade jurídica do proprietário para impor-lhe uma obrigação de fazer em seu imóvel há de respeitar sua situação específica". O autor fornece o exemplo do proprietário que opta por parcelar seu imóvel não edificado, por lhe faltar recursos para nele construir. Outrossim, assevera que "não se vê como poderá o Município, ao obrigar o aproveitamento integral, limitar a possibilidade de opção do proprietário, opção essa que se inclui no direito de propriedade, que, nesse aspecto, não pode ser violado".[249]

Nelson Saule Júnior, conforme ressaltado acima, afirma que a lei específica pode conferir opções ao proprietário quanto à obrigação a ser cumprida, e "pode também estabelecer padrões próprios de parcelamento, uso e ocupação do solo e de edificação para estes imóveis".[250]

Com efeito, cabe à lei municipal específica, editada com fundamento no art. 5º do Estatuto da Cidade, dar ou não ao proprietário a opção de escolher a urbanização a ser implantada em imóvel que não esteja cumprindo sua função social, de acordo com a hipótese que se apresenta.

3.1.9 Sujeito passivo da obrigação

O art. 182, §4º da Constituição e o art. 5º, §2º, do Estatuto da Cidade apontam o *proprietário* do solo urbano como o destinatário da imposição do Poder Público municipal de parcelar, edificar ou utilizar imóvel que esteja em desacordo com as prescrições do plano diretor.

---

[248] GASPARINI. *O Estatuto da Cidade*, p. 35.
[249] OLIVEIRA. *Comentários ao Estatuto da Cidade*, p. 44-45.
[250] SAULE JÚNIOR. *A proteção jurídica da moradia nos assentamentos irregulares*, p. 274.

Fernando Dias Menezes de Almeida afirma, com base nos preceitos citados, que apenas o proprietário do solo urbano pode ser considerado sujeito passivo da obrigação. Diz o autor que o Texto Constitucional é claro ao se referir apenas ao proprietário, ainda que o Estatuto da Cidade o mencione apenas indiretamente (no §2º do art. 5º). Justifica o seu entendimento afirmando que "poderia o constituinte ter sido mais abrangente, mencionando, ainda, por exemplo, o titular do domínio útil, ou o possuidor (como o faz o CTN, ao definir o fato gerador do IPTU – art. 32). Mas não o fez". E conclui afirmando que "ainda que o proprietário, por exemplo, alugue o imóvel em questão, ou o arrende, ou conceda seu direito de superfície (...), continuará sendo o sujeito passivo da obrigação".[251]

Não é essa a opinião de Diogenes Gasparini. Para o autor, essas urbanificações *coativas* "também se aplicam ao superficiário, constituído nos termos dos arts. 21 a 24 [do Estatuto], ao posseiro em condições de adquirir a propriedade mediante usucapião, ao enfiteuta e ao compromissário comprador com compromisso de compra e venda registrado, ou não, em razão da semelhança das situações que encarnam". Na opinião do autor, esses sujeitos equiparam-se ao proprietário, pois, caso contrário, "seria muito fácil ao proprietário, conluiado com terceiro, contornar tal exigência, transferindo-lhe o direito de superfície ou compromissando a venda de seu imóvel".[252]

Nesse diapasão, lembra Regis Fernandes de Oliveira que o disposto no art. 6º do Estatuto da Cidade busca evitar que o proprietário fuja à sua obrigação legal mediante a alienação do imóvel.[253] Com efeito, o dispositivo garante a transferência da obrigação de parcelar, edificar ou utilizar ao novo proprietário ou herdeiro do imóvel, sem qualquer interrupção de prazo, desde que a transmissão da propriedade se dê após a notificação prevista nos parágrafos 2º e 3º do art. 5º da Lei nº 10.257/2001.

---

[251] ALMEIDA. Dos instrumentos da política urbana. In: MEDAUAR; ALMEIDA (Coord.). *Estatuto da Cidade*: Lei 10.257, de 10.07.2001: comentários, p. 65.

[252] GASPARINI. *O Estatuto da Cidade*, p. 27.

[253] OLIVEIRA. *Comentários ao Estatuto da Cidade*, p. 45-46.

Essa notificação, aliás, deve ser averbada no cartório de registro de imóveis (§2º), justamente para que se torne pública a obrigação a todos os interessados em adquirir o bem. Trata-se, portanto, de obrigação *propter rem*, "obrigação de direito real, que fica gravada no imóvel".[254]

Acerca do citado art. 6º do Estatuto, afirma Victor Carvalho Pinto que "a obrigação de parcelar e edificar, assim como todos os demais ônus urbanísticos, apresenta característica real e não pessoal". Por tal motivo deve ser averbada na matrícula do imóvel, "com o que adquirirá publicidade *erga omnes*", evitando-se assim que o adquirente do imóvel possa alegar desconhecimento da obrigação.[255] Destaca-se que essa transferência de obrigação é feita "sem interrupção de quaisquer prazos" (art. 6º do Estatuto, *in fine*).

Vale ressaltar que a questão atinente à possibilidade de a pessoa jurídica de direito público ser sujeito passivo da obrigação de parcelar, edificar ou utilizar imóvel público urbano que não cumpra sua função social será abordada mais adiante, em capítulo próprio deste trabalho.

3.1.10 Procedimento

As regras do procedimento administrativo de imposição pelo Poder Público municipal das obrigações de parcelar, edificar ou utilizar imóvel urbano que descumpra sua função social estão

---

[254] BUENO. Parcelamento, edificação ou utilização compulsórios da propriedade urbana (arts. 5º e 6º). In: DALLARI; FERRAZ (Coord.). *Estatuto da Cidade*: comentários à Lei Federal 10.257/2001, p. 96. Nesse sentido, Márcia Alvarenga de Oliveira Sobrane ressalta que a obrigação de parcelar, utilizar e edificar, por se tratar de obrigação *propter rem*, "acompanhará o imóvel em caso de eventual alienação ou transferência" (SOBRANE. A cidade e sua normalização constitucional urbanística. In: GARCIA (Coord.). *A cidade e seu estatuto*, p. 219). Tal transferência não gera, portanto, nem a extinção da obrigação, nem a interrupção do prazo para o seu cumprimento.

[255] PINTO. Do parcelamento, edificação ou utilização compulsórios. In: MATTOS (Org.). *Estatuto da Cidade comentado*: Lei n. 10.257, de 10 de julho de 2001, p. 139. Sobre a questão, manifesta-se Diogenes Gasparini que a regra constante do art. 6º da Lei nº 10.257/2001 "atinge e submete aos seus termos e condições todo e qualquer adquirente, não importando a natureza do instrumento (particular ou público) de transmissão, a espécie da transação (compra e venda, doação, permuta), ou o caráter provisório (compromisso de venda e compra) ou definitivo (escritura pública de venda e compra)" (*O Estatuto da Cidade*, p. 39).

previstas nos parágrafos 2º a 5º do art. 5º da Lei nº 10.257/2001. Através desses dispositivos, o Estatuto da Cidade "garante uniformidade ao procedimento para a imposição da obrigação de usar 'corretamente' a propriedade urbana".[256]

O §2º determina que o proprietário será notificado pela Municipalidade para o cumprimento da respectiva obrigação, e que a notificação deve ser averbada na matrícula do imóvel constante do cartório de registro imobiliário correspondente. Diogenes Gasparini define essa notificação como o ato administrativo editado pela autoridade competente, através do qual é dado conhecimento ao proprietário de que deve promover o adequado aproveitamento do seu imóvel, de acordo com a lei específica prevista no *caput* do art. 5º do Estatuto, executando a respectiva urbanização ou promovendo a sua utilização.[257]

Fernando Dias Menezes de Almeida ressalta que o parágrafo em comento "estabelece que a obrigação de parcelamento, ou edificação, ou utilização do solo (obrigação esta que deverá também vir prevista em lei municipal específica) torna-se exigível apenas com uma notificação expedida pelo Poder Público municipal, em cada caso concreto, ao proprietário do imóvel em questão". Pelo texto do dispositivo, conclui o autor que a formalidade da notificação não pode ser afastada pela lei específica municipal que disciplinar a matéria.[258]

Afirma o autor, ainda, que "em se tratando de obrigação imposta diretamente por lei, de modo vinculado, deverá o administrador público, assim que constatar imóveis na situação descrita na norma em tela, promover a notificação do proprietário faltoso".[259]

---

[256] PINTO. Do parcelamento, edificação ou utilização compulsórios. In: MATTOS (Org.). *Estatuto da Cidade comentado*: Lei n. 10.257, de 10 de julho de 2001, p. 139.

[257] GASPARINI. *O Estatuto da Cidade*, p. 36.

[258] ALMEIDA. Dos instrumentos da política urbana. In: MEDAUAR; ALMEIDA (Coord.). *Estatuto da Cidade*: Lei 10.257, de 10.07.2001: comentários, p. 77.

[259] ALMEIDA. Dos instrumentos da política urbana. In: MEDAUAR; ALMEIDA (Coord.). *Estatuto da Cidade*: Lei 10.257, de 10.07.2001: comentários, p. 77. Aqui, vale ressaltar as lições de Roque Antonio Carrazza, que lembra que, "como averbava Rui Barbosa, todo poder encerra um dever, e que quando a Constituição confere a uma pessoa política um 'poder', ela, 'ipso facto', lhe impõe um 'dever'. É por isso que se costuma falar que as pessoas políticas têm 'poderes-deveres'" (*Curso de direito constitucional tributário*, p. 108).

Com efeito, o *caput* do art. 5º da Lei nº 10.257/2001 prescreve que a lei municipal específica poderá determinar a urbanificação compulsória para área incluída no plano diretor. Uma vez determinada pela lei, não pode o Poder Executivo municipal furtar-se ao cumprimento da medida, devendo promover a respectiva notificação.

Victor Carvalho Pinto afirma que a notificação em tela representa uma garantia ao proprietário, "a fim de que ele não seja surpreendido por medidas coercitivas de aumento do IPTU e de desapropriação"[260] (que são as sanções aplicáveis para o caso de descumprimento da obrigação de edificar, utilizar ou parcelar, conforme será abordado a seguir). Todavia, observa o autor que "esta garantia seria dispensável, uma vez que a obrigação é criada pela lei específica que estabelecerá as condições e os prazos para seu cumprimento". E a publicidade é requisito de validade de qualquer lei, "pela qual se presume seu conhecimento por todos os cidadãos (art. 3º da Lei de Introdução ao Código Civil)".[261] Assim, a publicação da lei específica prevista no *caput* do art. 5º do Estatuto da Cidade já bastaria para dar ciência ao proprietário de que deve adaptar o seu imóvel aos ditames do plano diretor municipal.

O inciso I do §3º do art. 5º do Estatuto estabelece que a notificação será feita por funcionário do órgão competente do Poder Público municipal ao proprietário do imóvel. No caso de ser pessoa jurídica a proprietária do bem, a notificação será efetivada na pessoa que "tenha poderes de gerência geral ou administração". Frustrada a tentativa de notificação por três vezes, realizar-se-á por edital (inciso II do §3º). Seja pessoal ou por edital, a notificação deve sempre ser averbada na serventia registrária da jurisdição do imóvel objeto da urbanificação compulsória.[262]

Fernando Dias Menezes de Almeida ressalta que as regras previstas nos parágrafos 2º e 3º acima indicados certamente receberão

---

[260] PINTO. Do parcelamento, edificação ou utilização compulsórios. In: MATTOS (Org.). *Estatuto da Cidade comentado*: Lei n. 10.257, de 10 de julho de 2001, p. 137.

[261] PINTO. Do parcelamento, edificação ou utilização compulsórios. In: MATTOS (Org.). *Estatuto da Cidade comentado*: Lei n. 10.257, de 10 de julho de 2001, p. 137.

[262] GASPARINI. *O Estatuto da Cidade*, p. 36-37.

Parcelamento, edificação e utilização compulsórios de imóveis públicos urbanos | 113

"disciplina mais específica em cada lei municipal, por exemplo, determinando-se o modo de publicação do edital; as formalidades a serem cumpridas para que se caracterize a frustração da tentativa de intimação pessoal; o funcionário competente para a notificação; o conteúdo da notificação (com descrição da obrigação a ser cumprida), etc."[263]

Também esse é o entendimento de Victor Carvalho Pinto, para quem a lei municipal deve complementar o Estatuto, definindo com clareza, por exemplo, "quando se considera 'frustrada' uma tentativa de notificação. Caso contrário, esta etapa poderá comprometer a aplicação do instituto".[264]

Vera Scarpinella Bueno ressalta que a "notificação ao proprietário para dar cumprimento à obrigação deve estar devidamente fundamentada, já que se trata de ato que dá início à contagem do prazo para que seja protocolado o projeto de 'adequada utilização' no órgão municipal competente (art. 5º, §4º, inciso I)". Outrossim, defende a autora ser obrigatória a motivação do ato, pois a validade da notificação pode ser contestada administrativa ou judicialmente pelo proprietário, "na hipótese de o imóvel estar sendo usado adequadamente ou quando a lei editada pelo Município não for razoável porque o legislador municipal extrapolou os limites de sua competência fixados no plano diretor".[265]

O §4º do art. 5º do Estatuto, por sua vez, estabelece os prazos mínimos para que seja exigido o protocolo do projeto de urbanificação no órgão municipal competente, e para que seja dado início às obras do empreendimento. O prazo estipulado para a entrega

---

[263] ALMEIDA. Dos instrumentos da política urbana. In: MEDAUAR; ALMEIDA (Coord.). *Estatuto da Cidade*: Lei 10.257, de 10.07.2001: comentários, p. 78.

[264] PINTO. Do parcelamento, edificação ou utilização compulsórios. In: MATTOS (Org.). *Estatuto da Cidade comentado*: Lei n. 10.257, de 10 de julho de 2001, p. 137.

[265] BUENO. Parcelamento, edificação ou utilização compulsórios da propriedade urbana (arts. 5º e 6º). In: DALLARI; FERRAZ (Coord.). *Estatuto da Cidade*: comentários à Lei Federal 10.257/2001, p. 97. Nesse ponto, cabe recordar as lições de Celso Antônio Bandeira de Mello acerca do princípio da motivação. Para o autor, "dito princípio implica para a Administração o dever de justificar seus atos, apontando-lhes os fundamentos de direito e de fato, assim como a correlação lógica entre os eventos e situações que deu por existentes e a providência tomada, nos casos em que este último aclaramento seja necessário para aferir-se a consonância da conduta administrativa com a lei que lhe serviu de arrimo" (*Curso de direito administrativo*, p. 102).

do Projeto não poderá ser inferior a um ano a partir da notificação; e o prazo fixado para o início das obras não poderá ser inferior a dois anos a partir da aprovação do projeto. É a lei específica a que se refere o *caput* do art. 5º que definirá esses prazos, respeitados os limites mínimos ora indicados.[266]

Diogenes Gasparini assevera que, no prazo determinado pela lei, "o proprietário deverá protocolizar o pedido de análise e aprovação do projeto da urbanização que lhe foi determinada pelo Município, ou o pedido de alvará de funcionamento, quando se tratar de utilização". Não obstante esta última hipótese não seja tratada pelo Estatuto da Cidade, a lei específica municipal poderá regulá-la.[267] Afirma ainda o autor que, durante o processo de análise, pode o órgão municipal competente "determinar a apresentação de documentos e do Estudo de Impacto Ambiental – EIA, do Relatório de Meio Ambiente – RIMA e do Estudo de Impacto de Vizinhança – EIV, se exigidos em lei municipal (art. 36 do Estatuto de Cidade)".[268]

---

[266] A respeito desses prazos, e consoante as determinações do Estatuto, estabelece o Plano Diretor do Município de São Paulo (Lei nº 13.430/2002), nos parágrafos 8º, 9º e 10 do art. 201, que: "§8º Os proprietários notificados deverão, no prazo máximo de um ano a partir do recebimento da notificação, protocolizar pedido de aprovação e execução de parcelamento ou edificação; §9º Os parcelamentos e edificações deverão ser iniciados no prazo máximo de dois anos a contar da aprovação do projeto; §10 As edificações enquadradas no §4º deste artigo deverão estar ocupadas no prazo máximo de um ano a partir do recebimento da notificação" (o §4º citado prevê, como já visto, que é considerado solo urbano não utilizado todo o tipo de edificação nos distritos que especifica que tenham, no mínimo, 80% de sua área construída desocupada há mais de cinco anos).

[267] GASPARINI. *O Estatuto da Cidade*, p. 37.

[268] GASPARINI. *O Estatuto da Cidade*, p. 37. Edis Milaré define o EIA como a "execução, por equipe multidisciplinar, das tarefas técnicas e científicas destinadas a analisar, sistematicamente, as conseqüências da implantação de um projeto no meio ambiente, por meio de métodos de AIA [Avaliação de Impacto Ambiental] e técnicas de previsão dos impactos ambientais". Por outro lado, define o autor o EIV como "um desdobramento do AIA (...), a ser aplicado para estudo de impactos urbanos localizados, cujos efeitos ou podem ser também estritamente localizados no tecido urbano ou podem estender-se para um âmbito maior, por exemplo, impacto ambiental do sistema viário e do tráfego urbano" (*Direito do ambiente*: doutrina, jurisprudência, glossário, p. 1078). O art. 36 do Estatuto da Cidade reza que "lei municipal definirá os empreendimentos e atividades privados ou públicos em área urbana que dependerão de elaboração de estudo prévio de impacto de vizinhança (EIV) para obter as licenças ou autorizações de construção, ampliação ou funcionamento a cargo do Poder Público municipal". Já o RIMA é definido pelo autor como "o documento que apresenta os resultados dos estudos técnicos e científicos de avaliação de impacto ambiental", tendo se tornado "documento essencial para exame dos Conselhos de Meio Ambiente, assim como para a tomada de decisão das autoridades ambientais" (MILARÉ. *Direito do ambiente*: doutrina, jurisprudência, glossário, p. 1095).

Observa o autor que o Estatuto não fixa prazo para a análise pelo órgão competente do projeto de urbanização apresentado. No seu entender, acertou a Lei nesse ponto, por se tratar de matéria administrativa de competência do Município. Assim, caberá à lei específica fixar referido prazo, "se não existir disciplina para tanto na legislação municipal".[269]

Entretanto, destaca Victor Carvalho Pinto[270] o disposto no art. 49 do Estatuto da Cidade, que estabelece em seu *caput* que Estados e Municípios terão o prazo de 90 dias, a partir da entrada em vigor da Lei nº 10.257/2001, "para fixar prazos, por lei, para a expedição de diretrizes de empreendimentos urbanísticos, aprovação de projetos de parcelamento e de edificação, realização de vistorias e expedição de termo de verificação e conclusão de obras". E o texto do parágrafo único do dispositivo indicado determina que, descumprida a prescrição do *caput*, fica estabelecido o prazo de 60 dias para a realização de cada um dos atos administrativos listados no *caput*, prazo esse que valerá "até que os Estados e Municípios disponham em lei de forma diversa".

Nesse particular, demonstra José Carlos de Freitas que, "no caso dos loteamentos, o art. 49 do Estatuto da Cidade conflita com o art. 16 da Lei nº 6.766/79[271] que, com a redação dada pela Lei nº 9.785/99, havia fixado ao município o prazo de 'noventa dias' para a aprovação ou rejeição dos projetos de parcelamento do solo, e de 'sessenta dias' para aceitar ou recusar as obras de urbanização a que o loteador está obrigado a realizar". Para o autor, como a Lei nº 10.257/2001 é posterior, deve prevalecer em relação à Lei de Parcelamento do Solo Urbano.[272] Vale, portanto, o prazo de sessenta

---

[269] GASPARINI. *O Estatuto da Cidade*, p. 37.

[270] PINTO. Do parcelamento, edificação ou utilização compulsórios. In: MATTOS (Org.). *Estatuto da Cidade comentado*: Lei n. 10.257, de 10 de julho de 2001, p. 138.

[271] Lei nº 6.766/79: "Art. 16. A Lei Municipal definirá os prazos para que um projeto de parcelamento apresentado seja aprovado ou rejeitado e para que as obras executadas sejam aceitas ou recusadas. §1º Transcorridos os prazos sem a manifestação do Poder Público, o projeto será considerado rejeitado ou as obras recusadas, assegurada a indenização por eventuais danos derivados da omissão. §2º Nos Municípios cuja legislação for omissa, os prazos serão de noventa dias para a aprovação ou rejeição e de sessenta dias para a aceitação ou recusa fundamentada das obras de urbanização".

[272] FREITAS. Artigos 46, 47, 48, 49, 50, 51, 52, 53, 54, 55, 56, 57 e 58. In: MATTOS (Org.). *Estatuto da Cidade comentado*: Lei n. 10.257, de 10 de julho de 2001, p. 352.

116 | Alexandre Levin

dias determinado pelo parágrafo único do art. 49 do Estatuto, no caso de omissão legislativa municipal.

A respeito do tema, Lúcia Valle Figueiredo elabora argumentação através da qual demonstra que "as normas veiculadas pelo art. 49 do Estatuto da Cidade 'não se colocam no campo de abrangência das normas gerais de direito urbanístico'" (Constituição Federal, art. 24, inc. I e §1º). Assim, teria andado mal o dispositivo em comento ao fixar o prazo para a prática de atos administrativos nos processos administrativos de expedição de diretrizes, aprovação de projetos de parcelamento e de edificação, e expedição de termos de verificação e conclusão de obras. Isso porque "a fixação de prazos para prática de atos administrativos nos 'processos administrativos' é inerente à competência da pessoa política que detiver competência para legislar na matéria". Essa pessoa política, na hipótese, é o Município, pois não cabe à União legislar sobre normas gerais de processo administrativo.[273]

De outro turno, Diogenes Gasparini completa que, uma vez aprovado o projeto de urbanização ou o pedido de funcionamento, e expedido o competente alvará, "o proprietário terá o prazo estabelecido em lei municipal e no próprio alvará, que não poderá ser inferior a dois anos, para iniciar as obras ou serviços correspondentes ou para dar ao imóvel o uso aprovado".[274]

Por sua vez, assevera Victor Carvalho Pinto que a lei municipal prevista no *caput* do art. 5º do Estatuto "deverá definir o que entende por 'início das obras' do empreendimento", e que a "constatação do início das obras deverá ser documentada pela expedição de um termo de verificação pela Prefeitura, após vistoria".[275]

Por outro lado, destaca Diogenes Gasparini que a Lei nº 10.257/2001 não fixou "prazo para a conclusão do empreendimento".

---

[273] FIGUEIREDO. Normas de processo administrativo no Estatuto da Cidade (art. 49). In: DALLARI; FERRAZ (Coord.). *Estatuto da Cidade*: comentários à Lei Federal 10.257/2001, p. 344-346. Observa a autora que a Lei nº 9.784, de 29.1.1999 (que regula o processo administrativo no âmbito da Administração Pública Federal) não estabeleceu normas gerais de processo administrativo.

[274] GASPARINI. *O Estatuto da Cidade*, p. 37-38.

[275] PINTO. Do parcelamento, edificação ou utilização compulsórios. In: MATTOS (Org.). *Estatuto da Cidade comentado*: Lei n. 10.257, de 10 de julho de 2001, p. 138-139.

Para o jurista, esse prazo máximo deve ser fixado pela lei municipal específica a que se refere o *caput* do art. 5º do Estatuto, e deve variar de acordo com a espécie de urbanificação (parcelamento, edificação ou utilização) a ser implementada.[276]

Assim procederá a lei que permitir a conclusão em etapas do empreendimento de grande porte, nos termos do §5º do art. 5º do Estatuto.

Para Victor Carvalho Pinto, a hipótese do §5º "diz respeito a projetos cujos componentes possam ter autonomia urbanística, tais como conjuntos de lotes ou de edificações. Cada edificação dentro de um mesmo lote poderá, por exemplo ter um prazo distinto de conclusão, desde que todas elas tenham algum prazo".[277]

3.1.11 Consórcio imobiliário

Por derradeiro, vale realçar o disposto no art. 46 do Estatuto da Cidade, o qual estabelece que "o Poder Público municipal poderá facultar ao proprietário de área atingida pela obrigação de que trata o *caput* do art. 5º desta Lei, a requerimento deste, o estabelecimento de consórcio imobiliário como forma de viabilização financeira do aproveitamento do imóvel". E o próprio §1º do dispositivo define consórcio imobiliário como "a forma de viabilização de planos de urbanização ou edificação por meio da qual o proprietário transfere ao Poder Público municipal seu imóvel e, após a realização das obras, recebe, como pagamento, unidades imobiliárias devidamente urbanizadas ou edificadas".

Já o §2º estabelece que o valor das unidades imobiliárias a serem entregues ao proprietário será correspondente ao valor do imóvel antes da execução das obras, observado o disposto no §2º do art. 8º do Estatuto.

Assim, o Estatuto da Cidade dá uma opção ao Município para a concretização da urbanificação pretendida, nas hipóteses em que

---

[276] GASPARINI. *O Estatuto da Cidade*, p. 38.

[277] PINTO. Do parcelamento, edificação ou utilização compulsórios. In: MATTOS (Org.). *Estatuto da Cidade comentado*: Lei n. 10.257, de 10 de julho de 2001, p. 139.

o proprietário do imóvel gravado com a obrigação de parcelar, edificar ou utilizar não possui os recursos financeiros suficientes para o seu cumprimento.

Regis Fernandes de Oliveira ressalta que "a previsão não é nova". Afirma que é "bastante comum que o proprietário aliene o terreno que possui em troca de alguns apartamentos ou lojas na construção". A lei teria apenas estabelecido mais uma possibilidade "entre aquelas que se abrem ao proprietário remido pela obrigação urbana de dar destinação a seu imóvel".[278]

Sobre a matéria, Diogenes Gasparini ressalta que "é indispensável a pertinente legislação municipal para regular esse consórcio em seus múltiplos detalhes", e que tal disciplina, por certo, não será idêntica às operações desse tipo que ocorrem entre particulares, realizadas segundo as regras do Código Civil.[279]

Diz o autor que a aquisição do imóvel pelo Poder Público independerá de licitação, pois "não se trata de adquirir um bem que seja do interesse público e pela proposta mais vantajosa", e sim "de promover a urbanização de imóveis situados em zona em que o parcelamento, a edificação e a utilização são compulsórios". O interesse público na aquisição do imóvel "está materializado na própria urbanização" a ser realizada.[280]

Diogenes Gasparini afirma ainda que, uma vez adquirido o imóvel, o Município deverá promover a urbanificação "dentro do prazo fixado na lei específica a que se refere o art. 5º, *caput*". Defende o jurista que "esse prazo deverá ser de no máximo cinco anos contados da data da transação". Tal prazo foi tomado pelo autor por semelhança "com o que é dado ao Município quando desapropria e paga a indenização com títulos da dívida pública (art. 8º, §4º, do Estatuto da Cidade)".[281] Esse processo expropriatório será objeto de estudo mais adiante.

---

[278] OLIVEIRA. *Comentários ao Estatuto da Cidade*, p. 143-144.

[279] GASPARINI. *O Estatuto da Cidade*, p. 40.

[280] GASPARINI. *O Estatuto da Cidade*, p. 40-41.

[281] GASPARINI. *O Estatuto da Cidade*, p. 41. Vale ressaltar que o Plano Diretor Estratégico do Município de São Paulo (Lei nº 13.430/2002) regula o consórcio imobiliário em seu art. 246 nos seguintes termos:

Em caso de descumprimento das condições e dos prazos previstos pelo art. 5º, *caput*, da Lei nº 10.257/2001, conforme exposto acima, será aplicada a sanção prevista no inciso II do §4º do art. 182 da Constituição e no art. 7º do Estatuto da Cidade, que consiste na cobrança pelo Município do Imposto sobre a Propriedade Predial e Territorial Urbana (IPTU) progressivo no tempo, através da majoração da alíquota do tributo pelo prazo de cinco anos consecutivos.

Ou seja, se o proprietário regularmente notificado não protocolar o projeto urbanístico ou não iniciar as respectivas obras no prazo determinado pela lei municipal específica,[282] será exigido pelo Poder Público municipal o pagamento do IPTU progressivo no tempo. Este é o objeto a ser tratado na próxima seção deste trabalho.

3.2 IPTU progressivo no tempo

3.2.1 Aplicação

Como visto, o §4º do art. 182 da Constituição Federal prevê a possibilidade de o Poder Público municipal exigir do proprietário

---

"Art. 246. O Poder Executivo Municipal poderá receber por transferência imóveis que, a requerimento dos seus proprietários, lhe sejam oferecidos como forma de viabilização financeira do melhor aproveitamento do imóvel. §1º A Prefeitura poderá promover o aproveitamento do imóvel que receber por transferência nos termos deste artigo, direta ou indiretamente, mediante concessão urbanística ou outra forma de contratação. §2º O proprietário que transferir seu imóvel a Prefeitura nos termos deste artigo receberá, como pagamento, unidades imobiliárias devidamente urbanizadas ou edificadas. §3º O valor das unidades imobiliárias a serem entregues ao proprietário será correspondente ao valor do imóvel antes da execução das obras. §4º O valor real desta indenização deverá: I - refletir o valor da base de cálculo do Imposto Predial e Territorial Urbano, descontado o montante incorporado em função das obras realizadas, direta ou indiretamente, pelo Poder Público, na área onde o mesmo se localiza; II - excluir do seu cálculo expectativas de ganhos, lucros cessantes e juros compensatórios. §5º O disposto neste artigo aplica-se tanto aos imóveis sujeitos à obrigação legal de parcelar, edificar ou utilizar nos termos desta lei, quanto àqueles por ela não abrangidos, mas necessários à realização de intervenções urbanísticas previstas nesta lei."

Nota-se que o Plano Diretor paulistano inovou ao possibilitar a realização do consórcio imobiliário tendo como objeto imóvel não gravado pela obrigação de que trata o art. 5º do Estatuto. Tal previsão é dissonante daquela do art. 46 do Estatuto, que prevê o estabelecimento do consórcio apenas para imóveis gravados com tal obrigação.

[282] BUENO. Parcelamento, edificação ou utilização compulsórios da propriedade urbana (arts. 5º e 6º). In: DALLARI; FERRAZ (Coord.). *Estatuto da Cidade*: comentários à Lei Federal 10.257/2001, p. 98.

do solo urbano não edificado, subutilizado ou não utilizado o seu adequado aproveitamento, sob pena se serem aplicadas, sucessivamente, as sanções indicadas nos seus incisos. Uma dessas sanções, prevista pelo inciso II do dispositivo constitucional citado, é a cobrança do Imposto sobre a Propriedade Predial e Territorial Urbana (IPTU) progressivo no tempo.

É o art. 7° do Estatuto da Cidade[283] que fornece as linhas gerais da instituição dessa tributação progressiva, estabelecendo o *caput* desse dispositivo que, em caso de descumprimento das condições e dos prazos previstos pela lei municipal específica a que se refere o *caput* do art. 5° do Estatuto, ou não sendo cumpridas as etapas previstas no $\S5^{\circ}$ desse mesmo dispositivo legal, o Município procederá à cobrança do IPTU progressivo no tempo, mediante a majoração da alíquota pelo prazo de cinco anos consecutivos.[284]

Portanto, se o proprietário notificado para proceder ao parcelamento, à edificação ou a utilização de imóvel cujo aproveitamento esteja em desacordo com o previsto pelo plano diretor municipal descumprir os prazos previstos na lei específica a que se refere o *caput* do art. 5° da Lei nº 10.257/2001, passará o Município a exigir o pagamento do IPTU progressivo no tempo sobre a propriedade urbana não edificada, subutilizada ou não utilizada, no intuito de forçar o proprietário a promover o seu adequado aproveitamento.

Percebe-se, assim, que o art. 7° da Lei nº 10.257/2001 seguiu, como não poderia deixar de ser, o determinado pelo $\S4^{\circ}$ do art. 182 da Carta Maior, que prescreve que as sanções pelo descumprimento

---

[283] "Art. 7° Em caso de descumprimento das condições e dos prazos previstos na forma do *caput* do art. 5° desta Lei, ou não sendo cumpridas as etapas previstas no $\S5^{\circ}$ do art. 5° desta Lei, o Município procederá à aplicação do imposto sobre a propriedade predial e territorial urbana (IPTU) progressivo no tempo, mediante a majoração da alíquota pelo prazo de cinco anos consecutivos.

$\S1^{\circ}$ O valor da alíquota a ser aplicado a cada ano será fixado na lei específica a que se refere o *caput* do art. 5° desta Lei e não excederá a duas vezes o valor referente ao ano anterior, respeitada a alíquota máxima de quinze por cento.

$\S2^{\circ}$ Caso a obrigação de parcelar, edificar ou utilizar não esteja atendida em cinco anos, o Município manterá a cobrança pela alíquota máxima, até que se cumpra a referida obrigação, garantida a prerrogativa prevista no art. 8°.

$\S3^{\circ}$ É vedada a concessão de isenções ou de anistia relativas à tributação progressiva de que trata este artigo."

[284] Cabe salientar que o art. 4°, inciso IV, alínea *a*, da Lei nº 10.257/2001 indica o IPTU como um dos instrumentos tributários que serão utilizados para se alcançar os fins da política urbana.

da obrigação de dar adequado aproveitamento ao imóvel urbano devem ser aplicadas *sucessivamente*, ou seja, o IPTU progressivo no tempo somente será exigido em caso de descumprimento da obrigação de proceder à urbanificação determinada pela lei específica de que trata o *caput* do art. 5º do Estatuto.[285]

Portanto, o Município deverá, primeiramente, notificar o proprietário para que promova a utilização, a edificação ou o parcelamento do imóvel urbano que descumpra sua função social, nos termos da lei municipal específica. Desatendidos os prazos para a entrega do projeto de urbanificação ou utilização, ou os prazos estipulados para o início das respectivas obras, ou ainda os prazos fixados para a conclusão do empreendimento, todos eles previstos pela sobredita lei específica, deverá o proprietário arcar com o pagamento da tributação progressiva em questão.

Evidentemente que não apenas os prazos para o cumprimento das citadas obrigações deverão ser atendidos pelo proprietário, mas também todas as demais condições impostas pela lei específica. Descumpridas tais condições, aplicar-se-á o tributo em tela com alíquota progressiva, pelo prazo de cinco anos consecutivos.

3.2.2 Extrafiscalidade

A cobrança do IPTU progressivo nos termos do art. 7º da Lei nº 10.257/2001 representa hipótese de utilização do tributo para fins extrafiscais, ou seja, a finalidade da exação fiscal na hipótese não é simplesmente[286] arrecadatória. Busca-se, principalmente, compelir o proprietário a promover o adequado aproveitamento do imóvel urbano não utilizado, não edificado ou subutilizado, no intuito de garantir o respeito ao princípio constitucional da função social da propriedade urbana.

---

[285] Esse também é o entendimento de Regina Helena Costa. Instrumentos tributários para a implementação da política urbana (art. 7º). In: DALLARI; FERRAZ (Coord.). *Estatuto da Cidade*: comentários à Lei Federal 10.257/2001, p. 110.

[286] Utilizamos o termo *simplesmente* pois, como ensina Paulo de Barros Carvalho, não existe entidade tributária pura, no sentido de realizar somente a fiscalidade ou tão somente a extrafiscalidade. "Os dois objetivos convivem, harmônicos, na mesma figura impositiva, sendo apenas lícito verificar que, por vezes, um predomina sobre o outro" (*Curso de direito tributário*, p. 235-236).

De acordo com Regina Helena Costa, a extrafiscalidade autoriza "a utilização de expedientes para o atingimento de outros objetivos que não a mera obtenção de recursos", objetivos esses prestigiados pela ordem constitucional como, por exemplo, a função social da propriedade e a proteção ao meio ambiente. Prossegue a autora afirmando que, nesse contexto, o IPTU progressivo representa um "poderoso instrumento existente para a efetivação do princípio da função social da propriedade".[287]

De fato, através da progressividade extrafiscal do IPTU, autorizada constitucionalmente, pode o Poder Público municipal compelir o proprietário a fazer com que seu imóvel urbano cumpra sua função social.

Paulo de Barros Carvalho ensina que a extrafiscalidade consiste "no emprego de fórmulas jurídico-tributárias para a obtenção de metas que prevalecem sobre os fins simplesmente arrecadatórios de recursos monetários". Ressalva o autor, entretanto, que o regime jurídico que dirige tal atividade é aquele próprio das exações tributárias, ou seja, "ao construir suas pretensões extrafiscais, deverá o legislador pautar-se, inteiramente, dentro dos parâmetros constitucionais, observando as limitações de sua competência impositiva e os princípios superiores que regem a matéria, assim os expressos que os implícitos".[288]

Portanto, ainda que se trate de tributação com finalidade extrafiscal, decorrente do não cumprimento pelo proprietário da obrigação de adequar o uso do solo urbano às disposições do plano diretor, não podem ser ignorados os princípios constitucionais tributários no momento de sua exação. Voltaremos ao tema mais adiante.

3.2.3 Progressividade

Geraldo Ataliba ensina que "a progressividade dos impostos consiste no modo de o legislador estruturá-los, aumentando as

---

[287] COSTA. Instrumentos tributários para a implementação da política urbana (art. 7º). In: DALLARI; FERRAZ (Coord.). *Estatuto da Cidade*: comentários à Lei Federal 10.257/2001, p. 104.

[288] CARVALHO. *Curso de direito tributário*, p. 236.

alíquotas à medida que aumenta a base imponível". Ressalta que tal procedimento é universal, e que parece "uma excelente maneira de realizar o princípio da capacidade contributiva informador dos impostos". Com base nesse princípio constitucional (art. 145, §1º), o autor já admitia, mesmo antes da edição da Emenda Constitucional nº 29/2000, que deu nova redação ao §1º do art. 156, a cobrança do IPTU com alíquota progressiva. Porém, deixa claro o jurista que a progressividade que admitia à época era a fiscal e a extrafiscal não urbanística, posto que a progressividade extrafiscal urbanística (que é a que ora tratamos no presente estudo) dependia do atendimento ao disposto no art. 182 da Carta e da existência de plano diretor municipal.[289]

Cabe ressaltar que a definição de progressividade apresentada pelo tributarista refere-se à majoração da alíquota de acordo com o aumento da base de cálculo do tributo, hipótese típica de atendimento ao princípio da capacidade contributiva, e não à progressividade no tempo prevista no inciso II do §4º do art. 182, ora em comento. Ressaltou Geraldo Ataliba que a progressividade no tempo era impedida pelo não atendimento ao disposto no sobredito art. 182. Em outras palavras, estava vedada a progressividade extrafiscal

---

[289] ATALIBA. IPTU: progressividade. *Revista de Direito Público*, p. 233-238. O artigo foi escrito antes da Emenda Constitucional citada, tempo em que o art. 156, §1º, possuía redação determinando que o IPTU poderia ser progressivo, nos termos de lei municipal, de forma a assegurar o cumprimento da função social da propriedade. Porém, como visto, a aferição do cumprimento desse princípio depende da edição de plano diretor (CF, art. 182), e a cobrança do IPTU progressivo no tempo dependia do cumprimento integral do citado art. 182 (inclusive da edição do Estatuto da Cidade, que inexistia à época). Daí, a conclusão apresentada pelo autor. Roque Antonio Carrazza também admitia a instituição de alíquotas progressivas de IPTU para fins fiscais com base no princípio da capacidade contributiva expresso no art. 145, §1º, da Constituição, mesmo antes da EC nº 29/2000 (*Curso de direito constitucional tributário*, p. 112). Nesse sentido, Regina Helena Costa demonstra que também era a favor da cobrança do IPTU para fins fiscais com base no princípio da capacidade contributiva, mesmo antes da promulgação da Emenda. Porém, ressalta a autora que não era esse o entendimento do Supremo Tribunal Federal, que não admitia a progressividade do tributo em tela por tratar-se de imposto real, o que inviabilizava, segundo o entendimento da Corte, a aplicação do princípio da capacidade contributiva. Cita como exemplos as decisões proferidas nos RE nº 194.036/SP (Pleno, Rel. Min. Ilmar Galvão, *DJU*, 20.6.1997, p. 28.490); AgRg nº 189.824/SP (1ª Turma, Rel. Min. Ilmar Galvão, *DJU*, 23.5.1997, p. 21.733); RE nº 153.771/MG (Pleno, Rel. Min. Moreira Alves, *DJU*, 5.9.1997, p. 41.892); e RE nº 167.654/MG (2ª Turma, Rel. Min. Maurício Corrêa, *DJU*, 18.4.1997, p. 13.786) (Cf. COSTA. Instrumentos tributários para a implementação da política urbana (art. 7º). In: DALLARI; FERRAZ (Coord.). *Estatuto da Cidade*: comentários à Lei Federal 10.257/2001, p. 105-106).

de fins urbanísticos, enquanto não observados os pressupostos do citado dispositivo constitucional.[290]

Todavia, com a edição do Estatuto da Cidade e a alteração promovida pela Emenda Constitucional n° 29/2000, passou a ser incontestável a possibilidade de aplicação da progressividade do IPTU tanto para fins fiscais, quanto para finalidades extrafiscais urbanísticas.

Com a entrada em vigor da Emenda Constitucional n° 29, de 13.9.2000, o §1° do art. 156 passou a contar com a seguinte redação:

> Art. 156 Compete aos Municípios instituir impostos sobre:
>
> I - propriedade predial e territorial urbana; (...)
>
> §1° Sem prejuízo da progressividade no tempo a que se refere o art. 182, §4°, inciso II, o imposto previsto no inciso I poderá:
>
> I - ser progressivo em razão do valor do imóvel; e
>
> II - ter alíquotas diferentes de acordo com a localização e o uso do imóvel.

Em comentário ao dispositivo, Regina Helena Costa ensina:

> (...) a alteração promovida na redação do §1° do art. 156 torna induvidosa a conclusão segundo a qual ao IPTU pode ser aplicada a técnica da progressividade tanto para o alcance de fins extrafiscais (inciso II) quanto para a perseguição de objetivos fiscais (inciso I), prestigiando, nesta última hipótese, o princípio da capacidade contributiva.[291]

Todavia, adverte a autora que "a progressividade extrafiscal consignada pelo art. 156, §1°, II, não se confunde com aquela apontada no art. 182, §4°, II, da Lei Maior, uma vez que esse preceito autoriza o aumento da alíquota em função do tempo, em razão do não-atendimento da função social que a propriedade urbana deve cumprir". Completa a autora que essa "progressividade extrafiscal especial" é que é objeto de regulamentação pelo Estatuto da Cidade.[292]

---

[290] ATALIBA. IPTU: progressividade. *Revista de Direito Público*, p. 235-236.

[291] COSTA. Instrumentos tributários para a implementação da política urbana (art. 7°). In: DALLARI; FERRAZ (Coord.). *Estatuto da Cidade*: comentários à Lei Federal 10.257/2001, p. 106.

[292] COSTA. Instrumentos tributários para a implementação da política urbana (art. 7°). In: DALLARI; FERRAZ (Coord.). *Estatuto da Cidade*: comentários à Lei Federal 10.257/2001, p. 106.

Nesse diapasão, Roque Antonio Carrazza, em estudo acerca do referido §1º do art. 156, com a nova redação dada pela Emenda Constitucional nº 29/2000, ressalta que "a Constituição quer que, 'além de obedecer ao princípio da capacidade contributiva', o IPTU tenha alíquotas diferentes de acordo com a localização e o uso do imóvel, de forma a assegurar o cumprimento da função social da propriedade (nos termos do plano diretor)". Ou seja, "além de obedecer a uma progressividade fiscal (exigida pelo §1º do art. 145, c.c. o inciso I do §1º do art. 156, ambos da CF), o IPTU deverá submeter-se a uma progressividade extrafiscal (determinada no inciso II do §1º do art. 156 da CF)". Ressalva ainda o autor que "somente a 'progressividade extrafiscal' depende da edição do plano diretor, que indicará qual a melhor localização e o uso mais adequado do imóvel urbano".[293]

O mesmo jurista fornece exemplos de aplicação do disposto no inciso II do §1º do art. 156. Afirma que, com base no disposto nesse inciso, "a alíquota do IPTU pode variar de acordo com o índice de aproveitamento do terreno, com o tipo de construção, com suas dimensões, com sua localização, com o número de pavimentos do imóvel, com sua destinação, e assim avante". Assevera que a aplicação da progressividade nesses casos vai depender — ao contrário da hipótese configurada no inciso I — da existência do plano diretor municipal. Afinal, o princípio em questão no referido inciso II é o da função social da propriedade, ao contrário daquele que prevalece na redação do sobredito inciso I, que é o da capacidade contributiva.[294]

O autor fornece mais exemplos que, pela sua consonância com a política urbana executada pelo Município, merecem ser citados. Supõe a existência de "região onde, de acordo com o 'plano diretor', for desaconselhável a edificação de prédios de apartamentos. Para o jurista, nesses casos, pode a alíquota do IPTU ser elevada, por meio de lei, de modo a desestimular este tipo de construção". Existiria a possibilidade, também, de aumento da

---

[293] CARRAZZA. *Curso de direito constitucional tributário*, p. 110.
[294] CARRAZZA. *Curso de direito constitucional tributário*, p. 110-111.

alíquota do IPTU — *sempre com base no plano diretor* — "para quem mantenha, em suas casas, jardins ou quintais imensos (especialmente se estes imóveis estiverem localizados na zona central do Município)". Ou, ainda, "a alíquota do IPTU pode ser maior se o proprietário do imóvel o mantém vazio, sem cumprir sua função social (então, num mesmo prédio, em havendo plano diretor nesse sentido, o proprietário que mora em seu apartamento, ou o mantém alugado, pagará menos imposto do que o proprietário que o mantém fechado, apenas para fins especulativos)".[295]

Em resumo, ensina Roque Antonio Carrazza que "o princípio da capacidade contributiva, independentemente da existência de 'plano diretor' do Município, exige que a tributação por via de IPTU seja maior ou menor, de acordo com o maior ou menor valor venal do imóvel urbano". Por sua vez, "o inciso II do §1º do art. 156 da CF exige que, havendo tal plano diretor, as alíquotas do IPTU variem, para menos ou para mais, conforme o imóvel urbano preencha melhor ou pior sua função social".[296]

Vale lembrar aqui as lições de Hely Lopes Meirelles, que afirmou que nada impede a utilização extrafiscal do IPTU pelas Municipalidades, "mediante graduação de sua alíquota, a fim de propiciar a implantação de planos urbanísticos locais ou para atender a outras conveniências coletivas, tendo em vista o princípio que prescreve a 'função social da propriedade' (CF, art. 156, I, e §1º)". O jurista afirmava que "pode e deve ser agravado o imposto relativamente aos terrenos baldios centrais, para compelir os proprietários a edificar, evitando-se o desnecessário espraiamento da cidade, sempre prejudicial aos serviços públicos; do mesmo modo como pode e deve ser agravado o incidente sobre edificações além de uma determinada área construída quando o que se deseja é coibir o aumento populacional de zona já saturada".[297]

---

[295] CARRAZZA. *Curso de direito constitucional tributário*, p. 110.

[296] CARRAZZA. *Curso de direito constitucional tributário*, p. 112. Vale lembrar que o art. 47 do Estatuto da Cidade, em consonância com o que está sendo ora exposto, determina que "os tributos sobre imóveis urbanos, assim como as tarifas relativas a serviços públicos urbanos, serão diferenciados em função do interesse social".

[297] MEIRELLES. *Direito municipal brasileiro*, p. 205.

Porém, como já ressaltado, tratamos neste tópico do trabalho de outra forma de progressividade do IPTU, a progressividade no tempo, existente em função do descumprimento da determinação legal de parcelar, edificar ou utilizar imóvel urbano que não cumpre sua função social, nos termos do inciso II do §4º do art. 182 da Constituição, regulamentado pelo art. 7º do Estatuto da Cidade, cuja edição possibilitou, conforme já indicado, a aplicação do instituto ora em comento.

Na verdade, como bem sintetiza Elizabeth Nazar Carrazza, "existem, pois, três situações a darem ensejo à progressividade do IPTU":

a) a progressividade em função do princípio da capacidade contributiva, que permite a aplicação de alíquotas diferenciadas em razão da variação do valor dos imóveis urbanos (art. 145, §1º c/c o art. 156, §1º, I, CF);

b) a progressividade em razão das conveniências locais, expressas no plano diretor, em respeito ao princípio da função social da propriedade (art. 156, §1º, II, CF); e

c) a progressividade das alíquotas do IPTU no tempo (art. 182, §4º, II, CF) em função da "inobservância, pelo proprietário de imóvel urbano não edificado, subutilizado ou não utilizado, de regras do plano diretor, podendo culminar na desapropriação do imóvel sem prévia e justa indenização (caráter sancionatório)".[298]

No âmbito deste trabalho, é analisada mais de perto a terceira situação listada pela autora, que dá ensejo à progressividade do IPTU no tempo, nos termos do citado art. 182, §1º, inc. II, CF, regulado pelo art. 7º do Estatuto da Cidade.

Antes de analisar o processo de majoração da alíquota previsto pela Lei nº 10.257/2001, cabe ressaltar as observações de Nelson Saule Júnior, para quem "a aplicação, pelo Município, do imposto predial e territorial urbano progressivo de natureza fiscal ou extrafiscal atende à diretriz da política urbana do Estatuto da Cidade de adequar os instrumentos de política econômica, tributária

---

[298] CARRAZZA. *Progressividade e IPTU*, p. 110.

e financeira e dos gastos públicos aos objetivos do desenvolvimento urbano de modo a privilegiar os investimentos geradores de bem-estar geral e a função dos bens, pelos diferentes segmentos sociais (art. 2º, inciso X)".[299] Vê-se que o citado dispositivo da Lei nº 10.257/2001 está em consonância com os versículos constitucionais indicados supra.

3.2.4 Majoração da alíquota

Diogenes Gasparini, em comentário sobre o tema, ressalta que a progressividade se diz no tempo porque a majoração da alíquota "é determinada pela demora no cumprimento da obrigação de urbanizar ou utilizar adequadamente o imóvel sobre o qual incide, ou seja, quanto mais tempo for gasto para lhe dar atendimento, maior será a alíquota".[300] Observa-se que existe a previsão da alíquota máxima de 15%, como adiante será abordado.

O *caput* do art. 7º do Estatuto estabelece que a alíquota será majorada pelo prazo de cinco anos consecutivos, e o §1º determina que o seu valor a cada ano não excederá a duas vezes o valor referente ao ano anterior, respeitada a alíquota máxima de 15%. Prescreve o dispositivo, outrossim, que as alíquotas a serem aplicadas anualmente serão fixadas na lei específica a que se refere o art. 5º do mesmo diploma legal.

Ressalta Fernando Dias Menezes de Almeida que esses são limites máximos:

> (...) não necessariamente a majoração de um ano para outro tem de ser de 100% (i.e., o dobro); nem, ao final de 5 anos, a alíquota necessariamente deverá ter atingido os 15%.[301]

Diogenes Gasparini nos fornece um exemplo que ilustra a questão:

---

[299] SAULE JÚNIOR. *A proteção jurídica da moradia nos assentamentos irregulares*, p. 280.
[300] GASPARINI. *O Estatuto da Cidade*, p. 46.
[301] ALMEIDA. Dos instrumentos da política urbana. In: MEDAUAR; ALMEIDA (Coord.). *Estatuto da Cidade*: Lei 10.257, de 10.07.2001: comentários, p. 88.

(...) se a alíquota do IPTU em certo Município é de 1%, no ano de 2005, início da vigência da progressividade desse imposto, essa alíquota poderá ser, nos anos seguintes e até completar o qüinqüênio, respectivamente, de 2%, 3%, 5%, 8% e 15%.[302]

Fernando Dias Menezes de Almeida fornece outro exemplo em que a alíquota máxima de 15% não é atingida: uma alíquota original de 0,25% passa no ano seguinte para 0,5% (aumento máximo); no 2º ano é aumentada para 1%; no 3º ano, para 2%; chega a 4% no 4º ano; e, no 5º ano, não poderá ultrapassar 8%.[303] Nesse percentual permanecerá a alíquota até o cumprimento da obrigação pelo proprietário do imóvel cujo aproveitamento desatender às disposições do plano diretor.

O jurista ressalta ainda que, "se no curso do qüinqüênio no qual determinado proprietário está sujeito à sanção de majoração do IPTU, houver aumento geral desse imposto para todos os contribuintes (seja pela revisão dos valores venais dos imóveis, seja pelo aumento da alíquota base), esse aumento geral deverá ser acumulado, para o proprietário sancionado, com o aumento decorrente da sanção". Justifica o autor que isso não configuraria um agravamento da sanção prevista inicialmente. Ao contrário, "a não-acumulação importaria em benefício indevido do proprietário sujeito à sanção", que ficaria isento, pelo período de cinco anos, de eventual aumento do IPTU que atingisse todos os demais contribuintes.[304]

Cabe indicar, também, a ressalva feita pelo mesmo autor no sentido de que os percentuais das alíquotas a serem majorados anualmente devem estar todos previstos desde o início pela lei específica a que se refere o *caput* do art. 5º do Estatuto. Assim, o Município não pode editar *uma lei a cada ano para cada majoração*. A mesma lei já deve prever todos os aumentos, em respeito aos princípios da legalidade e da anterioridade (CF, art.

---

[302] GASPARINI. *O Estatuto da Cidade*, p. 47.

[303] ALMEIDA. Dos instrumentos da política urbana. In: MEDAUAR; ALMEIDA (Coord.). *Estatuto da Cidade*: Lei 10.257, de 10.07.2001: comentários, p. 88.

[304] ALMEIDA. Dos instrumentos da política urbana. In: MEDAUAR; ALMEIDA (Coord.). *Estatuto da Cidade*: Lei 10.257, de 10.07.2001: comentários, p. 89.

150, I e III, b).[305] De fato, conforme já visto acima, a cobrança do IPTU progressivo em questão, não obstante o seu caráter extrafiscal e sancionatório, deve respeitar os princípios constitucionais reguladores da atividade tributária.

No mesmo sentido, Diogenes Gasparini ressalta que o IPTU progressivo aqui tratado, "sendo tributo, deve observar, desde sua instituição até o ingresso no tesouro municipal, o regime jurídico-tributário". Afirma que "devem ser atendidos, portanto, os princípios da anterioridade, legalidade, proibição de confisco, da competência e da igualdade, entre outros".[306]

3.2.5 Alíquota máxima e o princípio constitucional da proibição de instituição de impostos com caráter confiscatório

Neste ponto, deve ser destacada a controvérsia existente na doutrina acerca do suposto caráter confiscatório de uma possível aplicação da alíquota máxima de 15%, conforme previsão do acima citado §1º do art. 7º do Estatuto da Cidade. Há entendimento doutrinário no sentido de que o preceito ofenderia o disposto no art. 150, inc. IV, da Carta Fundamental, que proíbe à União, aos Estados, ao Distrito Federal e aos Municípios a utilização do tributo com efeito de confisco.

---

[305] ALMEIDA. Dos instrumentos da política urbana. In: MEDAUAR; ALMEIDA (Coord.). *Estatuto da Cidade*: Lei 10.257, de 10.07.2001: comentários, p. 88-89.

[306] GASPARINI. *O Estatuto da Cidade*, p. 50. Roque Antonio Carrazza chega a afirmar que o art. 7º da Lei nº 10.257/2001, ora em estudo, é inconstitucional. Assevera o autor que, não obstante a preocupação do dispositivo, a partir da fixação da alíquota máxima de 15%, de evitar que o IPTU progressivo seja utilizado como instrumento de confisco, ainda que o contribuinte descure da função social de seu imóvel urbano, teria o versículo se "internado em seara própria das 'normas gerais em matéria de legislação tributária' (art. 146 da CF)" (*Curso de direito constitucional tributário*, p. 113-114). Para o autor, "ao invés de tratar simplesmente de questões urbanísticas, a aludida Lei Federal 'ditou' regras tributárias aos Municípios, desbordando de seu campo de atuação". Por esse motivo, defende o jurista que o dispositivo em questão é inconstitucional. Entretanto, responde-se à afirmação do autor com o argumento no sentido de que é a própria Constituição, em seu art. 182, §4º, que confere à Lei Federal (no caso o Estatuto da Cidade) o poder de ditar as regras gerais para a aplicação do IPTU progressivo no tempo, conjuntamente com os outros instrumentos previstos para compelir o proprietário urbano a fazer valer a função social do seu imóvel.

Regina Helena Costa questiona a validade dessa norma perante a Constituição Federal, com base em dois aspectos. No que diz respeito ao teto da alíquota aplicável, a autora afirma que "ainda que essa alíquota seja utilizada uma única vez, parece-nos que dificilmente um imposto sobre a propriedade com alíquota nessa intensidade possa deixar de ser considerado confiscatório, diante da substancial absorção da propriedade que representará".[307]

De outra parte, a jurista defende a impossibilidade da manutenção da exigência fiscal pela alíquota máxima por um prazo superior ao de cinco anos, mesmo que ainda persista o descumprimento pelo proprietário da obrigação de parcelar, edificar ou utilizar o imóvel. A continuidade da exação do tributo com alíquota nesse patamar, além do período assinalado, representaria o confisco do bem imobiliário. Diz a autora que, "na situação de continuidade da inadimplência do proprietário urbano quanto a essa obrigação, o único meio de que pode dispor o Município é, inquestionavelmente, a desapropriação (art. 8º), sob pena de vulneração do princípio da vedação da utilização de tributo com efeito de confisco".[308] Assim, na hipótese ventilada, o Município estaria obrigado a proceder à desapropriação do imóvel, indenizando o proprietário com títulos da dívida pública resgatáveis no prazo de até 10 anos, nos termos do art. 8º do Estatuto da Cidade.[309]

Regina Helena Costa ressalta ainda que o fato do IPTU progressivo no tempo possuir caráter sancionatório, por se voltar à punição do proprietário do imóvel que insiste em não conformá-lo às regras do plano diretor, não justifica a possibilidade da perda da propriedade a partir de uma atitude confiscatória do Poder Público. Recorda que a Lei Maior previu a supressão da propriedade apenas mediante regular processo de desapropriação (art. 5º,

---

[307] COSTA. Instrumentos tributários para a implementação da política urbana (art. 7º). In: DALLARI; FERRAZ (Coord.). *Estatuto da Cidade*: comentários à Lei Federal 10.257/2001, p. 111.

[308] COSTA. Instrumentos tributários para a implementação da política urbana (art. 7º). In: DALLARI; FERRAZ (Coord.). *Estatuto da Cidade*: comentários à Lei Federal 10.257/2001, p. 111-112.

[309] A desapropriação com pagamento em títulos tratada pelo art. 8º do Estatuto da Cidade será objeto de estudo mais adiante.

incisos XXII-XXIV), e que o confisco, medida excepcional, tem sua aplicação restrita às hipóteses dos artigos 5º, XLVI, "b"; e 243 da Constituição.[310]

Ainda segundo a autora, a dicção legal do *caput* do citado art. 8º do Estatuto "parece deixar transparecer que se trata de uma competência discricionária, cabendo ao Poder Executivo avaliar a conveniência e a oportunidade de se efetivar tal desapropriação". Todavia, assevera que tal entendimento não pode prevalecer, sob pena de ensejar a cobrança indefinida do IPTU progressivo no tempo, incorrendo-se na apontada inconstitucionalidade. Estar-se-ia, assim, diante de um autêntico poder-dever, ou seja, uma vez esgotados os instrumentos para a implementação da política urbana que devem preceder à utilização da desapropriação-sanção, o Município deveria promover a desapropriação do imóvel com pagamento em títulos. Caso contrário, seria obrigado a abandonar a aplicação da alíquota progressiva do IPTU.[311]

Regis Fernandes de Oliveira não pensa dessa forma. Afirma que "não se pode dizer que a elevação da alíquota tenha caráter confiscatório", pois ela decorre de sanção pelo descumprimento do princípio constitucional da função social da propriedade. Trata-se de reação da ordem jurídica ao descumprimento de uma obrigação legal por parte do proprietário que, após notificado para a efetivação da edificação, utilização ou parcelamento compulsórios, permanece omisso em relação à realização da função social do seu imóvel. Observa o autor que "como não há possibilidade de constrangimento direto, ou seja, forçar-se *manu militari* que o contribuinte cumpra a obrigação (construa ou aproveite o imóvel), a solução constitucional é aplicação de sanção, que tem por objetivo conformar comportamentos (extrafiscalidade)".[312]

---

[310] COSTA. Instrumentos tributários para a implementação da política urbana (art. 7º). In: DALLARI; FERRAZ (Coord.). *Estatuto da Cidade*: comentários à Lei Federal 10.257/2001, p. 112. Os citados dispositivos constitucionais referem-se, respectivamente, à perda de bens em função de decisão da jurisdição penal, e ao confisco de glebas onde forem localizadas plantações ilegais de plantas psicotrópicas.

[311] COSTA. Instrumentos tributários para a implementação da política urbana (art. 7º). In: DALLARI; FERRAZ (Coord.). *Estatuto da Cidade*: comentários à Lei Federal 10.257/2001, p. 113.

[312] OLIVEIRA. *Comentários ao Estatuto da Cidade*, p. 52-53.

Com o autor indicado acima concorda Diogenes Gasparini. Para esse jurista, não há inconstitucionalidade na previsão do IPTU progressivo no tempo, e nem na fixação da alíquota máxima de 15% para esse tributo. Isso porque cuida-se "de tributo que objetiva reprimir a manutenção da propriedade, não utilizada ou subutilizada, com o único intuito de especulação". E "impostos com esse perfil extrafiscal são tolerados pela Constituição Federal, ainda que sejam por ela prestigiados os princípios da propriedade e da livre empresa".[313] Com base nas lições de Aliomar Baleeiro, que admitiu o caráter destrutivo e agressivo da tributação extrafiscal, afirma ser possível a continuidade da cobrança do IPTU progressivo no tempo pela sua alíquota máxima de 15%, após o transcurso do prazo para o cumprimento da obrigação que foi imposta ao proprietário.[314]

Assevera Diogenes Gasparini que "se a obrigação de parcelar, edificar ou utilizar o imóvel não for alcançada durante o qüinqüênio de cobrança do IPTU progressivo, a alíquota cobrada no quinto ano será mantida até que seja cumprida, sem prejuízo da desapropriação do imóvel mediante o pagamento da indenização com títulos da dívida pública municipal". Ao contrário do que defende Regina Helena Costa, consoante acima demonstrado, o autor afirma que para a desapropriação em questão, prevista no art. 8º do Estatuto, "não há data estabelecida pelo 'Estatuto da Cidade', cabendo ao Município estabelecê-la segundo o desenvolvimento da execução da política urbana".[315]

Fernando Dias Menezes de Almeida segue a mesma linha, afirmando que a função extrafiscal do tributo em comento, somado à sua natureza sancionatória, permite a cobrança do IPTU progressivo no tempo com alíquotas de até 15%, sem que isso contrarie a Constituição Federal. Faz uma analogia com a multa que pode ser judicialmente imposta pelo não cumprimento de obrigação de fazer ou não-fazer, afirmando que "já que não é juridicamente possível

---

[313] GASPARINI. *O Estatuto da Cidade*, p. 50.

[314] GASPARINI. *O Estatuto da Cidade*, p. 51.

[315] GASPARINI. *O Estatuto da Cidade*, p. 54. Conforme já salientado, a desapropriação-sanção prevista pelo art. 8º da Lei nº 10.257/2001 será abordada mais adiante.

obter-se pela força que o proprietário cumpra sua obrigação, efetivamente parcelando seu imóvel ou nele edificando, é lícito fazer recair sobre o imóvel um ônus econômico tal que leve o proprietário à conduta prescrita".[316] De outra parte, lembra o autor que depende do proprietário contribuinte a manutenção dessa tributação progressiva pela alíquota máxima: se ele cumprir sua obrigação, a cobrança será cessada. Esse seria mais um argumento para se afastar a alegação do caráter confiscatório da medida em questão.[317]

Nesse diapasão, Victor Carvalho Pinto também afirma que a decisão de desapropriar é discricionária, e caso o Município não queira desapropriar "deverá manter a cobrança do IPTU pela alíquota do quinto ano de aplicação da progressividade, o que não impede que o imóvel venha a ser desapropriado posteriormente".[318] Entretanto, o autor discorda da atribuição do caráter sancionatório ao IPTU progressivo no tempo. Para ele, a progressividade no tempo não se constitui em sanção de ato ilícito, e a subutilização do imóvel não caracteriza, por si só, ilegalidade. Tratar-se-ia, na verdade, "de pressuposto para a utilização extrafiscal do IPTU, como instrumento para coibir os usos desconformes".[319] Esse é o entendimento que mais se coaduna com o conceito de tributo constante do art. 3º do Código Tributário Nacional, segundo o qual "tributo é toda prestação pecuniária compulsória, em moeda ou cujo valor nela se possa exprimir, que não constitua sanção de ato ilícito, instituída em lei e cobrada mediante atividade administrativa plenamente vinculada".

Essa é também a opinião de Diogenes Gasparini, para quem a extrafiscalidade não corresponde a uma atividade sancionatória, o que retira a ilicitude do comportamento do contribuinte por ela

---

[316] ALMEIDA. Dos instrumentos da política urbana. In: MEDAUAR; ALMEIDA (Coord.). *Estatuto da Cidade*: Lei 10.257, de 10.07.2001: comentários, p. 90-93.

[317] ALMEIDA. Dos instrumentos da política urbana. In: MEDAUAR; ALMEIDA (Coord.). *Estatuto da Cidade*: Lei 10.257, de 10.07.2001: comentários, p. 93.

[318] PINTO. Do IPTU progressivo no tempo. In: MATTOS (Org.). *Estatuto da Cidade comentado*: Lei n. 10.257, de 10 de julho de 2001, p. 143. Voltaremos ao tema na seção 3.3.2 infra.

[319] PINTO. Do IPTU progressivo no tempo. In: MATTOS (Org.). *Estatuto da Cidade comentado*: Lei n. 10.257, de 10 de julho de 2001, p. 142.

alcançado. Para esse autor, é em função do seu comportamento antissocial que o contribuinte responde pelo imposto progressivo, podendo até ser expropriado. Afirma que "não se pode, portanto, imaginar que o IPTU progressivo tem a mesma natureza da sanção, salvo em sentido amplíssimo". E prossegue afirmando que, se assim fosse, o IPTU progressivo poderia ser substituído por uma simples multa.[320]

Concordamos com os doutrinadores que não consideram a previsão da alíquota máxima de 15% atentatória ao princípio da proibição do confisco. Aliás, a previsão de tal limite visa exatamente atender ao princípio constitucional em questão, posto que a fixação de alíquota em percentual acima desse valor representaria, sem dúvida, o confisco da propriedade imobiliária urbana.

3.2.6 Vedação da concessão de isenções ou anistia

Cabe agora tecer considerações acerca do §3º do art. 7º da Lei nº 10.257/2001. Esse dispositivo veda a concessão de isenções ou de anistia relativas ao IPTU progressivo ora em estudo.

Nas palavras de Nelson Saule Júnior, a medida ora em estudo é fundamental para evitar que um proprietário de imóvel urbano que não esteja cumprindo sua função social seja beneficiado com a concessão de anistia ou isenções, relativamente ao IPTU incidente sobre o bem.[321]

Observa Victor Carvalho Pinto que eventual concessão de isenções ou anistias aos imóveis submetidos ao parcelamento, edificação ou utilização compulsórios comprometeria a aplicação do instituto, "instituindo tratamento privilegiado aos beneficiários da isenção, que ficariam livres para especular com seus terrenos". Afirma ainda que "eventual baixa renda do proprietário de um terreno não pode servir de pretexto para impedir a obrigação de parcelar ou edificar". Diz, outrossim, que, se o proprietário não

---

[320] GASPARINI. *O Estatuto da Cidade*, p. 49-50.

[321] SAULE JÚNIOR. *A proteção jurídica da moradia nos assentamentos irregulares*, p. 283.

dispuser de recursos para cumprir a obrigação que lhe foi imposta, deverá alienar o imóvel para quem possa cumpri-la.[322]

O autor observa ainda, sobre a questão ora ventilada, que o Estatuto da Cidade afastou a possibilidade de serem concedidas isenções ou anistias, mas não afastou as imunidades, e nem poderia fazê-lo, pois estas têm *status* constitucional (art. 150, inc. VI). Para o autor,

> (...) esta é uma restrição muito grave, uma vez que são em grande quantidade os imóveis possuídos por entes públicos, confissões religiosas, partidos políticos, sindicatos e instituições educacionais e de assistência social. Há ainda o risco de que a imunidade acabe por induzir seus beneficiários a adquirirem imóveis sujeitos à obrigação de parcelar ou edificar, uma vez que não será possível submetê-los à utilização extrafiscal do IPTU.[323]

A questão da imunidade tributária, em especial a das pessoas jurídicas de direito público, será objeto de análise em momento posterior deste trabalho. Apenas adiantamos que a imunidade em relação ao IPTU deve significar uma limitação à tributação sobre os imóveis que efetivamente sejam utilizados para as finalidades essenciais daqueles que gozam do benefício constitucional. Aliás, a própria Constituição Federal deixa isso claro nos dispositivos constantes dos parágrafos 2°, 3° e 4° do art. 150. Assim, sobre um imóvel não utilizado, não edificado ou subutilizado, de propriedade de um dos beneficiários da imunidade constitucional, que não esteja vinculado à sua atividade essencial — excetuando-se os entes federados, em face da imunidade recíproca —, poderá recair o IPTU progressivo aqui tratado, caso o seu proprietário não atenda à notificação para adequá-lo às prescrições do plano diretor municipal.

---

[322] PINTO. Do IPTU progressivo no tempo. In: MATTOS (Org.). *Estatuto da Cidade comentado*: Lei n. 10.257, de 10 de julho de 2001, p. 143-144. Pode-se imaginar o quanto um imóvel nessas características estaria desvalorizado, pois gravado pela obrigação de ser parcelado, utilizado ou edificado, que, como visto, transfere-se ao novo proprietário do bem.

[323] PINTO. Do IPTU progressivo no tempo. In: MATTOS (Org.). *Estatuto da Cidade comentado*: Lei n. 10.257, de 10 de julho de 2001, p. 144.

Feita essa breve observação, volta-se ao objeto específico desta seção. Sobre a questão, Diogenes Gasparini realça que a vedação da concessão de isenções e anistia restringe a competência da autoridade administrativa municipal, decorrente do art. 172 do Código Tributário Nacional, para conceder, por despacho fundamentado baseado em lei e atendidos os requisitos previstos nos incisos desse dispositivo, a remissão total ou parcial do crédito tributário. Ressalta a impropriedade do texto do §3º do art. 7º do Estatuto, ora em comento, que se refere à anistia, e não a remissão.[324]

De fato, como explica Regina Helena Costa, a dicção legal referiu-se a *anistia*, mas quis significar "remissão, já que esta, sim, constitui o perdão do débito tributário, enquanto aquela é o perdão da sanção aplicada e, eventualmente, também o perdão da própria infração".[325]

Fernando Dias Menezes de Almeida afasta eventual alegação de inconstitucionalidade do dispositivo, decorrente de ter a Lei Federal vedado aos Municípios a concessão de isenção ou de anistia relativas ao IPTU progressivo. Afinal, a concessão de isenção ou anistia é de competência do ente da Federação competente para a instituição do respectivo tributo. Não obstante, afirma, a Lei nº 10.257/2001 "não é propriamente disciplinadora de matéria tributária, mas sim de matéria urbanística, entrando aqui o IPTU progressivo como instrumento da política urbana".[326]

E prossegue o autor afirmando que "instituindo o IPTU progressivo com base nesta Lei (e com base no art. 182 da CF), os Municípios não estão propriamente exercendo sua competência tributária geral, mas, antes, sua competência para 'promover adequado ordenamento territorial, mediante planejamento e controle do uso, do parcelamento e da ocupação do solo urbano (CF, art. 30, VIII)". De outra parte, lembra que a própria Constituição determina que as medidas previstas no §4º do art. 182 sejam aplicadas *nos*

---

[324] GASPARINI. *O Estatuto da Cidade*, p. 55.

[325] COSTA. Instrumentos tributários para a implementação da política urbana (art. 7º). In: DALLARI; FERRAZ (Coord.). *Estatuto da Cidade*: comentários à Lei Federal 10.257/2001, p. 113.

[326] ALMEIDA. Dos instrumentos da política urbana. In: MEDAUAR; ALMEIDA (Coord.). *Estatuto da Cidade*: Lei 10.257, de 10.07.2001: comentários, p. 97.

termos da lei federal. Assim, seria natural a imposição de limites ao legislador municipal na espécie.[327] O argumento pode ser utilizado contra eventual alegação de inconstitucionalidade de quaisquer dos dispositivos do Estatuto da Cidade referentes à matéria tributária.[328]

O proprietário poderá fazer cessar a cobrança do IPTU progressivo no tempo sobre o seu imóvel se cumprir as obrigações impostas pelo Município para o devido cumprimento da função social da propriedade, em atendimento às disposições do plano diretor. Caso persista o descumprimento após decorridos cinco anos de cobrança da tributação progressiva, poderá o Poder Público municipal proceder à desapropriação do imóvel com pagamento em títulos da dívida pública. Tal medida será o nosso próximo objeto de estudo.

3.3 Desapropriação com pagamento em títulos

3.3.1 Cotejo com a desapropriação prevista no §3º do art. 182 da Constituição Federal

A desapropriação com pagamento mediante títulos da dívida pública, prevista no inciso III do §4º do art. 182 da Constituição Federal, e disciplinada pelo art. 8º do Estatuto da Cidade,[329] é mais

---

[327] ALMEIDA. Dos instrumentos da política urbana. In: MEDAUAR; ALMEIDA (Coord.). *Estatuto da Cidade*: Lei 10.257, de 10.07.2001: comentários, p. 97.

[328] Conforme já ressaltado supra, Roque Antonio Carrazza chega a afirmar que o art. 7º da Lei nº 10.257/2001, ora em estudo, é inconstitucional, pois teria "se internado em seara própria das 'normas gerais em matéria de legislação tributária' (art. 146 da CF)". Para o autor, "ao invés de tratar simplesmente de questões urbanísticas, a aludida Lei Federal 'ditou' regras tributárias aos Municípios, desbordando de seu campo de atuação". Por esse motivo, defende o jurista que o dispositivo em questão é inconstitucional (Cf. CARRAZZA. *Curso de direito constitucional tributário*, p. 113-114).

[329] "Art. 8º Decorridos cinco anos de cobrança do IPTU progressivo sem que o proprietário tenha cumprido a obrigação de parcelamento, edificação ou utilização, o Município poderá proceder à desapropriação do imóvel, com pagamento em títulos da dívida pública. §1º Os títulos da dívida pública terão prévia aprovação pelo Senado Federal e serão resgatados no prazo de até dez anos, em prestações anuais, iguais e sucessivas, assegurados o valor real da indenização e os juros legais de seis por cento ao ano. §2º O valor real da indenização: I - refletirá o valor da base de cálculo do IPTU, descontado o montante incorporado em função de obras realizadas pelo Poder Público na área onde o mesmo se localiza após a notificação de que trata o §2º do art. 5º desta Lei; II - não computará expectativas de

um instrumento de que dispõe o Poder Público municipal para que seja garantido o respeito ao princípio da função social da propriedade urbana. Aliás, a desapropriação é prevista pelo art. 4º, inc. V, *a*, do Estatuto, exatamente como um dos instrumentos de que dispõe o Poder Público para a execução da política urbana.

De fato, trata-se de uma espécie de desapropriação para fins urbanísticos, cuja definição nos é apresentada por Hely Lopes Meirelles, citado por Adilson Abreu Dallari em obra específica sobre o tema:

> Desapropriação para urbanização é toda aquela que se decreta por necessidade ou utilidade pública, mas visando à formação de um novo núcleo urbano ou a reurbanização de uma cidade ou de um bairro envelhecido ou inadequado para sua nova destinação.[330]

Entretanto, pensamos que devem ser incluídos no rol das finalidades da desapropriação urbanística o aproveitamento do bem improdutivo ou explorado em desacordo com as necessidades de habitação, trabalho e consumo dos centros populacionais, a regularização fundiária e a construção de habitações populares, nos termos do que prescrevem os incisos I, IV e V do art. 2º da Lei nº 4.132/62, que define os casos de desapropriação por interesse social.[331]

---

ganhos, lucros cessantes e juros compensatórios. §3º Os títulos de que trata este artigo não terão poder liberatório para pagamento de tributos. §4º O Município procederá ao adequado aproveitamento do imóvel no prazo máximo de cinco anos, contado a partir da sua incorporação ao patrimônio público. §5º O aproveitamento do imóvel poderá ser efetivado diretamente pelo Poder Público ou por meio de alienação ou concessão a terceiros, observando-se, nesses casos, o devido procedimento licitatório. §6º Ficam mantidas para o adquirente de imóvel nos termos do §5º as mesmas obrigações de parcelamento, edificação ou utilização previstas no art. 5º desta Lei."

[330] MEIRELLES apud DALLARI. *Desapropriações para fins urbanísticos*, p. 52-53.

[331] "Art. 2º Considera-se de interesse social: I - o aproveitamento de todo bem improdutivo ou explorado sem correspondência com as necessidades de habitação, trabalho e consumo dos centros de população a que deve ou possa suprir por seu destino econômico; II - a instalação ou a intensificação das culturas nas áreas em cuja exploração não se obedeça a plano de zoneamento agrícola (VETADO); III - o estabelecimento e a manutenção de colônias ou cooperativas de povoamento e trabalho agrícola; IV - a manutenção de posseiros em terrenos urbanos onde, com a tolerância expressa ou tácita do proprietário, tenham construído sua habitação, formando núcleos residenciais de mais de 10 (dez) famílias; V - a construção de casas populares; VI - as terras e águas suscetíveis de valorização extraordinária, pela conclusão de obras e serviços públicos, notadamente de saneamento, portos, transporte,

Nesse diapasão, afirma Nelson Saule Júnior:

(...) a política urbana se torna o componente vinculatório para o Poder Público aplicar a desapropriação por interesse social para a construção de casas populares, ou manutenção de posseiros em terrenos urbanos nos termos da Lei nº 4.132, de 10 de setembro de 1962, bem como a desapropriação por utilidade pública para abertura, conservação e melhoramento de vias ou logradouros públicos, a execução de planos de urbanização, o parcelamento do solo, como ou sem edificação, para sua melhor utilização econômica, higiênica e ou estética, nos termos do Decreto-Lei nº 3.365, de 21 de junho de 1941.[332]

Também a desapropriação prevista nos parágrafos 4º e 5º do art. 1.228 do Código Civil[333] pode ser considerada desapropriação para fins urbanísticos, mais especificamente para hipóteses de regularização fundiária. Em momento próprio deste trabalho, tal espécie de desapropriação será novamente abordada.

Feitas as observações acima, e antes de analisar especialmente a desapropriação sancionatória prevista no inc. III do §4º do art. 182 da Constituição, cabe realizar o seu cotejo com o disposto no §3º do mesmo art. 182. Tal dispositivo determina que "as desapropriações de imóveis urbanos serão feitas com prévia e justa indenização em dinheiro".

Conforme observa Clóvis Beznos, a um primeiro passar de olhos, pode o texto em referência "parecer superfetação da regra geral da desapropriação contida no inciso XXIV do art. 5º do texto constitucional".[334] Este último determina que "a lei estabelecerá o procedimento para a desapropriação por necessidade ou utilidade

---

eletrificação, armazenamento de água e irrigação, no caso em que não sejam ditas áreas socialmente aproveitadas; VII - a proteção do solo e a preservação de cursos e mananciais de água e de reservas florestais; VIII - a utilização de áreas, locais ou bens que, por suas características, sejam apropriados ao desenvolvimento de atividades turísticas."

[332] SAULE JÚNIOR. *A proteção jurídica da moradia nos assentamentos irregulares*, p. 284.

[333] "§4º O proprietário também pode ser privado da coisa se o imóvel reivindicado consistir em extensa área, na posse ininterrupta e de boa-fé, por mais de cinco anos, de considerável número de pessoas, e estas nela houverem realizado, em conjunto ou separadamente, obras e serviços considerados pelo juiz de interesse social e econômico relevante. §5º No caso do parágrafo antecedente, o juiz fixará a justa indenização devida ao proprietário; pago o preço, valerá a sentença como título para o registro do imóvel em nome dos possuidores."

[334] BEZNOS. Desapropriação em nome da política urbana (art. 8º). In: DALLARI; FERRAZ (Coord.). *Estatuto da Cidade*: comentários à Lei Federal 10.257/2001, p. 124.

pública, ou por interesse social, mediante justa e prévia indenização em dinheiro, ressalvados os casos previstos nesta Constituição".

Porém, ainda de acordo com as observações do autor, o referido texto do §3º do art. 182 da Lei Maior incide, na verdade, como "um elemento de contraste ao disposto no inciso III do §4º do art. 182". Oferece o dispositivo um "nítido discrímen entre a desapropriação urbana, efetuada por necessidade, utilidade pública ou interesse social, da desapropriação-penalidade, pelo descumprimento da função social da propriedade".[335]

Com efeito, a desapropriação prevista no §4º difere daquela prevista no parágrafo anterior, pois esta é paga com justa e prévia indenização, enquanto aquela é indenizada com títulos de dívida pública com prazo de resgate de até dez anos, justamente por possuir caráter sancionatório.

O §3º do art. 182, inserido justamente no capítulo constitucional que trata da política urbana, refere-se ao tipo de desapropriação urbanística sujeita ao pagamento de justa e prévia indenização.

Assim, para a execução da política urbana, o Poder Público pode lançar mão da desapropriação a que faz referência o sobredito §3º do art. 182, que corresponde ao mesmo processo expropriatório já previsto pelo inciso XXIV do art. 5º. Portanto, a partir da previsão do §3º, o texto constitucional apenas ressalta que o instituto da desapropriação também pode ser utilizado para fins urbanísticos.

O procedimento para a efetivação dessa espécie de desapropriação urbanística, feita por utilidade pública, necessidade pública ou interesse social, é regulada pelo Decreto-Lei nº 3.365/41 que, em seu art. 5º, *i*, com redação determinada pela Lei nº 9.785/1999, prescreve:

> Art. 5º Consideram-se casos de utilidade pública. (...)
>
> i) a abertura, conservação e melhoramento de vias ou logradouros públicos; a execução de planos de urbanização; o parcelamento do solo, com ou sem edificação, para sua melhor utilização econômica, higiênica ou estética; a construção ou ampliação de distritos industriais; (...)

---

[335] BEZNOS. Desapropriação em nome da política urbana (art. 8º). In: DALLARI; FERRAZ (Coord.). *Estatuto da Cidade*: comentários à Lei Federal 10.257/2001, p. 127.

Nas palavras de Kiyoshi Harada,

> (...) independentemente da faculdade de desapropriar área previamente incluída no Plano Diretor, mediante a observância dos requisitos previstos no §4º do art. 182 da Carta Magna, pode o Município desapropriar, para fins urbanísticos, qualquer propriedade urbana, incluída ou não no citado Plano Diretor, através da declaração de utilidade pública, com fundamento em um dos incisos do art. 5º do Decreto-Lei nº 3.365/41.[336]

Ainda segundo o autor, a política de desenvolvimento urbano, cuja execução cabe ao Poder Público municipal, de acordo com o art. 182 da Lei Maior, pode envolver não só a expansão urbana mediante a criação de novos núcleos, mas também a revitalização dos núcleos urbanos deteriorados pelo tempo. A desapropriação urbanística é o instrumento legal que viabiliza a execução dos planos de renovação urbana, que visam recuperar essas regiões, a fim de dotá-las de equipamentos urbanos adequados e garantir o bem-estar dos seus habitantes.[337]

Cabe ressaltar, ainda com base nos escritos de Kiyoshi Harada, que essa desapropriação para fins de urbanização ou renovação urbana necessita de prévia declaração de utilidade pública das áreas atingidas, declaração essa que somente pode ser decretada nas hipóteses indicadas pelo art. 5º do Decreto-Lei nº 3.365/41.[338]

Apenas ressaltamos que o procedimento expropriatório previsto no Decreto-Lei nº 3.365/41 também aplica-se às hipóteses de desapropriação por interesse social indicadas no art. 2º da Lei nº 4.132/62, de acordo com o preceituado pelo art. 5º do mesmo diploma legal.[339] Conforme já ressaltado supra, referida

---

[336] HARADA. *Desapropriação*: doutrina e prática, p. 56.

[337] HARADA. *Desapropriação*: doutrina e prática, p. 56-57. O autor cita o exemplo da desapropriação promovida pela Empresa Municipal de Urbanização (EMURB), empresa pública constituída pela Lei nº 7.670/1971, para a reurbanização dos bairros de Santana e Jabaquara. Ressalta que o plano de renovação desses bairros, aprovado pela Lei nº 7.859, de 8-3-1973, cuja execução foi cometida à Emurb, previa a implantação de terminais de ônibus, estacionamentos para veículos, equipamentos comunitários, serviços públicos, edifícios comerciais, institucionais e residenciais, além de reservar 25 centésimos da área total atingida para espaços ajardinados e arborizados (arts. 2º e 4º).

[338] HARADA. *Desapropriação*: doutrina e prática, p. 57.

[339] "Art. 5º. No que esta lei for omissa aplicam-se as normas legais que regulam a desapropriação por utilidade pública, inclusive no tocante ao processo e à justa indenização devida ao proprietário."

Parcelamento, edificação e utilização compulsórios de imóveis públicos urbanos | 143

desapropriação por interesse social também pode ser aplicada para fins urbanísticos, consoante seja destinada para a consecução dos fins listados pelos já citados incisos I, IV e V do art. 2º da sobredita Lei nº 4.132/62.[340]

Sobre o tema, observa José Carlos de Moraes Salles que são raros os centros urbanos que nasceram sob a égide de um plano diretor e, por essa razão, a maioria acaba submetendo-se a um processo de deterioração, "causado, as mais das vezes, pela ação dos particulares que, para consecução de seus objetivos, quase sempre relegam a segundo plano os interesses superiores da coletividade, construindo muitas vezes clandestinamente ou aproveitando de maneira inconveniente os terrenos de que dispõem". Daí a previsão da desapropriação para a execução de planos de urbanização, os quais visam implantar melhoramentos urbanísticos que resultem na revitalização da área expropriada.[341]

---

[340] José Carlos de Moraes Salles chega a afirmar que a desapropriação sancionatória prevista pelo inc. III do §4º do art. 182 é espécie de desapropriação por interesse social, "porque realizada no interesse da coletividade e não para atender, simplesmente, a uma 'utilidade ou necessidade' do Poder Público expropriante. Aliás, a Lei nº 4.132, de 10.9.1962, que define os casos de desapropriação por interesse social, estabelece, no inc. I do seu art. 2º, que se considera de interesse social o aproveitamento de todo bem improdutivo ou explorado sem correspondência com a s necessidades de habitação, trabalho e consumo dos centros de população a que deve ou possa suprir por seu destino econômico. O inc. V desse artigo, por seu turno, considera de interesse social a construção de casas populares. Já se vê, portanto, que se trata de desapropriação que permitirá a venda do bem expropriado a terceiros, depois de parcelado e edificado, se necessário, o que constitui uma das características da 'desapropriação por interesse social'" (*A desapropriação à luz da doutrina e da jurisprudência*, p. 936).

[341] SALLES. *A desapropriação à luz da doutrina e da jurisprudência*, p. 200-201. A realização desses planos de "reurbanização" pode ser efetivada através de concessão urbanística. O Plano Diretor do Município de São Paulo (Lei nº 13.430/2002) prevê a possibilidade de concessão para a realização das obras de urbanização ou de reurbanização de determinada região da Cidade de São Paulo. Diz o *caput* do art. 239 da referida Lei Municipal: "O Poder Executivo fica autorizado a delegar, mediante licitação, à empresa, isoladamente, ou a conjunto de empresas, em consórcio, a realização de obras de urbanização ou de reurbanização de região da Cidade, inclusive loteamento, reloteamento, demolição, reconstrução e incorporação de conjuntos de edificações para implementação de diretrizes do Plano Diretor Estratégico". Interessante notar que o §2º desse dispositivo do Plano Diretor paulistano determina que a empresa concessionária ficará responsável pelo pagamento das indenizações devidas em decorrência das desapropriações. Prescreve, outrossim, que a concessionária ficará responsável, também, pelo recebimento dos imóveis que forem doados pelos seus proprietários para a viabilização financeira do seu aproveitamento, nos termos do art. 46 do Estatuto da Cidade (consórcio imobiliário).

O mesmo autor lembra que a desapropriação ora em comento (art. 5º, *i*, do Dec.-Lei nº 3.365/41), que objetiva a execução de planos urbanísticos, não se confunde com a chamada desapropriação por zona ou extensiva, tratada pelo art. 4º da Lei de Desapropriações.[342]

Com efeito, "na desapropriação por zona, o Poder Público, prevendo a valorização extraordinária que a obra pública a ser executada irá trazer para as áreas adjacentes, declara-as de utilidade pública, para fins de desapropriação, no mesmo ato em que declara úteis para o mesmo fim as áreas necessárias à execução da obra de que se cogita". As áreas atingidas pela mais-valia são, posteriormente, revendidas pela Administração, que se ressarce, dessa forma, das despesas havidas com a realização da obra executada. Ou seja, o Poder expropriante paga ao particular o preço que os terrenos tinham antes da execução da obra para, em momento posterior, revendê-los, beneficiando-se com o lucro decorrente da valorização extraordinária desses imóveis, resultante da benfeitoria pública executada.[343]

Não é o que ocorre com a desapropriação para fins de urbanização ou reurbanização, ora em estudo. Nessa, "não se cogita de uma possível valorização extraordinária das áreas adjacentes". O que se persegue, primeiramente, "é a recuperação urbanística de regiões citadinas atingidas por um evidente processo de deterioração ou a implantação de núcleos industriais ou comerciais, que tornem as urbes mais funcionais, aumentando, portanto, o bem estar da população".[344]

Ao contrário do que ocorre com a desapropriação extensiva ou por zona, a revenda dos imóveis que restarem após a execução dos planos de urbanização não é, portanto, o objeto principal da

---

[342] SALLES. *A desapropriação à luz da doutrina e da jurisprudência*, p. 202.

[343] SALLES. *A desapropriação à luz da doutrina e da jurisprudência*, p. 202. A efetivação da desapropriação por zona atende à diretriz da política urbana arrolada no inc. XI do art. 2º do Estatuto da Cidade, segundo a qual o Poder Público deve buscar recuperar os investimentos por ele realizados, de que tenham resultado a valorização de imóveis urbanos.

[344] SALLES. *A desapropriação à luz da doutrina e da jurisprudência*, p. 202.

desapropriação realizada com fulcro no art. 5º, *i*, do Decreto-Lei expropriatório. Entretanto, nada impede que tal revenda seja levada a cabo pelo Poder expropriante. Ao contrário, a alienação dos imóveis expropriados constitui-se em "complemento indispensável à boa execução de tais planos, uma vez que permite não só o ressarcimento parcial ou até mesmo integral das despesas tidas pela Administração, como permite a transferência dos imóveis incluídos no plano aos particulares que se encontrem em condições de dar-lhes a destinação necessária ao atendimento dos serviços procurados pela população".[345]

Sobre o destino dos imóveis expropriados através da desapropriacão-sanção, prevista no inc. III do §4º do art. 182 e no art. 8º da Lei nº 10.257/2001, discorrer-se-á mais adiante.

Acerca do tema, vale destacar também o disposto no art. 44 da Lei nº 6.766/1979 (Lei de Parcelamento do Solo Urbano), segundo o qual "o Município, o Distrito Federal e o Estado poderão expropriar áreas urbanas ou de expansão urbana para reloteamento, demolição, reconstrução e incorporação, ressalvada a preferência dos expropriados para a aquisição de novas unidades".

Por último, cabe ressaltar que o sobredito art. 5º, *i*, do Decreto-Lei nº 3.365/41, permite seja a desapropriação por utilidade pública executada para fins de parcelamento do solo, com ou sem edificação, para sua melhor utilização econômica, higiênica ou estética. Daí, infere-se que a desapropriação para fins de parcelamento do solo pode ser efetivada mesmo sem o procedimento previsto nos artigos 5º a 8º do Estatuto da Cidade. Trata-se, porém, não da desapropriação-sanção prevista no art. 8º da Lei nº 10.257/2001, mas da desapropriação por utilidade pública sujeita à indenização justa e prévia, nos termos preconizados pelo art. 5º, XXIV, CF.

E o bem improdutivo ou explorado sem correspondência com as necessidades de habitação, trabalho e consumo dos centros populacionais a que deve suprir por sua destinação econômica, em situação de descumprimento à sua função social, também pode

---

[345] SALLES. *A desapropriação à luz da doutrina e da jurisprudência*, p. 202.

ser desapropriado pelo Poder Público com indenização prévia e justa paga em dinheiro, nos termos do sobredito art. 2º, inc. I, da Lei nº 4.132/62.

Feitas essas breves considerações acerca da desapropriação urbanística fundamentada no art. 5º, *i*, do Decreto-Lei nº 3.365/41 e nos incisos I, IV e V do art. 2º da Lei nº 4.132/62, a qual, repita-se, está sujeita à prévia e justa indenização em moeda corrente, passaremos ao estudo específico da desapropriação prevista no inc. III do §4º do art. 182 da Constituição e no art. 8º do Estatuto da Cidade, a qual, por possuir caráter sancionatório, é indenizável através de títulos da dívida pública. Trata-se, também, de espécie de desapropriação urbanística, dado que sua finalidade é a adequação do imóvel expropriado aos ditames do plano diretor municipal, diploma legislativo que se constitui em vetor da política urbana executada pelo Poder Público municipal.

O pagamento em títulos da dívida pública constitui exceção à prévia e justa indenização a que estão sujeitas as desapropriações por necessidade ou utilidade pública, ou por interesse social, de acordo o prescrito pelo citado inciso XXIV do art. 5º da Carta Maior. E, justamente por ser exceção, está prevista expressamente no Texto Constitucional, nos artigos 182, §4º, III (desapropriação para execução da política urbana) e 184 (desapropriação para fins de reforma agrária).[346]

3.3.2 Discricionariedade administrativa

De início, cabe ressaltar que a desapropriação com pagamento em títulos da dívida pública, ora em comento, *pode ou não* ser decretada pela Administração Pública após transcorridos cinco anos da cobrança do IPTU progressivo no tempo (art. 8º, *caput*, do Estatuto). Resulta, portanto, da atividade administrativa discricionária, ou do assim chamado poder discricionário da Administração, ou *dever discricionário*, consoante as lições

---

[346] ALMEIDA. Dos instrumentos da política urbana. In: MEDAUAR; ALMEIDA (Coord.). *Estatuto da Cidade*: Lei 10.257, de 10.07.2001: comentários, p. 99.

de Celso Antônio Bandeira de Mello.[347] Filiamo-nos, pois, ao entendimento dos autores (ver seção 3.2.5 supra) que admitem seja o IPTU progressivo no tempo (art. 7° do Estatuto) cobrado pela sua alíquota máxima até que o proprietário cumpra sua obrigação de parcelar, edificar ou utilizar o imóvel, sem que isso possa ser considerado uma contrariedade ao princípio constitucional tributário da proibição do confisco.

Discricionariedade, nos dizeres de Celso Antônio Bandeira de Mello,

> (...) é a margem de liberdade que remanesça ao administrador para eleger, segundo critérios consistentes de razoabilidade, um, dentre pelo menos dois comportamentos cabíveis, perante cada caso concreto, a fim de cumprir o dever de adotar a solução mais adequada à satisfação da finalidade legal, quando, por força da fluidez das expressões da lei ou da liberdade conferida no mandamento, dela não se possa extrair objetivamente, uma solução unívoca para a situação vertente.[348]

Nesse diapasão, a leitura combinada dos preceitos constantes do §2° do art. 7° e do *caput* do art. 8° da Lei n$^{\circ}$ 10.257/2001 permite afirmar que, decorridos cinco anos da cobrança do IPTU progressivo, o Município poderá escolher entre promover a desapropriação do imóvel ou continuar exigindo o pagamento do IPTU progressivo sob a alíquota máxima. São, pois, dois os comportamentos possíveis do Poder Público municipal. É o interesse público que deverá pautar a escolha da Administração, levando-se em conta, por exemplo, critérios orçamentários e financeiros.[349]

Sobre a questão, Clóvis Beznos ressalta que a facultatividade do processo expropriatório em questão pode ser explicada pelo

---

[347] BANDEIRA DE MELLO. *Discricionariedade e controle jurisdicional*, p. 15. Ressalta o autor que, em vista da necessária submissão da administração à lei, "percebe-se que o chamado 'poder discricionário' tem que ser simplesmente o cumprimento do 'dever de alcançar a finalidade legal'. Só assim poderá ser corretamente 'entendido e dimensionado', compreendendo-se, então, que o que há é um 'dever discricionário', antes que um 'poder' discricionário".

[348] BANDEIRA DE MELLO. *Discricionariedade e controle jurisdicional*, p. 48.

[349] O Plano Diretor do Município de São Paulo (Lei n$^{\circ}$ 13.430/2002) estabelece, em seu art. 203, parágrafo único, que "lei baseada no art. 8° da Lei Federal n$^{\circ}$ 10.257/2001, de 10 de julho de 2001 – Estatuto da Cidade estabelecerá as condições para aplicação deste instituto".

fato de a aprovação dos títulos que se constituem na moeda de pagamento da desapropriação depender de prévia aprovação do Senado Federal, "o que retira a decisão plena sobre a efetivação das desapropriações".[350]

De fato, de acordo com o disposto no art. 52, IX, CF, compete privativamente ao Senado Federal o estabelecimento de limites globais e de condições para o montante da dívida mobiliária dos Estados, do Distrito Federal e dos Municípios. Aliás, a competência do Senado Federal em assuntos relacionados às finanças dos Municípios decorre não somente do versículo citado, mas também dos incisos V, VI, VII do mesmo art. 52.[351]

Portanto, o Senado pode limitar o endividamento dos Municípios impedindo-os de emitir novos títulos, ou impondo-lhes determinadas condições que impossibilitem tais emissões.

Ou seja, para concretizar o processo expropriatório em tela, o Município depende da prévia aprovação do Senado no que se refere ao meio através do qual a expropriação será paga. A questão será mais diretamente abordada a seguir.

3.3.3 Emissão de títulos da dívida pública

Nos dizeres de Diogenes Gasparini, se o Poder Executivo municipal desejar promover a desapropriação prevista pelo inc. III do §4º do art. 182 da Constituição Federal, depois de transcorridos os cinco anos da cobrança do IPTU progressivo no tempo, deverá enviar ao Poder Legislativo local projeto de lei, "acompanhado dos elementos necessários à sua compreensão e ao convencimento da edilidade de sua importância para o desenvolvimento urbano, solicitando autorização para ingressar no Senado Federal com pedido de aprovação da emissão de títulos da dívida pública municipal, no montante previsto e indispensável ao atendimento do projeto que dotará os imóveis desapropriados da função social

---

[350] BEZNOS. Desapropriação em nome da política urbana (art. 8º). In: DALLARI; FERRAZ (Coord.). *Estatuto da Cidade*: comentários à Lei Federal 10.257/2001, p. 130.

[351] ALMEIDA. Dos instrumentos da política urbana. In: MEDAUAR; ALMEIDA (Coord.). *Estatuto da Cidade*: Lei 10.257, de 10.07.2001: comentários, p. 102.

imposta pelo plano diretor". Completa o autor que, aprovada a lei em questão, o pedido de autorização para a emissão de títulos da dívida pública municipal será formulado junto ao Senado Federal. Caso aprovada tal solicitação, e somente depois disso, poderão os títulos da dívida pública ser emitidos para pagamento das desapropriações que vierem a ser efetivadas.[352]

Regis Fernandes de Oliveira, dissertando a respeito da previsão do §1º do art. 8º do Estatuto, defende que a exigência de prévia aprovação do Senado da República para a emissão dos títulos representa uma limitação ao Poder Público para a efetivação da desapropriação em tela. Ressalta o autor, outrossim, que, "nos termos do art. 28 da Resolução 43, de 2001, depende de autorização específica do Senado Federal a emissão de títulos da dívida pública (inciso III)".[353]

Kiyoshi Harada também ressalta que "compete privativamente ao Senado da República fixar o limite global para o montante da dívida consolidada dos Municípios, bem como estabelecer limite global e condições para o montante de sua dívida mobiliária (art. 52, VI e IX, da CF)". Assevera, em consequência, que o pagamento da desapropriação em estudo depende da prévia aprovação pelo Senado Federal, "cuja decisão dependerá do montante da dívida acumulada pelo Município".[354]

O fato de essa espécie de desapropriação subordinar-se a esse tipo de requisito, que está sob o domínio da vontade de um órgão estranho ao Poder Executivo municipal expropriante, leva o

---

[352] OLIVEIRA. *Comentários ao Estatuto da Cidade*, p. 69.

[353] OLIVEIRA. *Comentários ao Estatuto da Cidade*, p. 58. Prescreve o art. 28 da Resolução nº 43/2001 do Senado Federal, que dispõe sobre as operações de crédito interno e externo dos Estados, do Distrito Federal e dos Municípios, inclusive concessão de garantias, seus limites e condições de autorização, e dá outras providências:
"Art. 28. São sujeitas a autorização específica do Senado Federal, as seguintes modalidades de operações: I - de crédito externo; II - decorrentes de convênios para aquisição de bens e serviços no exterior; III - de emissão de títulos da dívida pública; IV - de emissão de debêntures ou assunção de obrigações por entidades controladas pelos Estados, pelo Distrito Federal e pelos Municípios que não exerçam atividade produtiva ou não possuam fonte própria de receitas. Parágrafo único. O Senado Federal devolverá ao Ministério da Fazenda, para as providências cabíveis, o pedido de autorização para contratação de operação de crédito cuja documentação esteja em desacordo com o disposto nesta Resolução."

[354] HARADA. *Desapropriação*: doutrina e prática, p. 53-54.

autor acima citado a destacar a dificuldade inerente à implantação desse instrumento.[355]

No mesmo sentido, Clóvis Beznos também afirma que a necessidade de aprovação do Senado Federal para a emissão dos títulos em questão dificulta a concretização dessa espécie de desapropriação. Aliás, ressalta o autor que, de acordo com o art. 10 da Resolução nº 78 do Senado Federal, de 1.7.1998, "até 31 de dezembro de 2010 os Estados, o Distrito Federal e os Municípios somente poderão emitir títulos da dívida pública no montante necessário para o refinanciamento do principal, devidamente atualizado, de suas obrigações existentes, representadas por essa espécie de títulos".[356] Sem dúvida, o dispositivo impossibilita a emissão de títulos da dívida pública pelos Municípios para fins da desapropriação ora em análise, pelo menos até 31.12.2010.

Na hipótese de não ser aprovada a emissão dos títulos pelo Senado da República, seguirá o Município cobrando o IPTU progressivo no tempo. Destaca Fernando Dias Menezes de Almeida que esse tributo será devido pelo expropriado até que se efetive a imissão na posse do imóvel pela Municipalidade, em decorrência da aplicação analógica da regra do art. 15, §1º, do Decreto-Lei nº 3.365/41, que condiciona a imissão ao depósito do valor provisório do bem expropriado.[357]

De outra parte, reza o §1º do art. 8º do Estatuto que os títulos com emissão aprovada serão resgatados no prazo de até 10 anos, em prestações anuais, iguais e sucessivas, assegurados o valor real da indenização e os juros legais de seis por cento ao ano.

Sobre a questão, afirma Diogenes Gasparini que cabe à lei municipal que autorizar a emissão dos títulos prescrever o seu

---

[355] HARADA. *Desapropriação*: doutrina e prática, p. 54.

[356] BEZNOS. Desapropriação em nome da política urbana (art. 8º). In: DALLARI; FERRAZ (Coord.). *Estatuto da Cidade*: comentários à Lei Federal 10.257/2001, p. 131. Celso Antônio Bandeira de Mello também considera difícil a ocorrência da desapropriação-sanção ora em estudo, mas por outros motivos. Para o autor, "não é de crer que o proprietário, alertado pelas medidas prévias que têm de antecedê-la, ainda assim se mantenha inerte" (*Curso de direito administrativo*, p. 735-736).

[357] ALMEIDA. Dos instrumentos da política urbana. In: MEDAUAR; ALMEIDA (Coord.). *Estatuto da Cidade*: Lei 10.257, de 10.07.2001: comentários, p. 103.

montante e estabelecer as condições de resgate, observadas as regras estabelecidas no dispositivo em questão. Assevera ainda que os referidos títulos "somente poderão ser utilizados pelo Município para o pagamento das desapropriações dos imóveis situados na mencionada área descrita pelo plano diretor. Nenhuma outra utilização será legítima".[358]

No que tange à previsão do pagamento dos juros legais de seis por cento ao ano, observa Fernando Dias Menezes de Almeida que "são juros incidentes em razão do pagamento parcelado dos títulos". Afirma ainda o autor "que não se confundem com os juros 'moratórios', nem com os juros 'compensatórios' incidentes no pagamento das desapropriações em geral".[359] Aliás, há expressa previsão no Estatuto impedindo o cômputo dos juros compensatórios no montante indenizatório (art. 8°, $\S 2^\circ$, inc. II do Estatuto).

Esses juros legais de seis por cento ao ano devem ser pagos no momento do resgate dos títulos emitidos. Para Victor Carvalho Pinto, tal percentual é "inferior à maior parte das aplicações disponíveis, que se justifica na medida em que tem por finalidade sancionar o comportamento do proprietário".[360]

A expressão *valor real da indenização*, pela controvérsia que gera, será abordada, a seguir, em separado.

3.3.4 Valor real da indenização

A doutrina divide-se sobre a necessidade de ser justa a indenização paga na desapropriação com pagamento em títulos da dívida pública, ora em estudo.

O texto do inc. III do $\S 4^\circ$ do art. 182 da Constituição assegura ao expropriado o pagamento do *valor real da indenização*. Não se refere à indenização justa, ao contrário do que faz o art. 184 da Carta, que determina que a indenização pela desapropriação de

---

[358] GASPARINI. *O Estatuto da Cidade*, p. 69-70.

[359] ALMEIDA. Dos instrumentos da política urbana. In: MEDAUAR; ALMEIDA (Coord.). *Estatuto da Cidade*: Lei 10.257, de 10.07.2001: comentários, p. 101.

[360] PINTO. Do IPTU progressivo no tempo. In: MATTOS (Org.). *Estatuto da Cidade comentado*: Lei n. 10.257, de 10 de julho de 2001, p. 147.

imóveis rurais que não estejam cumprindo sua função social deva ser prévia e justa, ainda que paga, também, em títulos da dívida pública.[361]

Em comentário sobre o art. 182 da Constituição, ainda antes da edição do Estatuto da Cidade, Carlos Ari Sundfeld afirma que, na hipótese da desapropriação-sanção em tela, "a indenização não precisa ser prévia nem justa, porque a Constituição não o exige no caso, em oposição ao que ocorre nas demais desapropriações urbanas (art. 182, §3º) e na desapropriação para reforma agrária (art. 184)". Completa o autor que, dessa forma, o pagamento pode ser feito após a aquisição da propriedade pelo Município, e corresponder a valor inferior ao justo, ou seja, inferior ao valor de mercado.[362]

Por sua vez, o §1º do art. 8º do Estatuto assegura, como visto, o pagamento ao expropriado do valor real da indenização, e o inciso I do §2º do mesmo dispositivo estabelece que o valor real da indenização refletirá o valor da base de cálculo do IPTU. Ou seja, a Lei nº 10.257/2001 equipara, a princípio, o *quantum* indenizatório ao valor venal do imóvel, valor este que é fixado pelo próprio Município na planta de valores elaborada pelas autoridades fiscais, para fins de cobrança do sobredito imposto.

Diante do exposto, Diogenes Gasparini disserta sobre a constitucionalidade da previsão do inciso I do §2º do art. 8º do Estatuto. Como o valor da planta de valores é sempre inferior ao de compra e venda em condições normais de mercado, coloca o autor que a previsão do referido dispositivo poderia ser considerada inconstitucional, por não representar a justa indenização a que se referem os arts. 5º, XXIV e 182, §3º da Constituição Federal.

Todavia, para o jurista, se o constituinte desejasse que o valor a ser pago pela desapropriação-sanção para fins urbanísticos

---

[361] "Art. 184. Compete à União desapropriar por interesse social, para fins de reforma agrária, o imóvel rural que não esteja cumprindo sua função social, mediante prévia e justa indenização em títulos da dívida agrária, com cláusula de preservação do valor real, resgatáveis no prazo de até vinte anos, a partir do segundo ano de sua emissão, e cuja utilização será definida em lei."

[362] SUNDFELD. *Desapropriação*, p. 40.

fosse equivalente ao da justa indenização, teria assim prescrito claramente no §4º do art. 182, assim como o fez no parágrafo anterior. Ao contrário, o constituinte, demonstrando que desejava outro valor indenizatório para tal desapropriação, assegurou apenas o pagamento do valor real da indenização, e não a *justa* indenização.[363]

De outra parte, afirma Diogenes Gasparini que entendimento contrário ao acima exposto significaria a desconsideração da natureza sancionatória dessa desapropriação. Conclui afirmando que, dessa forma, pode-se dizer "que o constituinte desejou um valor indenizatório diverso daquele tradicionalmente pago ao expropriado e o consignou no texto constitucional".[364]

De acordo com tal entendimento, a expressão *assegurado o valor real da indenização* pode significar apenas a determinação para a atualização, através da correção monetária, dos valores efetivamente pagos no momento do resgate dos títulos da dívida pública utilizados como forma de pagamento na expropriação.

Nelson Saule Júnior partilha do mesmo entendimento. Para o autor, o legislador acertou ao estabelecer critérios diferenciados para a aferição do valor da indenização no caso da desapropriação com pagamento em títulos (§2º do art. 8º do Estatuto), e o fez em atendimento ao respectivo preceito constitucional (inc. III do §4º do art. 182). Assevera:

> (...) pensar na mesma regra para o proprietário de um imóvel urbano, que utiliza sua propriedade para moradia própria e para o proprietário de solo urbano ocioso ou subutilizado, é provocar o desrespeito ao princípio da igualdade, pois os proprietários que respeitam a função social estariam recebendo o mesmo tratamento destinado aos proprietários que utilizam suas propriedades para fins de especulação imobiliária.[365]

Assim sendo, para Nelson Saule Júnior, o pagamento da indenização no caso da desapropriação com pagamento em títulos não será nem prévio e nem justo, em vista do especial tratamento

---

[363] GASPARINI. *O Estatuto da Cidade*, p. 63.
[364] GASPARINI. *O Estatuto da Cidade*, p. 63.
[365] SAULE JÚNIOR. *A proteção jurídica da moradia nos assentamentos irregulares*, p. 286.

dispensado pela Constituição para as hipóteses em que o imóvel urbano não esteja cumprindo sua função social.[366]

Também nesse sentido o pensamento de Victor Carvalho Pinto. Ressalta o autor que a expressão "justa indenização foi empregada apenas para o caso da desapropriação ordinária (art. 182 §3º)". Prossegue afirmando que, ao tratar dos direitos individuais, mais precisamente no seu art. 5º, inciso XXIV, a Constituição impôs o caráter prévio e justo da indenização em caso de desapropriação, mas ressalvou expressamente as hipóteses previstas em seu texto.[367] Ou seja, segundo o referido dispositivo, a regra é a indenização prévia e justa, mas podem existir exceções, que estão previstas na própria Constituição Federal, como é o caso da desapropriação com pagamento em títulos da dívida pública ora em estudo, prevista no inc. III do §4º do seu art. 182.

Portanto, também para o referido autor, a expressão *real* teria sido empregada apenas para designar a correção monetária do valor do título, *como forma de impedir sua desvalorização inflacionária*. E arremata dizendo que "o valor decorrente de avaliação realizada pelo Poder Público poderá ser contestado pelo proprietário, seja enquanto contribuinte, seja enquanto expropriado. Neste último caso, deverá ser adotado o procedimento estabelecido pelo Decreto-Lei nº 3.365/41".[368]

Não é essa a opinião de Kiyoshi Harada. Para esse autor, a omissão da expressão *justa indenização* nos dispositivos em testilha não autoriza o pagamento de indenização injusta. Isso porque a expressão *valor real* substituiria satisfatoriamente a palavra *justa*. Assim sendo, "indenização justa é aquela que corresponde ao valor real da indenização". E conclui afirmando que a indenização que não corresponda a seu real valor, quer porque superestimado, quer porque subestimado, escapa do conceito de justa indenização.[369]

---

[366] SAULE JÚNIOR. *A proteção jurídica da moradia nos assentamentos irregulares*, p. 286.

[367] PINTO. Da desapropriação com pagamento em títulos. In: MATTOS (Org.). *Estatuto da Cidade comentado*: Lei n. 10.257, de 10 de julho de 2001, p. 147.

[368] PINTO. Da desapropriação com pagamento em títulos. In: MATTOS (Org.). *Estatuto da Cidade comentado*: Lei n. 10.257, de 10 de julho de 2001, p. 147-148.

[369] HARADA. *Desapropriação*: doutrina e prática, p. 54-55.

Mas o autor que apresenta a defesa mais contundente em favor da justa indenização também nos casos de desapropriação-sanção para fins urbanísticos é Clóvis Beznos.

Segundo o autor citado, inexiste dúvida "quanto ao fato de que, sendo o fundamento jurídico desse tipo de desapropriação a prática de um ilícito, a indenização pode e deve ser diferenciada da incidente na desapropriação por necessidade, utilidade pública ou interesse social, tendo, assim, um caráter de pena".[370]

Todavia, no entender de Clóvis Beznos, "o desapropriado já é suficientemente sancionado pelo fato de não receber a indenização prévia e em dinheiro, mas sim em parcelas anuais, em até dez anos, em títulos que não se prestam sequer como meio de pagamento de tributos, conforme a previsão do §3º do art. 8º".[371]

Para reforçar a sua tese, o autor lembra que, na realidade, o termo *indenização*, por si só, já seria suficiente para assegurar a indenização equivalente ao valor integral do imóvel. Isso porque o verbo "indenizar tem sua formação pela composição do termo 'indene', do Latim 'indemne', com o sufixo 'izar'", E "'indene' significa 'que não sofreu dano ou prejuízo; íntegro, ileso, incólume'". Por essa razão, "justa indenização nada mais é que uma expressão pleonástica, pois para ser íntegra a recomposição patrimonial bastaria a referência à indenização".[372]

Por outro lado, para o jurista, não haveria razão jurídica para o discrímen entre a indenização paga através de títulos da dívida nos casos da desapropriação de imóveis rurais que não cumpram sua função social, a qual, segundo o preceituado pelo art. 184 da Constituição, deve ser justa, e aquela paga nos casos da desapropriação de imóveis urbanos que não cumpram sua função social (art. 182, CF). Assim, inexistindo razão jurídica para tal diferenciação, dada a "idêntica situação de descumprimento da função social da

---

[370] BEZNOS. Desapropriação em nome da política urbana (art. 8º). In: DALLARI; FERRAZ (Coord.). *Estatuto da Cidade*: comentários à Lei Federal 10.257/2001, p. 132.

[371] BEZNOS. Desapropriação em nome da política urbana (art. 8º). In: DALLARI; FERRAZ (Coord.). *Estatuto da Cidade*: comentários à Lei Federal 10.257/2001, p. 132.

[372] BEZNOS. Desapropriação em nome da política urbana (art. 8º). In: DALLARI; FERRAZ (Coord.). *Estatuto da Cidade*: comentários à Lei Federal 10.257/2001, p. 132.

propriedade, somente se pode concluir que o asseguramento do 'valor real da indenização', tal como prevê o art. 182, quer significar a mesma coisa que 'justa indenização'".[373]

Diante do exposto, o autor considera inconstitucional o inciso I do §2º do art. 8º do Estatuto da Cidade, pois o atendimento à sua previsão pode resultar na perda da propriedade através do pagamento de quantia injusta, dada a prefixação, pela própria Municipalidade, do valor que serve de base de cálculo para a cobrança do IPTU. Assim, em vista da possibilidade de não ficar indene o proprietário, o referido dispositivo legal vulneraria o preceito da real indenização previsto pelo art. 182, §4º, III, CF.[374]

Nesse diapasão, Fernando Dias Menezes de Almeida, na mesma linha de Clóvis Beznos, afirma que "sustentar que o valor da indenização seja exatamente o valor da base de cálculo do IPTU seria o mesmo que sustentar que cabe ao poder expropriante definir unilateralmente quanto vai pagar pela desapropriação". Para o autor, o valor da base de cálculo do IPTU, de acordo com a previsão do inc. I do §2º do art. 8º, seria apenas um dos "elementos a ser ponderado na fixação do valor da indenização, em consonância, aliás, com regra já constante no Decreto-Lei nº 3.365/41, art. 27".[375]

Sobre o tema, Regis Fernandes de Oliveira sugere a possibilidade de ser considerado inconstitucional o preceito constante do inciso II do §2º do art. 8º do Estatuto, pois a determinação da não inclusão das expectativas de ganhos, lucros cessantes e juros compensatórios no cálculo do *quantum* indenizatório poderá ocasionar a fixação de indenização abaixo do valor real, em ofensa à prescrição do inc. III do §4º do art. 182 da Carta Federal.[376]

Clóvis Beznos, em comentário sobre o referido inc. II do §2º do art. 8º, demonstra o equívoco constante do texto legal, o qual

---

[373] BEZNOS. Desapropriação em nome da política urbana (art. 8º). In: DALLARI; FERRAZ (Coord.). *Estatuto da Cidade*: comentários à Lei Federal 10.257/2001, p. 133.

[374] BEZNOS. Desapropriação em nome da política urbana (art. 8º). In: DALLARI; FERRAZ (Coord.). *Estatuto da Cidade*: comentários à Lei Federal 10.257/2001, p. 133.

[375] ALMEIDA. Dos instrumentos da política urbana. In: MEDAUAR; ALMEIDA (Coord.). *Estatuto da Cidade*: Lei 10.257, de 10.07.2001: comentários, p. 105.

[376] OLIVEIRA. *Comentários ao Estatuto da Cidade*, p. 58.

Parcelamento, edificação e utilização compulsórios de imóveis públicos urbanos | 157

proíbe separadamente o cômputo das *expectativas de ganhos* e dos *lucros cessantes*. Ora, para o autor, "'expectativa de ganho', desde que razoável, outra coisa não configura que os próprios lucros cessantes". Para o autor, portanto, nesse particular, a lei teria incidido em tautologia.[377]

De outra parte, defende Clóvis Beznos que, dado que a Constituição Federal determina o pagamento da real indenização — que para ele teria o mesmo significado da justa indenização —, e para que esta seja efetivamente realizada, deveriam ser nela incluídos "os danos causados ao proprietário, que compreendem não apenas o que se perdeu (dano emergente), como o que razoavelmente se deixou de lucrar (lucros cessantes)".[378]

Fernando Dias Menezes de Almeida discorda dessa posição. Para o autor, "no que diz respeito especificamente à desapropriação-sanção, é correto que a Lei fixe o entendimento de que a justa indenização não inclua os lucros cessantes", pois "o proprietário está sofrendo a desapropriação por não estar fazendo seu imóvel cumprir a função social". Em outras palavras, está exercendo de modo ilícito o seu direito, e não há de se falar "em 'lucros cessantes', no sentido de 'direito' indenizável', em face de exercício abusivo do direito de propriedade". Tal equivaleria à obtenção de lucro em decorrência de ato ilícito.[379]

Outrossim, assevera Clóvis Beznos que os juros compensatórios também deveriam ser pagos no caso de imissão antecipada da posse, sob pena da vulneração do preceito constitucional que assegura que a indenização deve recompor integralmente o patrimônio afetado.[380] Observa-se que, no caso de desapropriação para

---

[377] BEZNOS. Desapropriação em nome da política urbana (art. 8º). In: DALLARI; FERRAZ (Coord.). *Estatuto da Cidade*: comentários à Lei Federal 10.257/2001, p. 134.

[378] BEZNOS. Desapropriação em nome da política urbana (art. 8º). In: DALLARI; FERRAZ (Coord.). *Estatuto da Cidade*: comentários à Lei Federal 10.257/2001, p. 134.

[379] ALMEIDA. Dos instrumentos da política urbana. In: MEDAUAR; ALMEIDA (Coord.). *Estatuto da Cidade*: Lei 10.257, de 10.07.2001: comentários, p. 107.

[380] BEZNOS. Desapropriação em nome da política urbana (art. 8º). In: DALLARI; FERRAZ (Coord.). *Estatuto da Cidade*: comentários à Lei Federal 10.257/2001, p. 135. Ressaltemos, nesse sentido, o disposto no art. 15-A do Decreto-Lei nº 3.365/41, que dispõe que "no caso de imissão prévia na posse, na desapropriação por necessidade ou utilidade pública e interesse social, inclusive para fins de reforma agrária, havendo divergência entre o preço

fins de reforma agrária, também paga mediante títulos da dívida pública (art. 184 da Constituição), são devidos juros compensatórios nos casos de imissão prévia na posse do imóvel, nos termos do art. 15-A do Decreto-Lei nº 3.365/41, acrescentado pela Medida Provisória nº 2.183-56/2001.

Já para Fernando Dias Menezes de Almeida a regra da exclusão dos juros compensatórios, contida no inc. II do §2º do art. 8º da Lei nº 10.257/2001, seria "condizente com o regime dessa espécie de desapropriação. Afinal, se o objetivo dos juros compensatórios é compensar perda de renda, isso não faz sentido no caso de propriedade que fosse objeto de uso contrário à lei, desatendendo a sua função social".[381]

Acerca da questão, Victor Carvalho Pinto entende que "a vedação ao cômputo de expectativas de ganhos, lucros cessantes e juros compensatórios visa impedir a aplicação analógica da jurisprudência existente, que procurou estabelecer critérios de apuração do 'valor justo' devido no caso de desapropriação ordinária".[382] Em outras palavras, a inclusão das expectativas de ganhos, lucros cessantes e juros compensatórios no valor indenitário deveria ser realizada apenas nos casos de desapropriação ordinária, com pagamento prévio e justo em dinheiro.

Clóvis Beznos critica, também, a previsão constante do inc. I do §2º do art. 8º da Lei nº 10.257/2001, ora em estudo, que determina o desconto do montante incorporado ao valor do imóvel

---

ofertado em juízo e o valor do bem, fixado na sentença, expressos em termos reais, incidirão juros compensatórios de até seis por cento ao ano sobre o valor da diferença eventualmente apurada, a contar da imissão na posse, vedado o cálculo de juros compostos". Cabe observar que o STF, na ADIn nº 2.332-2 (*DJU*, 2.4.2004), por maioria de votos, deferiu a medida liminar para suspender, no art. 15-A do Decreto-Lei nº 3365, de 21.6.1941, introduzido pelo art. 1º da Medida Provisória nº 2027-43, de 27.9.2000, e suas sucessivas reedições, a eficácia da expressão "de até seis por cento ao ano", vencidos, em parte, os Senhores Ministros Moreira Alves (Relator), Ellen Gracie, Nelson Jobim e Celso de Mello, no que votaram suspendendo somente a eficácia do vocábulo "até". O Tribunal, por maioria de votos, concedeu a liminar para dar, ao final do *caput* do art. 15-A, interpretação conforme à Carta da República, de que a base de cálculo dos juros compensatórios será a diferença eventualmente apurada entre 80 % do preço ofertado em juízo e o valor do bem fixado na sentença, vencidos os Senhores Ministros Ilmar Galvão e o Presidente, no que suspendiam a eficácia do preceito.

[381] ALMEIDA. Dos instrumentos da política urbana. In: MEDAUAR; ALMEIDA (Coord.). *Estatuto da Cidade*: Lei 10.257, de 10.07.2001: comentários, p. 109.

[382] PINTO. Da desapropriação com pagamento em títulos. In: MATTOS (Org.). *Estatuto da Cidade comentado*: Lei n. 10.257, de 10 de julho de 2001, p. 147.

expropriado em função de obras realizadas pelo Poder Público na área onde o bem se localiza, após a notificação de que trata o §2º do art. 5º do Estatuto. Para o autor, "tal previsão nada mais configura que uma contribuição de melhoria; portanto, tributo que somente pode ser cobrado como tal mediante a edição de lei específica oriunda da pessoa política dele beneficiária, que obedeça a uma série de requisitos previstos nos arts. 81 e 82 do Código Tributário Nacional".[383]

No entender de Fernando Dias Menezes de Almeida a regra é justa, pois "o proprietário está sofrendo sanção por não fazer sua propriedade cumprir a função social. Aliás, ele estará plenamente ciente disso, por força da notificação". E lembra ainda que todas as sanções prescritas pelos dispositivos em comento "podem ser evitadas caso o proprietário cumpra em tempo sua obrigação".[384]

Para Victor Carvalho Pinto, "a não-incorporação da valorização decorrente de obras públicas é uma conseqüência da diretriz de 'recuperação dos investimentos do Poder Público de que tenha resultado a valorização de imóveis urbanos' (art. 2º, XI, do Estatuto)". E conclui afirmando que "a não indenização deste valor em hipótese de desapropriação apresenta-se como alternativa à cobrança da contribuição de melhoria. Se esta tiver sido paga, a indenização é devida".[385]

Por derradeiro, cumpre salientar que de acordo com o disposto no §3º do art. 8º do Estatuto, os títulos da dívida pública utilizados para o pagamento da desapropriação-sanção em estudo não têm poder liberatório para pagamento de tributos.[386]

---

[383] BEZNOS. Desapropriação em nome da política urbana (art. 8º). In: DALLARI; FERRAZ (Coord.). *Estatuto da Cidade*: comentários à Lei Federal 10.257/2001, p. 133.

[384] ALMEIDA. Dos instrumentos da política urbana. In: MEDAUAR; ALMEIDA (Coord.). *Estatuto da Cidade*: Lei 10.257, de 10.07.2001: comentários, p. 106.

[385] PINTO. Da desapropriação com pagamento em títulos. In: MATTOS (Org.). *Estatuto da Cidade comentado*: Lei n. 10.257, de 10 de julho de 2001, p. 148.

[386] Estabelece o Código Tributário Nacional, em seu art. 170: "A lei pode, nas condições e sob as garantias que estipular, ou cuja estipulação em cada caso atribuir à autoridade administrativa, autorizar a compensação de créditos tributários com créditos líquidos e certos, vencidos ou vincendos, do sujeito passivo contra a Fazenda pública. Parágrafo único. Sendo vincendo o crédito do sujeito passivo, a lei determinará, para os efeitos deste artigo, a apuração do seu montante, não podendo, porém, cominar redução maior que a correspondente ao juro de 1% (um por cento) ao mês pelo tempo a decorrer entre a data da compensação e a do vencimento".

Nas palavras de Victor Carvalho Pinto, o dispositivo veda a compensação tributária, impedindo que, dessa forma, "os títulos sejam resgatados indiretamente antes de seu vencimento, prática que tem originado problemas no campo da reforma agrária".[387]

3.3.5 Aproveitamento do imóvel expropriado

O §4º do art. 8º da Lei nº 10.257/2001 estabelece que o Município procederá ao adequado aproveitamento do imóvel expropriado no prazo máximo de 5 (cinco) anos, contado a partir da sua incorporação ao patrimônio público.

Por outro lado, o §5º do mesmo artigo prevê que tal aproveitamento poderá ser realizado diretamente pelo Poder Público ou por meio de alienação ou concessão a terceiros, observado nesses casos o regular procedimento licitatório. E o §6º determina que serão transferidas para o adquirente do bem expropriado as mesmas obrigações de parcelar, edificar ou utilizar o imóvel de acordo com o plano diretor.

A respeito do dispositivo, disserta Victor Carvalho Pinto que o prazo de cinco anos fixado "diz respeito à conclusão da obra e aplica-se tanto ao próprio Poder Público quanto a terceiros — concessionários ou adquirentes do bem —, que assumam a obrigação de executá-la". E lembra que o art. 52, inc. II, da Lei nº 10.257/2001, prevê que o Prefeito incorre em improbidade administrativa, nos termos da Lei nº 8.429/92, se deixar de realizar, no prazo estipulado de cinco anos, o adequado aproveitamento do imóvel incorporado ao patrimônio público em decorrência da desapropriação-sanção tratada no art. 8º do Estatuto.[388]

---

[387] PINTO. Da desapropriação com pagamento em títulos. In: MATTOS (Org.). *Estatuto da Cidade comentado*: Lei n. 10.257, de 10 de julho de 2001, p. 148.

[388] PINTO. Da desapropriação com pagamento em títulos. In: MATTOS (Org.). *Estatuto da Cidade comentado*: Lei n. 10.257, de 10 de julho de 2001, p. 148. Nelson Saule Júnior afirma que "além da improbidade administrativa, o não cumprimento do prazo para promover o aproveitamento do imóvel, com base no Plano Diretor, caracteriza uma lesão à ordem urbanística, uma vez que o imóvel continua não atendendo a s funções sociais da cidade e à função social da propriedade, pelo fato de não estar sendo utilizado para a atender a uma necessidade de interesse da coletividade como, por exemplo, para fins de habitação de interesse social". Para o autor, "neste caso, é cabível a ação civil pública solicitando ao

Diogenes Gasparini levanta questão atinente ao instante em que o prazo de cinco anos se inicia. Ou seja, o autor indaga a respeito do momento em que o imóvel poderá ser considerado incorporado ao patrimônio público municipal. E responde à questão afirmando que a incorporação do bem expropriado dar-se-á "com o pagamento do valor real da indenização, ou seja, com a entrega dos títulos correspondentes a esse montante indenizatório ao expropriado ou com o seu depósito em juízo". E conclui asseverando que "é com tal pagamento ou depósito que o domínio é transferido para o expropriante, consumando-se, nesse momento, a desapropriação". A sentença, a escritura e o registro imobiliários desses atos seriam meros elementos regularizadores da transmissão imobiliária.[389]

No entender de Victor Carvalho Pinto, o registro na respectiva serventia imobiliária é o momento em que se consuma a transferência do imóvel expropriado, e pode ser equiparado à notificação do proprietário para início da contagem de novo prazo para o cumprimento da obrigação de urbanificação compulsória.[390]

No que tange à possibilidade da concessão a terceiros, afirma o autor que pode ter por objeto a obra ou o direito real de uso do imóvel. Na primeira hipótese,

> (...) o concessionário adquire a propriedade do bem e assume a obrigação de executar a obra em determinado prazo, ressarcindo-se de seus gastos pela alienação das unidades finais produzidas. No segundo caso, o concessionário adquire o direito real de uso, assumindo a obrigação de realizar a obra e ressarcindo-se de seu investimento pelo uso do imóvel durante o prazo de vigência do contrato. Ao final, o bem é devolvido ao Poder Público, acrescido das obras realizadas.[391]

Poder Judiciário que determine a obrigação de fazer ao Poder Público municipal, de modo que seja concretizado o aproveitamento do imóvel definido na lei municipal específica de parcelamento, edificação ou utilização do imóvel" (*A proteção jurídica da moradia nos assentamentos irregulares*, p. 290-291).

[389] GASPARINI. *O Estatuto da Cidade*, p. 71.

[390] PINTO. Da desapropriação com pagamento em títulos. In: MATTOS (Org.). *Estatuto da Cidade comentado*: Lei n. 10.257, de 10 de julho de 2001, p. 149.

[391] PINTO. Da desapropriação com pagamento em títulos. In: MATTOS (Org.). *Estatuto da Cidade comentado*: Lei n. 10.257, de 10 de julho de 2001, p. 149.

Arremata o autor citado que pode ser efetivada, na hipótese, a concessão de direito real de uso regulada pelo Decreto-Lei nº 271/67. O art. 7º desse diploma legal, com redação alterada pela Lei nº 11.481, de 2007, determina:

> Art. 7º É instituída a concessão de uso de terrenos públicos ou particulares remunerada ou gratuita, por tempo certo ou indeterminado, como direito real resolúvel, para fins específicos de regularização fundiária de interesse social, urbanização, industrialização, edificação, cultivo da terra, aproveitamento sustentável das várzeas, preservação das comunidades tradicionais e seus meios de subsistência ou outras modalidades de interesse social em áreas urbanas.

Com efeito, o dispositivo transcrito acima permitiu a realização da concessão de uso de terrenos públicos para as finalidades que indica, inclusive para fins de regularização fundiária e de revitalização urbana.[392] Portanto, nada impede que a Municipalidade conceda o uso do imóvel objeto da expropriação realizada nos termos do art. 8º da Lei nº 10.257/2001, desde que observado o regular procedimento licitatório, que também deverá ser obedecido nos casos de alienação do bem expropriado.

Como bem ressalta Victor Carvalho Pinto,

> (...) a concessão da obra parece ser a melhor alternativa colocada à disposição do Município, uma vez que antecipa a devolução do bem ao mercado e permite a imposição de um prazo mais curto para que seja realizado o parcelamento ou edificação.[393]

De fato, a concessão de uso do imóvel expropriado a particulares para concretização da urbanificação prevista para a área, ou a alienação do bem, configuram opções mais vantajosas para o Poder

---

[392] Ressaltamos novamente, nesse ponto, que o Plano Diretor do Município de São Paulo (Lei nº 13.430/2002) prevê a possibilidade de concessão para a realização das obras de urbanização ou de reurbanização de determinada região da Cidade de São Paulo. Diz o *caput* do art. 239 da referida Lei Municipal: "O Poder Executivo fica autorizado a delegar, mediante licitação, à empresa, isoladamente, ou a conjunto de empresas, em consórcio, a realização de obras de urbanização ou de reurbanização de região da Cidade, inclusive loteamento, reloteamento, demolição, reconstrução e incorporação de conjuntos de edificações para implementação de diretrizes do Plano Diretor Estratégico".

[393] PINTO. Da desapropriação com pagamento em títulos. In: MATTOS (Org.). *Estatuto da Cidade comentado*: Lei n. 10.257, de 10 de julho de 2001, p. 149.

Público, visto que a Municipalidade dificilmente poderia contar com os recursos financeiros necessários à adequação da propriedade imobiliária aos preceitos estabelecidos pelo plano diretor. Ou seja, à Urbe abre-se uma possibilidade de conceder o uso do imóvel ou de aliená-lo, sempre mediante licitação, auferindo renda e evitando arcar com os custos do seu parcelamento, edificação ou utilização.

Consoante as lições de Diogenes Gasparini, uma vez transferida a propriedade, ou concedido o seu uso a terceiro, mediante a indispensável licitação, remanescem para o adquirente ou para o concessionário as mesmas obrigações de parcelamento, edificação ou utilização, conforme determinado pelo §6º do art. 8º do Estatuto. E os prazos para o cumprimento de tais obrigações, para o autor, deverão ser contados por inteiro, pois a Lei nº 10.257/2001 nada prescreveu sobre a questão. Arremata dizendo que "ademais, dependendo da época em que se dará essa transferência imobiliária ou a outorga da concessão de uso, será impossível o cumprimento desses prazos, e o impossível não se cumpre".[394]

Sobre o tema, manifesta-se Clóvis Beznos no sentido de que os prazos para o cumprimento pelo adquirente da obrigação que acompanha o imóvel expropriado poderão ser fixados no edital do procedimento licitatório de alienação do imóvel. Porém, observa que "se não o forem — o que seria lamentável — os prazos da lei haverão de ser devolvidos ao adquirente, e, assim, teria ele o prazo de um ano para apresentar projeto e de dois para dar início às obras após a aprovação do projeto. A partir daí, correriam, outra vez, os prazos de aplicação por cinco anos do IPTU progressivo para, ao final, dar-se novamente a desapropriação".[395]

Ainda sobre a destinação do imóvel objeto da desapropriação sancionatória em estudo, cabe registrar o entendimento de Victor Carvalho Pinto, que afirma que essa espécie de desapropriação "tem por finalidade exclusiva o parcelamento ou edificação do imóvel, nos termos do plano diretor". Para o autor, "ela não pode

---

[394] GASPARINI. *O Estatuto da Cidade*, p. 72.

[395] BEZNOS. Desapropriação em nome da política urbana (art. 8º). In: DALLARI; FERRAZ (Coord.). *Estatuto da Cidade*: comentários à Lei Federal 10.257/2001, p. 135.

ser utilizada para fins que impliquem na manutenção em definitivo do imóvel no domínio público". E conclui asseverando que esses fins "deverão ser buscados pela desapropriação ordinária, regulada pelo §3º do art. 182 da Constituição, cuja indenização será feita com prévia e justa indenização em dinheiro".[396]

Prossegue o mesmo autor afirmando:

> (...) o destino a ser dado ao imóvel será aquele indicado no plano diretor e na lei específica, quando a hipótese for de parcelamento. As unidades finais – lotes, edificações ou unidades autônomas de condomínio – deverão retornar ao mercado, uma vez que o pressuposto do instituto é a existência de 'demanda para utilização' (art. 42, I) da infra-estrutura existente.[397]

Victor Carvalho Pinto afirma ainda que a operação em questão deve ser rentável para a Municipalidade, e não deverá onerar o orçamento público, "uma vez que o Município poderá se auferir recursos com a venda das unidades finais ou do próprio imóvel durante o período de dez anos de resgate dos títulos emitidos". E conclui defendendo que se trata, a rigor, "de uma 'exploração direta de atividade econômica', justificada por 'imperativo de relevante interesse coletivo', nos termos do art. 173 da Constituição".[398]

No entender de Nelson Saule Júnior, no caso do aproveitamento do imóvel ser efetivado diretamente pelo Poder Público, "é fundamental que haja respeito ao §1º do art. 40 do Estatuto, pelo qual o orçamento anual municipal deve incorporar as diretrizes e as prioridades contidas no Plano Diretor". Afirma ainda que, "ao definir como uma das prioridades do Plano Diretor as formas de aproveitamento para as áreas que não cumprem com a função social, deverão ser previstos recursos no orçamento para o Poder Público realizar as obras necessárias para o aproveitamento do imóvel, seja de parcelar, edificar ou de utilizar para atender a uma

---

[396] PINTO. Da desapropriação com pagamento em títulos. In: MATTOS (Org.). *Estatuto da Cidade comentado*: Lei n. 10.257, de 10 de julho de 2001, p. 146.

[397] PINTO. Da desapropriação com pagamento em títulos. In: MATTOS (Org.). *Estatuto da Cidade comentado*: Lei n. 10.257, de 10 de julho de 2001, p. 146.

[398] PINTO. Da desapropriação com pagamento em títulos. In: MATTOS (Org.). *Estatuto da Cidade comentado*: Lei n. 10.257, de 10 de julho de 2001, p. 146-147.

demanda social ou ambiental da cidade".[399] O aproveitamento do imóvel expropriado deve ser adequado à sua função social, pelo que podemos afirmar, conforme será ressaltado infra, a prevalência do princípio da função social também em relação aos imóveis públicos urbanos.

---

[399] SAULE JÚNIOR. *A proteção jurídica da moradia nos assentamentos irregulares*, p. 289.

Capítulo 4

Bens públicos

Sumário: **4.1** Conceito de bem público - **4.2** Natureza jurídica - **4.3** Classificação dos bens públicos quanto à sua destinação - **4.4** Regime jurídico dos bens públicos - **4.5** Alienação de bens imóveis de propriedade da Administração e Regularização Fundiária - **4.6** Aquisição de bens públicos - **4.7** Bens públicos quanto à sua natureza física

Antes de abordar diretamente o princípio da função social da propriedade pública, e a aplicação dos instrumentos urbanísticos estudados no capítulo anterior ao imóvel público urbano, teceremos breves considerações acerca dos bens públicos e do seu regime jurídico. Buscar-se-á voltar a abordagem do tema à questão da função social da propriedade pública, que será especificamente debatida no capítulo seguinte deste trabalho.

4.1 Conceito de bem público

De acordo com Celso Antônio Bandeira de Mello:

> (...) bens públicos são todos os bens que pertencem às "pessoas jurídicas de Direito Público", isto é, União, Estados, Distrito Federal, Municípios, respectivas autarquias e fundações de Direito Público (estas últimas, aliás, não passam de autarquias designadas pela base estrutural que possuem), bem como os que, embora não pertencentes a tais pessoas, estejam afetados à prestação de um serviço público.[400]

---

[400] BANDEIRA DE MELLO. *Curso de direito administrativo*, p. 779.

Hely Lopes Meirelles apresenta conceito um pouco mais amplo, no sentido de considerar bem público também os pertencentes às empresas governamentais. Para o autor, "bens públicos, em sentido amplo, são todas as coisas, corpóreas ou incorpóreas, imóveis, móveis e semoventes, créditos, direitos e ações, que pertençam, a qualquer título, às entidades estatais, autárquicas, fundacionais e empresas governamentais".[401]

Lúcia Valle Figueiredo discorda em parte do conceito exposto no parágrafo anterior, pois, embora considere que os bens incorporados às estatais[402] sujeitam-se ao controle dos Tribunais de Contas, não lhes atribui a categoria de bens públicos.[403]

O Código Civil de 2002 prescreve que "são públicos os bens do domínio nacional pertencentes às pessoas jurídicas de direito público interno; todos os outros são particulares, seja qual for a pessoa a que pertencerem". Portanto, de acordo com o conceito legal são bens públicos apenas os que pertencem à União, aos Estados, ao Distrito Federal, aos Municípios, e às suas respectivas autarquias e fundações de direito público.

---

[401] MEIRELLES. *Direito administrativo brasileiro*, p. 469. O autor justifica o seu entendimento no sentido de que os bens das empresas estatais (empresas públicas e sociedades de economia mista) também devem ser considerados bens públicos afirmando que são "'bens públicos com destinação especial e administração particular' das instituições a que foram transferidos para consecução dos fins estatutários. A origem e a natureza total ou predominante desses bens continuam públicas; sua destinação é de interesse público; apenas sua administração é confiada a uma entidade de personalidade privada, que os utilizará na forma da lei instituidora e do estatuto regedor da instituição. A 'destinação especial' desses bens sujeita-os aos preceitos da lei que autorizou a transferência do patrimônio 'estatal' ao 'paraestatal', a fim de atender aos objetivos visados pelo Poder Público criador da entidade. Esse patrimônio, embora incorporado a uma instituição de personalidade privada, continua vinculado ao serviço público, apenas prestado de forma descentralizada ou indireta por uma empresa estatal, de estrutura comercial, civil ou, mesmo, especial. Mas, *lato sensu*, é 'patrimônio público', tanto assim que na extinção da entidade reverte ao ente estatal que o criou, e qualquer ato que o lese poderá ser invalidado por ação popular (Lei Federal nº 4.717/65, art. 1º)".

[402] A mesma autora ensina que "as empresas estatais são formas de atuação da Administração Pública, quer para prestação de serviços públicos, quando expressamente autorizadas por lei, quer para intervenção na atividade econômica nas balizas estreitas do art. 173 da Constituição da República" (FIGUEIREDO. *Curso de direito administrativo*, p. 110). São as empresas públicas e as sociedades de economia mista. Maria Sylvia Zanella Di Pietro designa de "'empresa estatal' ou 'governamental' todas as sociedades, civis ou comerciais, de que o Estado tenha o controle acionário, abrangendo a empresa pública, a sociedade de economia mista e outras empresas que não tenham essa natureza e às quais a Constituição faz referência, em vários dispositivos, como categoria à parte (arts. 71, II, 165, §5º, III, 173, §1º)" (*Direito administrativo*, p. 381).

[403] FIGUEIREDO. *Curso de direito administrativo*, p. 536.

4.2 Natureza jurídica

Maria Sylvia Zanella Di Pietro explica que "muitas controvérsias já se lavraram a respeito da natureza do direito das pessoas públicas sobre os bens do domínio público".[404]

Ensina a autora que, no século XIX, boa parte da doutrina entendia que as pessoas públicas não tinham direito de propriedade sobre os bens públicos. Na sua origem, essa tese justificava-se "como uma reação contra as teorias elaboradas à época das monarquias absolutas, que atribuíam à coroa a propriedade de todos os bens públicos e que eram consideradas perigosas para a proteção do patrimônio público".[405]

Em momento posterior, ainda segundo Maria Sylvia Zanella Di Pietro, a mesma ideia "foi retomada por outros autores que viam no domínio público um conjunto de bens insuscetíveis de propriedade (Ducroq e Berthélemy) ou que negavam, de modo geral, a existência do direito de propriedade (Leon Duguit e Gaston Jèze).[406] Construíram-se, assim, diversas teorias que explicam o poder do Estado sobre os bens do domínio público como sendo os de depósito, de administração, de soberania, de polícia, de guarda etc."[407]

Explica ainda a autora que, no início deste século, os autores "passaram a afirmar a tese da propriedade administrativa sobre o domínio público, mas uma *propriedade regida pelo direito público*". Essa propriedade

> (...) tem pontos de semelhança e de diferença com a propriedade privada: assim é que a Administração exerce sobre os bens do domínio público os direitos de "usar" ou de autorizar a sua utilização por terceiros; o de "gozar", percebendo os respectivos frutos, naturais ou civis; o de "dispor", desde que o bem seja previamente desafetado, ou seja, desde que o bem perca a sua destinação pública. Por outro lado, a Administração sofre certas "restrições" também impostas ao particular (como transcrição no

---

[404] DI PIETRO. *Direito administrativo*, p. 568.

[405] DI PIETRO. *Direito administrativo*, p. 568.

[406] De fato, conforme visto supra (seção 1.2.1), Duguit negou a existência do direito subjetivo de propriedade. Para o autor, a propriedade equivaleria a uma função social atribuída ao proprietário, que deveria utilizar o bem em prol do bem-estar da coletividade.

[407] DI PIETRO. *Direito administrativo*, p. 568.

Registro de Imóveis, além de outras próprias do direito público (como as normas sobre competência, forma, motivo, finalidade etc.); e dispõe de "prerrogativas" que o particular não tem, como poder de polícia que exerce sobre seus bens.[408]

Portanto, vê-se que, hodiernamente, afirma-se que o Poder Público tem direito de propriedade sobre os bens públicos. Na qualidade de proprietário desses bens, deve utilizá-los de acordo com as regras impostas pelo planejamento urbanístico, de forma a fazer com que cumpram sua função social (art. 182, §2º, CF). Em outras palavras, deve prevalecer o princípio da função social da propriedade também para os bens pertencentes ao Estado. O tema será abordado novamente no próximo capítulo deste trabalho.

4.3 Classificação dos bens públicos quanto à sua destinação

Dispõe o art. 99 do Código Civil:

São bens públicos:

I - os de uso comum do povo, tais como rios, mares, estradas, ruas e praças;

II - os de uso especial, tais como edifícios ou terrenos destinados a serviço ou estabelecimento da administração federal, estadual, territorial ou municipal, inclusive os de suas autarquias;

III - os dominicais, que constituem o patrimônio das pessoas jurídicas de direito público, como objeto de direito pessoal, ou real, de cada uma dessas entidades.

Parágrafo único. Não dispondo a lei em contrário, consideram-se dominicais os bens pertencentes às pessoas jurídicas de direito público a que se tenha dado estrutura de direito privado.[409]

---

[408] DI PIETRO. *Direito administrativo*, p. 568-569.

[409] Celso Antônio Bandeira de Mello defende que a redação do parágrafo único do art. 99 do Código Civil, ora em referência, está errada, pois "não há, nem pode haver, pessoa de direito público que tenha estrutura de direito privado, pois a estrutura destas entidades auxiliares é um dos principais elementos para sua categorização como de direito público ou de direito privado" (*Curso de direito administrativo*, p. 780). Para o autor, o parágrafo único, na verdade, "pretendeu dizer que serão considerados dominicais os bens das pessoas da Administração indireta que tenham estrutura de direito privado, salvo se a lei dispuser em contrário".

Explica Maria Sylvia Zanella Di Pietro:

(...) o critério dessa classificação é o da "destinação" ou "afetação" dos bens: os da primeira categoria são destinados, por "natureza" ou por "lei", ao uso coletivo; os da segunda ao uso da Administração, para consecução de seus objetivos, como os imóveis onde estão instaladas as repartições públicas, os bens móveis utilizados na realização dos serviços públicos (veículos oficiais, materiais de consumo, navios de guerra), as terras dos silvícolas, os mercados municipais, os teatros públicos, os cemitérios públicos; os da terceira não têm destinação pública definida, razão pela qual podem ser aplicados pelo Poder Público, para obtenção de renda; é o caso das terras devolutas, dos terrenos de marinha, dos imóveis não utilizados pela Administração, dos bens móveis que se tornem inservíveis.[410]

Para a autora, pela redação do dispositivo em comento nota-se um ponto em comum entre as duas primeiras modalidades (bens de uso comum do povo e bens de uso especial), qual seja, a sua destinação pública, que as diferencia da terceira modalidade, sem destinação pública. Existiriam, destarte, na verdade, duas modalidades de bens públicos: a) os do domínio público do Estado, que abrange os de uso comum do povo e os de uso especial; e b) os do domínio privado do Estado, abrangendo os bens dominicais. A diversidade de regime jurídico que caracteriza cada uma dessas modalidades justificaria o tratamento em separado das duas.[411]

Celso Antônio Bandeira de Mello sintetiza a classificação dos bens públicos em relação à sua destinação da seguinte forma:

a) bens de uso comum – são os destinados ao uso indistinto de todos, como os mares, ruas, estradas, praças, etc.;

b) bens de uso especial – são os afetados a um serviço ou estabelecimento público, como as repartições públicas, isto é, locais onde se realiza a atividade pública ou onde está à disposição dos administrados um serviço público, como teatros, universidades, museus e outros abertos à visitação pública;

---

[410] DI PIETRO. *Direito administrativo*, p. 565.
[411] DI PIETRO. *Direito administrativo*, p. 565-566.

c) dominicais, também chamados dominiais – são os próprios do Estado como objeto de direito real, não aplicados nem ao uso comum, nem aos uso especial, tais os terrenos ou terras em geral, sobre os quais tem senhoria, à moda de qualquer proprietário, ou que, do mesmo modo, lhe assistam em conta de direito pessoal.[412]

Hely Lopes Meirelles, por sua vez, afirma que *bens de uso comum do povo ou do domínio público*, como exemplifica o próprio Código Civil, "são os mares, praias, rios, estradas, ruas e praças", enfim, "todos os locais abertos à utilização pública adquirem esse caráter de comunidade, de uso coletivo, de fruição própria do povo".[413] Percebe-se que o autor inclui as praias como exemplo de bens de uso comum do povo, em vista do disposto no art. 10 e parágrafos da Lei nº 7.661, de 16.5.1988.[414]

Para o mesmo autor, bens de uso especial ou do patrimônio administrativo "são os que se destinam especialmente à execução dos serviços públicos e, por isso mesmo, são considerados instrumentos desses serviços; não integram propriamente a Administração, mas constituem o aparelhamento administrativo, tais como os edifícios das repartições públicas, os terrenos aplicados aos serviços públicos, os veículos da Administração, os matadouros, os mercados e outras serventias que o Estado põe à disposição do público, mas com 'destinação especial'. Tais bens, como têm finalidade pública permanente, são também chamados 'bens patrimoniais indisponíveis'".[415] Esta última denominação é atribuída

---

[412] BANDEIRA DE MELLO. *Curso de direito administrativo*, p. 780.

[413] MEIRELLES. *Direito administrativo brasileiro*, p. 471.

[414] "Art. 10. As praias são bens públicos de uso comum do povo, sendo assegurado, sempre, livre e franco acesso a elas e ao mar, em qualquer direção e sentido, ressalvados os trechos considerados de interesse de segurança nacional ou incluídos em áreas protegidas por legislação específica. §1º Não será permitida a urbanização ou qualquer forma de utilização do solo na Zona Costeira que impeça ou dificulte o acesso assegurado no *caput* deste artigo. §2º A regulamentação desta lei determinará as características e as modalidades de acesso que garantam o uso público das praias e do mar. §3º Entende-se por praia a área coberta e descoberta periodicamente pelas águas, acrescida da faixa subseqüente de material detrítico, tal como areias, cascalhos, seixos e pedregulhos, até o limite onde se inicie a vegetação natural, ou, em sua ausência, onde comece um outro ecossistema."

[415] MEIRELLES. *Direito administrativo brasileiro*, p. 471.

pelo art. 807 do Código de Contabilidade da União, aprovado pelo Decreto nº 15.783, de 8.11.1922.[416]

Por sua vez, *bens dominiais ou do patrimônio disponível*, para Hely Lopes Meirelles, "são aqueles que, embora integrando o domínio público como os demais, deles diferem pela possibilidade sempre presente de serem utilizados em qualquer fim ou, mesmo, alienados pela Administração, se assim o desejar. Daí por que recebem também a denominação de 'bens patrimoniais disponíveis' ou de 'bens do patrimônio fiscal'".[417]

No que tange aos bens dominicais, observa Lúcia Valle Figueiredo que não se sujeitam ao regime de Direito Privado. Isso porque, para a autora, "todo patrimônio público rege-se pelo regime de Direito Público". E completa afirmando que, na verdade, na categoria de bens dominicais estariam compreendidos, de forma residual, "todos aqueles que não sejam de 'uso comum do povo', quer por sua própria natureza, quer por sua destinação específica, ou de 'uso especial', afetados a qualquer serviço público". Como exemplo, a autora cita as terras devolutas, terrenos de marinha e a dívida ativa.[418]

Nesse diapasão, Maria Sylvia Zanella Di Pietro, ressalta que, tradicionalmente, os bens dominicais comportam uma função patrimonial ou financeira, "porque se destinam a assegurar rendas ao Estado, em oposição aos demais bens públicos, que são afetados a uma destinação de interesse geral; a conseqüência disso é que a gestão dos bens dominicais não era considerada serviço público, mas uma atividade privada da Administração". Todavia, a autora ressalta que "hoje já se entende que a natureza desses bens não é exclusivamente patrimonial; a sua administração pode visar, paralelamente, a objetivos de interesse geral. Por exemplo, no direito brasileiro, é prevista a concessão de direito real de uso para fins de urbanização, industrialização, cultivo e também a sua cessão, gratuita ou oneroso, para fins culturais, recreativos, esportivos".[419]

---

[416] DI PIETRO. *Direito administrativo*, p. 566. O mesmo dispositivo atribui aos bens dominicais a denominação de *patrimoniais disponíveis*.

[417] MEIRELLES. *Direito administrativo brasileiro*, p. 471.

[418] BANDEIRA DE MELLO. *Curso de direito administrativo*, p. 549-550.

[419] DI PIETRO. *Direito administrativo*, p. 572-573.

174 | Alexandre Levin

A respeito, cite-se a concessão de direito real de uso para fins de moradia prevista na Medida Provisória nº 2.220/2001, importante instrumento de regularização fundiária que pode ser efetivado em imóveis públicos urbanos de qualquer espécie, e que será objeto de estudo no próximo capítulo deste trabalho.

Tendo como base a classificação exposta acima, a doutrina afirma que os bens de uso comum e os bens de uso especial estão afetados a uma finalidade pública, ao contrário dos bens dominicais, que não são afetados a qualquer destino público.

No entender de Celso Antônio Bandeira de Mello,

> (...) a "afetação ao uso comum" tanto pode provir do destino natural do bem, como ocorre com os mares, rios, ruas, estradas, praças, quanto por lei ou por ato administrativo que determine a aplicação de um bem dominical ou de uso especial ao uso público. Já a "desafetação" dos bens de "uso comum", isso é, seu trespasse para o uso especial ou sua conversão em bens meramente dominicais, depende de lei ou de ato do Executivo praticado na conformidade dela. É que, possuindo originariamente "destinação natural" para o uso comum ou tendo-a adquirido em conseqüência de ato administrativo que os tenha preposto neste destino, haverão, de toda a sorte, neste caso, terminado por assumir uma "destinação natural" para tal fim. Só um ato de hierarquia jurídica superior, como o é a lei, poderia ulteriormente contrariar o destino natural que adquiriram ou habilitar o Executivo a fazê-lo.[420]

Para o mesmo jurista, a desafetação de bem de uso especial, que representa a sua transferência para a classe dos dominicais, "depende de lei ou de ato do próprio Executivo, como, por exemplo, ao transferir determinado serviço que se realizava em dado prédio para outro prédio, ficando o primeiro imóvel desligado de qualquer destinação. O que este não pode fazer sem autorização legislativa é desativar o próprio serviço instituído por lei e que nele se prestava".[421]

Sobre a questão, Maria Sylvia Zanella Di Pietro afirma que a afetação ao uso coletivo ou ao uso da Administração representa um traço distintivo entre os bens do chamado domínio público do Estado e os bens dominicais. Para a autora,

---

[420] BANDEIRA DE MELLO. *Curso de direito administrativo*, p. 781.
[421] BANDEIRA DE MELLO. *Curso de direito administrativo*, p. 781.

(...) esse traço revela a maior abrangência do vocábulo 'bem' no direito público, em relação ao direito privado; neste, interessam as coisas suscetíveis de avaliação econômica e que possam ser objeto de posse ou propriedade exclusiva pelo homem; no Direito Administrativo, os bens têm sentido mais amplo, porque abrangem não apenas as coisas que podem ser objeto de posse e propriedade exclusivas, mas também aquelas que são destinadas ao uso coletivo ou ao uso do próprio poder público.[422]

Independentemente da categoria a que pertença o bem público, isto é, seja bem de uso comum, bem de uso especial ou bem dominical, deve o Estado, seu proprietário, utilizá-lo de forma a fazer com que cumpra a sua função social. Em outras palavras, deve o Poder Público direcionar a gestão dos seus bens à satisfação do interesse público. Afinal, o trabalho em prol da coletividade é finalidade última da Administração.

4.4 Regime jurídico dos bens públicos

Celso Antônio Bandeira de Mello[423] ensina que, no Direito Brasileiro, os bens públicos são marcados pelas seguintes características de regime:

a) inalienabilidade ou alienabilidade nos termos da lei, característica esta expressamente referida no art. 100 do Código Civil;[424]

b) impenhorabilidade, consequência do disposto no art. 100 da Constituição;[425] e

c) imprescritibilidade, em vista da proibição constitucional de aquisição de bens públicos por usucapião.[426]

---

[422] DI PIETRO. *Direito administrativo*, p. 567-568.

[423] BANDEIRA DE MELLO. *Curso de direito administrativo*, p. 781-782.

[424] "Art. 100. Os bens públicos de uso comum do povo e os de uso especial são inalienáveis, enquanto conservarem a sua qualificação, na forma que a lei determinar."

[425] "Art. 100. À exceção dos créditos de natureza alimentícia, os pagamentos devidos pela Fazenda Federal, Estadual ou Municipal, em virtude de sentença judiciária, far-se-ão exclusivamente na ordem cronológica de apresentação dos precatórios e à conta dos créditos respectivos, proibida a designação de casos ou de pessoas nas dotações orçamentárias e nos créditos adicionais abertos para este fim."

[426] Art. 183, §3º, e art. 191, parágrafo único, CF. Cabe salientar, neste ponto, a posição de Sílvio Luís Ferreira da Rocha quanto à possibilidade de aquisição dos bens públicos dominicais pela usucapião urbana, rural e coletiva (*Função social da propriedade pública*, p. 145-159).

Ao discorrer sobre tais características, explica o autor que os bens de uso comum ou especial "não são alienáveis enquanto conservarem tal qualificação, isto é, enquanto estiverem 'afetados' a tais destinos. Só podem sê-lo (sempre nos termos da lei) ao serem 'desafetados', passando à categoria dos dominiais".[427] E mesmo os bens dominiais somente podem ser alienados se observadas as exigências da lei, nos termos do que prescreve o art. 101 do Código Civil.

No que tange à sua impenhorabilidade, afirma Celso Antônio Bandeira de Mello ser consequência do disposto no art. 100 da Constituição, pois, de acordo com o citado dispositivo, "há uma forma específica para satisfação de créditos contra o Poder Público inadimplente. Os bens públicos não podem ser praceados para que o credor neles se sacie. Assim, bem se vê que não podem também ser gravados com direito reais de garantia, pois seria inconseqüente qualquer oneração para tal fim".[428]

No que tange à imprescritibilidade, assevera o jurista que os bens públicos, de qualquer categoria, não são suscetíveis de usucapião, diante do que dispõe os artigos 183, §3º, e 191, parágrafo único, CF.[429] O primeiro volta-se para a proibição da usucapião de bens públicos situados em área urbana, enquanto o segundo proíbe a usucapião de imóveis públicos situados em zona rural.

Lúcia Valle Figueiredo, sobre o tema, ressalta que a inalienabilidade dos bens públicos é o seu traço mais peculiar. A autora distingue a inalienabilidade absoluta da relativa, ao afirmar que "a inalienabilidade será absoluta quanto aos bens de uso

---

[427] BANDEIRA DE MELLO. *Curso de direito administrativo*, p. 782.

[428] BANDEIRA DE MELLO. *Curso de direito administrativo*, p. 782.

[429] BANDEIRA DE MELLO. *Curso de direito administrativo*, p. 783-784. Ressalta o autor que, em vista de tal proibição, as normas relativas à usucapião *pro labore*, previstas no art. 191, *caput*, da Constituição, não podem ser invocadas em relação a bens públicos. Sílvio Luís Ferreira da Rocha, conforme já observado, admite a usucapião de bens públicos dominicais. São palavras do autor: "os arts. 183, §3º, e 191, parágrafo único, da Constituição Federal, devem receber interpretação conforme a Constituição e de acordo com o princípio da função social da propriedade, o que implica a releitura dos citados dispositivos da seguinte forma: os imóveis públicos de uso comum e de uso especial não serão adquiridos por usucapião; os imóveis públicos dominicais podem ser adquiridos por usucapião urbana, rural e coletiva, previstas, respectivamente, nos arts. 183 e 191 da Constituição, arts. 9º e 10 do Estatuto da Cidade (Lei nº 10.257/2001) e arts. 1.239 e 1.240 do Código Civil" (*Função social da propriedade pública*, p. 159).

comum do povo", e relativa "se o bem for afetado a qualquer uso especial". O meio ambiente ecologicamente equilibrado, que é bem de uso comum do povo, conforme dispõe o art. 225 da Constituição Federal,[430] é citado pela jurista como exemplo de bem marcado pela inalienabilidade absoluta. No caso da inalienabilidade relativa, "a possibilidade de alienação somente surgirá quando o bem for desafetado".[431]

No tocante aos bens dominicais — bens do patrimônio disponível — a alienação "deverá estar estritamente conformada à lei.[432] De conseguinte, salvo as exceções legais, deverá a alienação ser precedida de prévia avaliação e de licitação, excepcionando-se esta para as hipóteses específicas contempladas em lei". Porém, observa a autora que "claro está que a alienação somente poderá ser procedida, mesmo com lei e licitação, se presentes razões de interesse público devidamente explicitadas (portanto, a motivação é indispensável), que conduzam à alienação".[433]

Quanto à imprescritibilidade, ensina Lúcia Valle Figueiredo que, "segundo alguns conceituados autores, seria, sem dúvida, conseqüência inarredável da própria inalienabilidade". Para a autora, "a regra absoluta, pois, é a 'impossibilidade de ser adquirido o domínio de bens públicos por usucapião', mesmo que excepcionalmente", tendo em vista o disposto nos arts. 183, §3º, e 191, parágrafo único, da Constituição da República.[434]

Já a impenhorabilidade defluiria, segundo a autora em comento, da própria inalienabilidade. Assim, não se prestam os bens públicos à constituição de direitos reais de garantia. Observa a autora, no entanto, ser possível, em virtude da previsão do art.

---

[430] "Art. 225. Todos têm direito ao meio ambiente ecologicamente equilibrado, bem de uso comum do povo e essencial à sadia qualidade de vida, impondo-se ao Poder Público e à coletividade o dever de defendê-lo e preservá-lo para as presentes e futuras gerações."

[431] FIGUEIREDO. *Curso de direito administrativo*, p. 550.

[432] Lembre-se que o art. 101 do Código Civil dispõe que "os bens públicos dominicais podem ser alienados, observadas as exigências da lei".

[433] FIGUEIREDO. *Curso de direito administrativo*, p. 550-551.

[434] Idem, p. 552. Conforme já ressaltado, há na doutrina posição contrária à tese da imprescritibilidade absoluta dos bens públicos. Sobre o tema, dispôs Sílvio Luís Ferreira da Rocha a reconhecer a possibilidade da aquisição da propriedade dos bens públicos dominicais pela usucapião (*Função social da propriedade pública*, p. 145-160).

52, VIII, da Constituição,[435] a concessão de garantia da União em operações de crédito externo e interno, "cabendo ao Senado Federal dispor sobre limites e concessões dessa garantia".[436]

Ainda quanto ao regime jurídico dos bens públicos, vale ressaltar a opinião de Maria Sylvia Zanella Di Pietro relativamente à imprescritibilidade dos bens públicos. Para autora, a proibição de qualquer tipo de usucapião de imóvel público pela Constituição de 1988, seja na zona urbana (art. 183, §3º), seja na área rural (art. 191, parágrafo único), "constitui um retrocesso por retirar do particular que cultiva a terra um dos instrumentos de acesso à propriedade pública, precisamente no momento em que se prestigia a função social da propriedade".[437]

Com efeito, a possibilidade da aquisição de bem público dominical através da usucapião prestigiaria a função social que tais imóveis, assim como os imóveis privados, devem cumprir. Todavia, não foi essa a vontade do legislador constituinte.

No que se refere à alienabilidade, Maria Sylvia Zanella Di Pietro assevera que, para que os bens de uso comum e de uso especial sejam alienados, têm se ser previamente desafetados, "ou seja, passar para a categoria de bens dominicais, pela perda de sua destinação pública". Ressalva, porém, a autora que tais bens "enquanto mantiverem essa natureza, podem ser objeto de alienação de uma entidade pública para outra, segundo normas de direito público".[438]

Quanto aos bens dominicais, ensina a autora que, por não estarem afetados a uma finalidade pública específica, podem ser alienados por meio de institutos do direito privado (compra e venda, doação, permuta) ou do direito público (investidura, legitimação de posse e retrocessão). Ensina ainda que, na esfera federal, "os requisitos para alienação constam do art. 17 da Lei nº 8.666, de

---

[435] "Art. 52. Compete privativamente ao Senado Federal: (...) VIII - dispor sobre limites e condições para a concessão de garantia da União em operações de crédito externo e interno (...)."

[436] FIGUEIREDO. *Curso de direito administrativo*, p. 553-554.

[437] DI PIETRO. *Direito administrativo*, p. 574.

[438] DI PIETRO. *Direito administrativo*, p. 578-579.

21.6.93, a qual exige demonstração de 'interesse público', 'prévia avaliação', 'licitação' e 'autorização legislativa', este último requisito somente exigível quando se trate de bem imóvel".[439]

Pela sua importância para a concretização da função social da propriedade pública, dedicar-se-á a próxima seção deste capítulo exclusivamente ao estudo da alienação de bens imóveis da Administração Pública. Por ora, e diante do exposto supra, afirma-se que as peculiaridades do regime jurídico a que se submetem os bens públicos — gravados pela inalienabilidade, pela impenhorabilidade e pela imprescritibilidade —, não constituem impedimento para o cumprimento da função social da propriedade pública. O ordenamento jurídico pátrio contém normas que promovem a adequação da utilização dos bens públicos ao bem-estar da coletividade, não obstante o regime jurídico próprio desses bens.

4.5 Alienação de bens imóveis de propriedade da Administração e Regularização Fundiária

Para que se efetue a alienação dos bens imóveis de propriedade do Estado, o citado art. 17 da Lei nº 8.666/93 exige o interesse público devidamente justificado e autorização legislativa para órgãos da administração direta e entidades autárquicas e fundacionais e, para todos, inclusive as entidades paraestatais, avaliação prévia e licitação, na modalidade de concorrência, ressalvada hipótese do art. 19.[440]

O inciso I do mesmo dispositivo prescreve ser dispensável a licitação nos seguintes casos:

a) dação em pagamento;

b) doação, permitida exclusivamente para outro órgão ou entidade da administração pública, de qualquer esfera de governo;

---

[439] DI PIETRO. *Direito administrativo*, p. 579.

[440] "Art. 19. Os bens imóveis da Administração Pública, cuja aquisição haja derivado de procedimentos judiciais ou de dação em pagamento, poderão ser alienados por ato da autoridade competente, observadas as seguintes regras: I - avaliação dos bens alienáveis; II - comprovação da necessidade ou utilidade da alienação; III - adoção do procedimento licitatório, sob a modalidade de concorrência ou leilão."

180 | Alexandre Levin

c) permuta, por outro imóvel que atenda aos requisitos constantes do inc. X do art. 24 da mesma Lei;[441]

d) investidura;

e) venda a outro órgão ou entidade da administração pública, de qualquer esfera de governo;

f) alienação gratuita ou onerosa, aforamento, concessão de direito real de uso, locação ou permissão de uso de bens imóveis residenciais construídos, destinados ou efetivamente utilizados no âmbito de programas habitacionais ou de regularização fundiária de interesse social desenvolvidos por órgãos ou entidades da administração pública;

g) procedimentos de legitimação de posse de que trata o art. 29 da Lei nº 6.383, de 7.12.1976, mediante iniciativa e deliberação dos órgãos da Administração Pública em cuja competência legal inclua-se tal atribuição;

h) alienação gratuita ou onerosa, aforamento, concessão de direito real de uso, locação ou permissão de uso de bens imóveis de uso comercial de âmbito local com área de até 250m^2 e inseridos no âmbito de programas de regularização fundiária de interesse social desenvolvidos por órgãos ou entidades da administração pública.

As hipóteses descritas nos itens f e h supra referem-se à alienação, aforamento, locação, permissão de uso e concessão de uso,[442] dispensado o procedimento licitatório, de imóvel público situado em área de regularização fundiária ou em que se desenvolva

---

[441] "Art. 24. É dispensável a licitação: (...) X - para a compra ou locação de imóvel destinado ao atendimento das finalidades precípuas da administração, cujas necessidades de instalação e localização condicionem a sua escolha, desde que o preço seja compatível com o valor de mercado, segundo avaliação prévia; (...)."

[442] Sobre a questão, ressalta Marçal Justen Filho que "deve reputar-se que as regras acerca de alienações abrangem amplamente outras modalidades de relacionamento entre Administração e particulares, versando sobre bens e potestades públicas. A Lei alude, na al. 'f' do inc. I, à concessão de direito real de uso de bens imóveis. Há expressa referência à permissão e à locação de bens imóveis. Rigorosamente, essas figuras não se enquadram no conceito de 'alienação', mas estão abrangidas nas regras correspondentes eis que envolvem a transferência pela Administração da posse e de faculdades de uso e fruição quanto a bens públicos. As locações e as permissões de uso, tanto quanto as concessões de uso, são disciplinadas pelas regras desta Seção. Os interesses em jogo são similares e há uma equivalência quanto ao tipo de relacionamento entre a Administração e os particulares" (*Comentários à Lei de Licitações e Contratos Administrativos*, p. 170).

determinado programa habitacional desenvolvido por órgãos ou entidade da Administração.

Ao discorrer sobre a citada alínea *f* do inc. I do art. 17, explica Marçal Justen Filho:

> (...) de modo genérico, o sistema de assentamento, norteado pelo interesse social, não pode ser sujeitado ao regime de licitações e contratações administrativas. Daí a existência da regra ora examinada. O dispositivo expressamente ressalva da incidência de licitação os atos governamentais de transferência, definitiva ou provisória, de uso, posse ou domínio de bens imóveis destinados a programas de interesse social, referidos a "habitação".[443]

De outra ótica, pode-se afirmar também que se trata de exemplo claro de aplicação do princípio da função social da propriedade pública. As hipóteses legais em questão referem-se, inclusive, à concessão de uso especial para fins de moradia prevista na Medida Provisória nº 2.220, de 4.9.2001, que constitui legislação de suma importância para a regularização fundiária e a garantia do direito à moradia, previsto constitucionalmente (art. 6º). A redação da citada alínea *h* está evidentemente relacionada ao art. 9º da referida Medida Provisória.[444] Voltaremos ao tema no capítulo seguinte.

A citada alínea *g* do inc. I, por sua vez, também refere-se a hipótese de aplicação do princípio da função social da propriedade pública, desta vez situada em zona rural. O art. 29 da Lei nº 6.383/1976, referido em seu texto, confere direito subjetivo ao ocupante de terra pública rural para a legitimação de sua posse,[445] em área de até 100 hectares, desde que não seja proprietário de

---

[443] JUSTEN FILHO. *Comentários à Lei de Licitações e Contratos Administrativos*, p. 179. Ressalta ainda o autor que "o dispositivo enfocado não autoriza ofensa ao princípio da isonomia. O interesse de beneficiar parcelas de uma baixa renda afasta licitação norteada a obter o preço mais elevado".

[444] Diz o *caput* do art. 9º da MP nº 2.220/2001: "É facultado ao Poder Público competente dar autorização de uso àquele que, até 30 de junho de 2001, possuiu como seu, por cinco anos, ininterruptamente e sem oposição, até duzentos e cinqüenta metros quadrados de imóvel público situado em área urbana, utilizando-o para fins comerciais".

[445] Maria Sylvia Zanella Di Pietro explica que "embora se fale em legitimação de posse, o instituto nasceu e se desenvolveu como forma de transferência de domínio. Por esse instituto, transforma-se uma situação de fato — a posse — em situação de direito — o domínio" (*Direito administrativo*, p. 580).

imóvel rural, e que comprove a morada permanente e cultura efetiva da terra por pelo menos um ano. Busca-se fazer com que o bem público rural cumpra sua função social.

Sobre a questão, ensina Maria Sylvia Zanella Di Pietro que tal legitimação de posse "é, em regra, precedida de um 'processo de discriminação de terras devolutas', cujo objetivo é separar as terras públicas das terras particulares; concluído o processo, os posseiros que não tenham título legítimo de domínio mas que preenchem os requisitos para a legitimação, recebem o título de domínio do poder público".[446] Com efeito, a Lei n° 6.383/1976 dispõe exatamente sobre o processo discriminatório de terras devolutas da União.

De outra parte, o §2° do referido art. 17 da Lei n° 8.666/93 também torna dispensável a licitação para a concessão de título de propriedade ou de direito real de uso de imóveis quando a sua utilização for destinada a:

a) outro órgão ou entidade da Administração Pública, qualquer que seja a localização do imóvel; e

b) pessoa física que, nos termos de lei, regulamento ou ato normativo do órgão competente, tenha implementado os requisitos mínimos de cultura e moradia sobre área rural situada na região da Amazônia Legal, definida no art. 2° da Lei n° 5.173, de 27.10.1966,[447] superior à legalmente passível de legitimação de posse referida na alínea g do inciso I do *caput* do mesmo art. 17.

Esta última previsão torna possível a concessão de título de propriedade ou de direito real de uso de bens públicos situados em área rural da região definida como Amazônia Legal pela Lei n° 5.173/1966, se superior à passível de legitimação de posse nos termos do art. 29 da Lei n° 6.383/1976 referido supra. Portanto, permite-se a concessão de título de propriedade ou de direito real de uso de áreas públicas superiores a 100 e inferiores a 500 hectares

---

[446] DI PIETRO. *Direito administrativo*, p. 581.

[447] "Art. 2°. A Amazônia, para os efeitos desta Lei, abrange a região compreendida pelos Estados do Acre, Pará e Amazonas, pelos Territórios Federais do Amapá, Roraima e Rondônia, e ainda pelas áreas do Estado de Mato Grosso a norte do paralelo de 16, do Estado de Goiás a norte do paralelo de 13 e do Estado do Maranhão a oeste do meridiano de 44."

(§2º-B, inc. II), situadas em área rural da região denominada Amazônia Legal (e somente em área rural – §2º-B, inc. I). Há, aqui, mais um exemplo de aplicação do princípio da função social da propriedade pública rural.

O §2º-A do art. 17 da Lei nº 8.666/93, em seu *caput*, determina que as hipóteses de legitimação da posse (art. 17, inc. I, *g*) e de concessão de título de propriedade ou de direito real de uso de bens públicos situados na zona rural da área definida como Amazônia Legal ficam dispensadas também de autorização legislativa, mas devem se submeter aos seguintes condicionamentos:

I - aplicação exclusivamente às áreas em que a detenção por particular seja comprovadamente anterior a 1º.12.2004;

II - submissão aos demais requisitos e impedimentos do regime legal e administrativo da destinação e da regulari-zação fundiária de terras públicas;

III - vedação de concessões para hipóteses de exploração não-contempladas na lei agrária, nas leis de destinação de terras públicas, ou nas normas legais ou administrativas de zoneamento ecológico-econômico; e

IV - previsão de rescisão automática da concessão, dispen-sada notificação, em caso de declaração de utilidade pública, ou necessidade pública ou interesse social.

E, ainda com relação aos processos de regularização fundiária, cabe ressaltar que o inc. III do §2º-B do art. 17 da Lei de Licitações permite a cumulação do quantitativo de área decorrente da legiti-mação de posse de que trata o citado art. 29 da Lei nº 6.383/1976 com área objeto da concessão em área rural situada na Amazônia Legal, respeitado o limite de 500 hectares.

Destarte, vê-se que a dispensa de licitação nesses casos visa tornar possível a efetivação de processos de regularização fundiária em áreas públicas, em atenção à função social que esses imóveis devem cumprir.

Ainda, cabe tecer algumas considerações sobre a investidura, outra hipótese de dispensa de licitação para alienação de imóveis públicos (Lei nº 8.666/93, art. 17, I, *d*), que é definida pelo §3º do art. 17 da Lei de Licitações e Contratos Administrativos. De acordo com o inc. I deste dispositivo, pode ser entendida como a "alienação aos proprietários de imóveis lindeiros de área remanescente ou resultante de obra pública, área esta que se tornar inaproveitável isoladamente, por preço nunca inferior ao da avaliação e desde que esse não ultrapasse a 50% (cinqüenta por cento) do valor constante da alínea 'a' do inciso II do art. 23 desta lei".

Marçal Justen Filho, em comentário sobre o dispositivo, ressalva:

> (...) no caso, a investidura exige enfoque diverso daquele tradicionalmente a ela reservado, sendo necessário relacioná-la com as regras que tutelam o meio ambiente e a ecologia. Qualquer que seja a área imóvel remanescente, poderá cogitar-se de seu aproveitamento para fins ecológicos e ambientais. Assim, entre a opção de conceder o domínio de uma pequena faixa de terras a um particular (para que dela faça uso egoístico) e utilizar a área para fins ecológicos (promovendo implantação de parques, por exemplo), a Administração terá o dever de optar pela segunda alternativa.[448]

E prossegue o autor afirmando que "o conceito de 'inaproveitabilidade' alterou-se de modo radical em virtude da tutela à ecologia. Portanto, somente se poderá cogitar de investidura quando a área seja inaproveitável sob qualquer enfoque possível (inclusive o ecológico)".[449]

Em outras palavras, deve o bem público cumprir sua função social, inclusive em seu aspecto ambiental, de forma preferencial à sua função arrecadatória. Entre alienar o bem a proprietário de imóvel lindeiro de área remanescente de obra pública e implantar uma área verde, propícia ao lazer da comunidade, o Poder Público deve optar pela segunda alternativa, se viável.

Já o inc. II do mesmo §3º contempla hipótese especial de investidura, em que há a alienação "aos legítimos possuidores diretos ou, na falta destes, ao Poder Público, de imóveis para fins residenciais construídos em núcleos urbanos anexos a usinas hidrelétricas, desde que considerados dispensáveis na fase de operação dessas unidades e não integrem a categoria de bens reversíveis ao final da concessão".

---

[448] JUSTEN FILHO. *Comentários à Lei de Licitações e Contratos Administrativos*, p. 176-177.
[449] JUSTEN FILHO. *Comentários à Lei de Licitações e Contratos Administrativos*, p. 176-177.

Ainda sobre a alienação de bens públicos imóveis, merece destaque a Lei nº 9.636/1998, que dispõe sobre a regularização, administração, aforamento e alienação de bens imóveis de domínio da União.

Sobre tratar de alienação de bens públicos da União, o diploma legal citado fornece vários exemplos de aplicação do princípio da função social da propriedade pública. O art. 1º autoriza o Poder Executivo a executar ações de identificação, demarcação, cadastramento, registro e fiscalização dos bens imóveis da União, bem como a regularização das ocupações nesses imóveis, inclusive de assentamentos informais de baixa renda. O art. 22-A, acrescentado pela MP nº 335/2006, que foi convertida na Lei nº 11.463/2007, prevê que a concessão de uso especial para fins de moradia aplica-se às áreas de propriedade da União, inclusive aos terrenos de marinha e acrescidos, e será conferida aos possuidores que preencham os requisitos estabelecidos pela MP nº 2.220/2001.[450]

Ainda, o art. 26 da Lei nº 9.636/1998 prescreve que "em se tratando de projeto de caráter social para fins de moradia, a venda do domínio pleno ou útil observará os critérios de habilitação e renda familiar fixados em regulamento, podendo o pagamento ser efetivado mediante um sinal de, no mínimo, 5% (cinco por cento) do valor da avaliação, permitido o seu parcelamento em até 2 (duas) vezes e do saldo em até 300 (trezentas) prestações mensais e consecutivas, observando-se, como mínimo, a quantia correspondente a 30% (trinta por cento) do valor do salário mínimo vigente". E o art. 31 prevê que poderá ser autorizada a doação de bens imóveis de domínio da União a sociedades de economia mista voltadas à execução de programas de provisão habitacional ou de regularização fundiária de interesse social (inc. IV), e a beneficiários, pessoas físicas ou jurídicas, de programas de provisão habitacional

---

[450] O §1º determina, porém, que esse direito não se aplica sobre imóveis funcionais, e o §2º prevê que os imóveis administrados pelo Ministério da Defesa e pelos Comandos da Marinha, do Exército e da Aeronáutica são considerados de interesse da defesa nacional para efeito do disposto no inc. III do art. 5º da Medida Provisória nº 2.220/2001. Este último dispositivo determina que o Poder Público poderá conceder o uso para fins de moradia em outro local na hipótese de ocupação de imóvel de interesse da defesa nacional.

ou de regularização fundiária de interesse social desenvolvidos por órgãos ou entidades da administração pública, para cuja execução seja efetivada a doação (inc. V).

Portanto, também na Lei nº 9.636/1998 não faltam exemplos de aplicação do princípio da função social da propriedade pública.

4.6 Aquisição de bens públicos

Celso Antônio Bandeira de Mello ensina que "os bens públicos adquirem-se pelas mesmas formas previstas no Direito Privado (compra e venda, doação, permuta etc.) e mais por formas específicas de Direito Público, como a desapropriação ou a determinação legal". Para ilustrar esta última hipótese, o autor cita o exemplo, fornecido por Diogenes Gasparini, da transferência para o patrimônio do Município das vias e praças, espaços livres e áreas destinadas a edifícios públicos e outros equipamentos urbanos em função do registro de loteamento, nos termos do art. 22 da Lei nº 6.766/1979.[451]

A compra de bens sujeita-se à licitação, nos termos dos arts. 37, XXI, CF, e 14 a 16, Lei nº 8.666/93. Para a aquisição de bem imóvel é exigida licitação sob a modalidade de concorrência (art. 23, §3º, da Lei nº 8.666/93), ressalvada a hipótese do art. 24, inc. X da mesma Lei de Licitações.

Além da compra, há a possibilidade de aquisição de bens pela Administração através de doação, permuta, usucapião, acessão, herança.[452]

Maria Sylvia Zanella Di Pietro afirma serem as hipóteses citadas até aqui formas de aquisição *regidas pelo direito privado*, diferenciado-as das que são *regidas pelo direito público*, como

---

[451] BANDEIRA DE MELLO. *Curso de direito administrativo*, p. 791. Reza o art. 22 da Lei nº 6.766/1979 que "desde a data de registro do loteamento, passam a integrar o domínio do Município as vias e praças, os espaços, livres e as áreas destinadas a edifícios públicos e outros equipamentos urbanos, constantes do projeto e do memorial descritivo".

[452] Código Civil, art. 1.822: "A declaração de vacância da herança não prejudicará os herdeiros que legalmente se habilitarem; mas, decorridos cinco anos da abertura da sucessão, os bens arrecadados passarão ao domínio do Município ou do Distrito Federal, se localizados nas respectivas circunscrições, incorporando-se ao domínio da União quando situados em território federal".

a desapropriação, a aquisição através de processo judicial de execução e a aquisição por força de lei.

Como exemplo dessa última categoria, cita a autora a transferência, pelo art. 20, II, da Constituição de 1988, para a União, de parte das terras devolutas estaduais e municipais consideradas indispensáveis à proteção ambiental. A seguir, teceremos breves comentários acerca das denominadas terras devolutas, bem como sobre as demais espécies de bens públicos, levando-se em conta a sua natureza física.

4.7 Bens públicos quanto à sua natureza física

Celso Antônio Bandeira de Mello divide os bens públicos imóveis, quanto à sua natureza física, em:

a) bens do domínio hídrico, compreendendo as águas correntes (mar, rios, riachos etc.), as águas dormentes (lagos, lagoas, açudes) e os potenciais de energia hidráulica; e

b) bens do domínio terrestre, subdivididos em bens do solo e bens do subsolo.[453]

O art. 1º da Lei nº 8.617/93[454] determina que o mar territorial brasileiro está compreendido por uma faixa de doze milhas marítimas de largura, "medidas a partir da linha de baixa-mar do litoral continental e insular, tal como indicada nas cartas náuticas de grande escala, reconhecidas oficialmente no Brasil".

De outra parte, o Código de Águas (Decreto nº 24.643, de 10.7.1934), determina que as águas públicas podem ser de uso comum ou dominicais. O seu art. 2º define quais são as águas de uso comum, e o seu art. 6º quais são as águas públicas dominicais.[455]

---

[453] BANDEIRA DE MELLO. *Curso de direito administrativo*, p. 784.

[454] "Art. 1º O mar territorial brasileiro compreende uma faixa de doze milhas marítima de largura, medidas a partir da linha de baixa-mar do litoral continental e insular, tal como indicada nas cartas náuticas de grande escala, reconhecidas oficialmente no Brasil. Parágrafo único. Nos locais em que a costa apresente recortes profundos e reentrâncias ou em que exista uma franja de ilhas ao longo da costa na sua proximidade imediata, será adotado o método das linhas de base retas, ligando pontos apropriados, para o traçado da linha de base, a partir da qual será medida a extensão do mar territorial."

[455] Código de Águas: "Art. 1º As águas públicas podem ser de uso comum ou dominicais. Art. 2º São águas públicas de uso comum: a) os mares territoriais, nos mesmos incluídos os golfos,

O art. 20, inc. III, CF, determina que são bens da União "os lagos, rios e quaisquer correntes de água em terrenos de seu domínio, ou que banhem mais de um Estado, sirvam de limites com outros países, ou se estendam a território estrangeiro ou dele provenham, bem como os terrenos marginais e as praias fluviais".

O mar territorial e os potenciais de energia hidráulica também são bens da União, de acordo com o que dispõe os incisos VI e VIII do mesmo art. 20 da Carta Federal.

No que se refere aos bens do domínio terrestre, destaca-se, primeiramente, as terras devolutas. Sobre a sua origem, ensina Hely Lopes Meirelles que "essas terras, até a proclamação da República, pertenciam à nação; pela Constituição de 1891 foram transferidas aos Estados-membros (art. 64) e alguns destes as traspassaram, em parte, aos Municípios".[456] Contudo, lembra que, nos termos do art. 20, II, CF, pertencem à União "as terras devolutas indispensáveis à defesa das fronteiras, das fortificações e construções militares, das vias federais de comunicação e à preservação ambiental, definidas em lei".[457]

E o mesmo autor define terras devolutas como "aquelas que, pertencentes ao domínio de qualquer das entidades estatais, não se acham utilizadas pelo Poder Público, nem destinadas a fins administrativos específicos. São bens públicos patrimoniais ainda não utilizados pelos respectivos proprietários".[458]

---

bahias, enseadas e portos; b) as correntes, canais, lagos e lagoas navegáveis ou flutuáveis; c) as correntes de que se façam estas águas; d) as fontes e reservatórios públicos; e) as nascentes quando forem de tal modo consideráveis que, por si só, constituam o '*caput fluminis*'; f) os braços de quaisquer correntes públicas, desde que os mesmos influam na navegabilidade ou flutuabilidade. §1º Uma corrente navegável ou flutuável se diz feita por outra quando se torna navegável logo depois de receber essa outra. §2º As correntes de que se fazem os lagos e lagoas navegáveis ou flutuáveis serão determinadas pelo exame de peritos. §3º Não se compreendem na letra b) dêste artigo, os lagos ou lagoas situadas em um só prédio particular e por ele exclusivamente cercado, quando não sejam alimentados por alguma corrente de uso comum. (...) Art. 6º São públicas dominicais todas as águas situadas em terrenos que também o sejam, quando as mesmas não forem do domínio público de uso comum, ou não forem comuns."

[456] MEIRELLES. *Direito administrativo brasileiro*, p. 498.

[457] MEIRELLES. *Direito administrativo brasileiro*, p. 498-499.

[458] MEIRELLES. *Direito administrativo brasileiro*, p. 498-499.

Por essa razão, como bem aponta Maria Sylvia Zanella Di Pietro,[459] integram as terras devolutas a categoria dos bens dominicais sendo, portanto, disponíveis.

Convém lembrar, no entanto, que são indisponíveis as terras devolutas necessárias à proteção dos ecossistemas naturais, nos termos do que prescreve o art. 225, §5º, CF. Aqui, mais um exemplo da aplicação do princípio da função social da propriedade pública no seu aspecto ambiental.

Quanto aos terrenos de marinha, apresenta a sua definição o Decreto-Lei nº 9.760, de 5.9.1946, que dispõe sobre os bens imóveis da União. Diz o art. 2º e parágrafo único deste diploma legal que "são terrenos de marinha, em uma profundidade de 33 (trinta e três) metros, medidos horizontalmente, para a parte da terra, da posição da linha do preamar-médio de 1831: a) os situados no continente, na costa marítima e nas margens dos rios e lagoas, até onde se faça sentir a influência das marés; b) os que contornam as ilhas situadas em zona onde se faça sentir a influência das marés. Parágrafo único. Para os efeitos dêste artigo a influência das marés é caracterizada pela oscilação periódica de 5 (cinco) centímetros pelo menos, do nível das águas, que ocorra em qualquer época do ano".

Vale ressaltar que o mesmo Decreto-Lei nº 9.760/1946, em sua Seção III-A, incluída pela Lei nº 11.481, de 2007, estabeleceu o procedimento para a demarcação de terrenos para regularização fundiária de interesse social (artigos 18-A a 18-F).[460] Esses últimos

---

[459] DI PIETRO. *Direito administrativo*, p. 611.

[460] "Art. 18-A. A União poderá lavrar auto de demarcação nos seus imóveis, nos casos de regularização fundiária de interesse social, com base no levantamento da situação da área a ser regularizada. §1º Considera-se regularização fundiária de interesse social aquela destinada a atender a famílias com renda familiar mensal não superior a 5 (cinco) salários mínimos. §2º O auto de demarcação assinado pelo Secretário do Patrimônio da União deve ser instruído com: I - planta e memorial descritivo da área a ser regularizada, dos quais constem a sua descrição, com suas medidas perimetrais, área total, localização, confrontantes, coordenadas preferencialmente georreferenciadas dos vértices definidores de seus limites, bem como seu número de matrícula ou transcrição e o nome do pretenso proprietário, quando houver; II - planta de sobreposição da área demarcada com a sua situação constante do registro de imóveis e, quando houver, transcrição ou matrícula respectiva; III - certidão da matrícula ou transcrição relativa à área a ser regularizada, emitida pelo registro de imóveis competente e das circunscrições imobiliárias anteriormente competentes, quando houver; IV - certidão da Secretaria do Patrimônio da União de que a área pertence ao patrimônio da União, indicando o Registro Imobiliário Patrimonial – RIP e o responsável pelo imóvel, quando for o caso;

dispositivos também são fundamentados no princípio da função social da propriedade pública, no caso aplicado a imóveis da União.

Os terrenos de marinha pertencem à União, de acordo com o preceituado pelo art. 20, inc. VII, CF, e "têm a natureza de bens dominicais, uma vez que podem ser objeto de exploração pelo Poder Público, para obtenção de renda", nas palavras de Maria Sylvia Zanella Di Pietro.[461] Ensina a autora, ainda, que "sua utilização pelo particular se faz sob regime de aforamento ou enfiteuse, pelo qual fica a União com o domínio direto e transfere ao enfiteuta o domínio útil, mediante pagamento de importância anual, denominada foro ou pensão".[462]

Todavia, o ordenamento jurídico pátrio, atualmente, apresenta instrumentos jurídicos voltados ao cumprimento da função social desses imóveis, a partir da consecução de programas de regularização fundiária. Em outras palavras, bens públicos dominicais, dantes utilizados como fonte de recursos da Administração Pública, passam a ser destinados também ao bem-estar da coletividade e à garantia do direito à moradia, previsto constitucionalmente.

Dentre os instrumentos referidos no parágrafo anterior podemos citar a concessão de uso especial para fins de moradia, instituída pela Medida Provisória nº 2.220/2001; a concessão de direito real de uso, criada pelo Decreto-Lei nº 271, de 28.2.1967, com a nova redação dada ao seu art. 7º pela Lei nº 11.481/2007;[463]

V - planta de demarcação da Linha Preamar Média – LPM, quando se tratar de terrenos de marinha ou acrescidos;e VI - planta de demarcação da Linha Média das Enchentes Ordinárias – LMEO, quando se tratar de terrenos marginais de rios federais. §3º As plantas e memoriais mencionados nos incisos I e II do §2º deste artigo devem ser assinados por profissional legalmente habilitado, com prova de anotação de responsabilidade técnica no competente Conselho Regional de Engenharia e Arquitetura – CREA. §4º Entende-se por responsável pelo imóvel o titular de direito outorgado pela União, devidamente identificado no RIP."

[461] DI PIETRO. *Direito administrativo*, p. 607.

[462] DI PIETRO. *Direito administrativo*, p. 607. Lembra, porém, a autora que o art. 49 dos Atos das Disposições Constitucionais Provisórias revela a intenção do constituinte de extinguir a enfiteuse.

[463] "Art. 7º É instituída a concessão de uso de terrenos públicos ou particulares remunerada ou gratuita, por tempo certo ou indeterminado, como direito real resolúvel, para fins específicos de regularização fundiária de interesse social, urbanização, industrialização, edificação, cultivo da terra, aproveitamento sustentável das várzeas, preservação das comunidades tradicionais e seus meios de subsistência ou outras modalidades de interesse social em áreas urbanas."

e a cessão de uso prevista no art. 18 da já citada Lei nº 9.636/1998, com redação dada pela mesma Lei nº 11.481/2007, que prevê expressamente sua aplicação no que se refere aos terrenos de marinha e acrescidos (§1º).[464]

Cabe ressaltar que os terrenos de marinha "não devem ser confundidos com praias, que são bens públicos federais (art. 20, IV, da Constituição) de 'uso comum'".[465]

A respeito das praias, cabe destacar as lições de Mariana Almeida Passos de Freitas. Após realçar que a definição jurídica de *praia* é encontrada no já citado art. 10, §3º, da Lei nº 7.661, de 16.5.1988,[466] que instituiu o Plano Nacional de Gerenciamento

---

[464] "Art. 18. A critério do Poder Executivo poderão ser cedidos, gratuitamente ou em condições especiais, sob qualquer dos regimes previstos no Decreto-Lei nº 9.760, de 1946, imóveis da União a: I - Estados, Distrito Federal, Municípios e entidades sem fins lucrativos das áreas de educação, cultura, assistência social ou saúde; II - pessoas físicas ou jurídicas, em se tratando de interesse público ou social ou de aproveitamento econômico de interesse nacional. §1º A cessão de que trata este artigo poderá ser realizada, ainda, sob o regime de concessão de direito real de uso resolúvel, previsto no art. 7º do Decreto-Lei nº 271, de 28 de fevereiro de 1967, aplicando-se, inclusive, em terrenos de marinha e acrescidos, dispensando-se o procedimento licitatório para associações e cooperativas que se enquadrem no inciso II do *caput* deste artigo. §2º O espaço aéreo sobre bens públicos, o espaço físico em águas públicas, as áreas de álveo de lagos, rios e quaisquer correntes d'água, de vazantes, da plataforma continental e de outros bens de domínio da União, insusceptíveis de transferência de direitos reais a terceiros, poderão ser objeto de cessão de uso, nos termos deste artigo, observadas as prescrições legais vigentes. §3º A cessão será autorizada em ato do Presidente da República e se formalizará mediante termo ou contrato, do qual constarão expressamente as condições estabelecidas, entre as quais a finalidade da sua realização e o prazo para seu cumprimento, e tornar-se-á nula, independentemente de ato especial, se ao imóvel, no todo ou em parte, vier a ser dada aplicação diversa da prevista no ato autorizativo e conseguente termo ou contrato. §4º A competência para autorizar a cessão de que trata este artigo poderá ser delegada ao Ministro de Estado da Fazenda, permitida a subdelegação. §5º A cessão, quando destinada à execução de empreendimento de fim lucrativo, será onerosa e, sempre que houver condições de competitividade, deverão ser observados os procedimentos licitatórios previstos em lei. §6º Fica dispensada de licitação a cessão prevista no *caput* deste artigo relativa a: I - bens imóveis residenciais construídos, destinados ou efetivamente utilizados no âmbito de programas de provisão habitacional ou de regularização fundiária de interesse social desenvolvidos por órgãos ou entidades da administração pública; II - bens imóveis de uso comercial de âmbito local com área de até 250 m² (duzentos e cinquenta metros quadrados), inseridos no âmbito de programas de regularização fundiária de interesse social desenvolvidos por órgãos ou entidades da administração pública e cuja ocupação se tenha consolidado até 27 de abril de 2006."

[465] BANDEIRA DE MELLO. *Curso de direito administrativo*, p. 789.

[466] "Art. 10. As praias são bens públicos de uso comum do povo, sendo assegurado, sempre, livre e franco acesso a elas e ao mar, em qualquer direção e sentido, ressalvados os trechos considerados de interesse de segurança nacional ou incluídos em áreas protegidas por legislação específica. §1º Não será permitida a urbanização ou qualquer forma de utilização do solo na Zona Costeira que impeça ou dificulte o acesso assegurado no *caput* deste artigo.

Costeiro, explica tratar-se de interessante hipótese de bem público federal cujo usuário é todo o povo. Assim sendo, ressalta a autora:

> (...) esse bem público não é passível de privatização. Em caso de construções que dificultem o acesso à praia, deve haver passagem para que os demais usufruam o bem, mesmo que seja necessária a criação de servidão. A ocupação da faixa de areia por clubes e hotéis, como o fim de estender suas propriedades, também é indevida, visto que dificulta o uso da praia por terceiros e fere o princípio da prevalência do interesse público sobre o particular. Ao Poder Público (União, Estados e Municípios), em face da competência comum do art. 23, inc. VI, da Carta Magna, cabe a fiscalização das atividades que se desenvolvem na praia.[467]

Em outros termos, o Poder Público deve garantir que as praias sejam utilizadas por todos, indistintamente, em atendimento à função social que esses bens públicos federais de uso comum devem cumprir. As praias marítimas são bens de propriedade da União, de acordo com o prescrito pelo art. 20, inc. IV, CF.

Ainda quanto aos bens públicos do domínio terrestre, vale citar os terrenos reservados, que são definidos pelo art. 4º do citado Decreto-Lei nº 9.760, de 5.9.1946, como os terrenos marginais que são banhados pelas correntes navegáveis, fora do alcance das marés, e que vão até a distância de 15 metros, medidos horizontalmente para a parte da terra, contados desde a linha média das enchentes ordinárias.[468]

Os terrenos marginais são considerados bens da União pelo art. 20, III, CF. Porém, alerta Maria Sylvia Zanella Di Pietro que "a referência abrange aqueles mencionados como tais pelo art. 1º, 'b' e 'c', do Decreto-Lei nº 9.760".[469]

---

§2º A regulamentação desta lei determinará as características e as modalidades de acesso que garantam o uso público das praias e do mar. §3º Entende-se por praia a área coberta e descoberta periodicamente pelas águas, acrescida da faixa subseqüente de material detrítico, tal como areias, cascalhos, seixos e pedregulhos, até o limite onde se inicie a vegetação natural, ou, em sua ausência, onde comece um outro ecossistema."

[467] FREITAS. *Zona costeira e meio ambiente*: aspectos jurídicos, p. 214.

[468] Também o art. 14 do Decreto nº 24.643/34 (Código de Águas) define terrenos reservados como "os que, banhados pelas correntes navegáveis, fora do alcance das marés, vão até a distância de 15 metros para a parte de terra, contados desde o ponto médio das enchentes ordinárias".

[469] DI PIETRO. *Direito administrativo*, p. 607.

De acordo com o dispositivo citado pela autora (art. 1º, *b* e *c* do Decreto-Lei nº 9.760/46), incluem-se entre os bens imóveis da União os terrenos marginais dos rios navegáveis, em Territórios Federais, se, por qualquer título legítimo, não pertencerem a particular; e os terrenos marginais de rios e as ilhas nestes situadas na faixa da fronteira do território nacional e nas zonas onde se faça sentir a influência das marés.

No entender de Celso Antônio Bandeira de Mello:

> (...) são de propriedade da União quando marginais de águas doces sitas em terras de domínio federal ou das que banhem mais de um Estado, sirvam de limite com outros países ou, ainda, se estendam a território estrangeiro ou dele provenham (art. 20, III, da Constituição). Por seguirem o destino dos rios, são de propriedade dos Estados quando não forem marginais de rios federais.[470]

Também fazem parte do patrimônio público as terras tradicionalmente ocupadas pelos índios. O art. 20, inc. XI, atribui à União a sua propriedade. E o art. 231 da Carta reconhece aos índios "os direitos originários sobre as terras que tradicionalmente ocupam, competindo à União demarcá-las, proteger e fazer respeitar todos os seus bens".

E o §1º do mesmo art. 231 da Constituição determina que "são terras tradicionalmente ocupadas pelos índios as por eles habitadas em caráter permanente, as utilizadas para suas atividades produtivas, as imprescindíveis à preservação dos recursos ambientais necessários a seu bem-estar e as necessárias a sua reprodução física e cultural, segundo seus usos, costumes e tradições". Já o §2º do dispositivo citado prescreve que cabe aos índios o usufruto exclusivo das riquezas do solo, dos rios e dos lagos existentes nas terras que tradicionalmente ocupam.

A exceção a esse usufruto exclusivo é estabelecida pelo §3º do art. 231 da Carta, segundo o qual é permitido o aproveitamento dos recursos hídricos, incluídos os potenciais energéticos, a pesquisa e a lavra das riquezas minerais em terras indígenas, desde que para

---

[470] BANDEIRA DE MELLO. *Curso de direito administrativo*, p. 789.

tanto exista autorização do Congresso Nacional, e sejam ouvidas as comunidades afetadas, "ficando-lhes assegurada participação nos resultados da lavra, na forma da lei".

Ainda, cabe ressaltar que o §4º do art. 231 define as terras tradicionalmente ocupadas pelos índios como inalienáveis e indisponíveis, e os direitos sobre elas, imprescritíveis. A redação deste último dispositivo levou Maria Sylvia Zanella Di Pietro a afirmar que as terras indígenas são bens públicos de uso especial, embora não se enquadrem no conceito do art. 99, II, do Código Civil, pois a sua afetação e a sua inalienabilidade e indisponibilidade, bem como a imprescritibilidade dos direitos a elas relativos, permite incluí-las nessa categoria de bens.

Por derradeiro, cabe citar como bens públicos do domínio terrestre as ilhas fluviais, lacustres, oceânicas e costeiras. De acordo com o art. 20, inc. IV, CF, são bens da União "as ilhas fluviais e lacustres nas zonas limítrofes com outros países; as praias marítimas; as ilhas oceânicas e as costeiras, excluídas, destas, as que contenham a sede de Municípios, exceto aquelas áreas afetadas ao serviço público e a unidade ambiental federal, e as referidas no art. 26, II". Este último dispositivo determina que se incluem entre os bens dos Estados "as áreas, nas ilhas oceânicas e costeiras, que estiverem no seu domínio, excluídas aquelas sob domínio da União, Municípios ou terceiros".

No que se refere ao domínio público no subsolo, cumpre realçar que o mesmo art. 20 atribui ao patrimônio da União, em seu inc. IX, a propriedade dos recursos minerais, inclusive os do subsolo. Já o inc. X do mesmo versículo constitucional prescreve que são bens federais as cavidades naturais subterrâneas e os sítios arqueológicos e pre-históricos

De outra parte, o art. 176 da Carta Federal estabelece que "as jazidas, em lavra ou não, e demais recursos minerais e os potenciais de energia hidráulica constituem propriedade distinta da do solo, para efeito de exploração ou aproveitamento, e pertencem à União, garantida ao concessionário a propriedade do produto da lavra". E o §1º do mesmo dispositivo dispõe que "a pesquisa e a lavra de recursos minerais e o aproveitamento dos potenciais a que se refere o *caput* deste artigo somente poderão ser efetuados mediante autorização ou concessão da União, no interesse nacional, por brasileiros ou empresa constituída sob as leis brasileiras e que tenha sua sede e administração no País, na forma da lei, que estabelecerá as condições específicas quando essas atividades se desenvolverem em faixa de fronteira ou terras indígenas".

Capítulo 5

Função social
da propriedade pública

Sumário: **5.1** Reconhecimento da existência do princípio da função social da propriedade pública - **5.2** Função social da propriedade pública e planejamento urbano - **5.3** Função social da propriedade pública e funções sociais da cidade - **5.4** Aplicação às diferentes espécies de bens públicos - **5.5** Desapropriação de bens públicos para fins urbanísticos - **5.6** Concessão de uso especial para fins de moradia (Medida Provisória nº 2.220/2001) - **5.7** Ação civil pública em defesa da ordem urbanística - **5.8** Improbidade administrativa

5.1 Reconhecimento da existência do princípio da função social da propriedade pública

No Capítulo 3 deste trabalho, discorremos sobre os instrumentos de que dispõe o Poder Público para compelir o proprietário de imóvel urbano a adequá-lo aos preceitos do plano diretor municipal, nos termos do §4º do art. 182 da Constituição Federal, regulamentado pelos artigos 5º a 8º do Estatuto da Cidade.

Agora, buscar-se-á analisar a possibilidade de tais instrumentos serem aplicados à propriedade pública urbana.

Antes de adentrar de forma específica na questão ventilada, faz-se necessário estudo sobre o pressuposto para a aplicação dos referidos instrumentos de política urbana aos bens públicos, qual seja, a existência do princípio da função social da propriedade pública.

Com efeito, o pressuposto para a aplicação dos sobreditos instrumentos à propriedade privada é, como visto, o princípio constitucional da função social da propriedade. A propriedade urbana possui, sem dúvida, uma função social a ser cumprida, que é delineada pela lei municipal que institui o plano diretor, nos termos do §2º do art. 182 da Constituição Federal.

A questão que se coloca é se esse pressuposto normativo também existe para a utilização dos referidos instrumentos urbanísticos no que se refere à propriedade pública urbana. Em outras palavras, é mister perquirir acerca da existência do princípio da função social da propriedade pública.

Já foram feitas breves referências ao princípio da função social da propriedade pública no capítulo anterior, em que se discorreu acerca dos bens públicos e de seu regime jurídico. Os processos de regularização fundiária previstos no ordenamento jurídico pátrio (Lei nº 6.383/76, Lei nº 9.636/1998, Decreto-Lei nº 9.760/1946 e outros diplomas legais) foram citados como exemplos de aplicação do princípio em tela em relação aos bens de propriedade da União.

O princípio da função social da propriedade pública tem sua existência negada por uns e afirmada por outros.

Dentre os autores que se colocam contrários à ideia da aplicabilidade da função social à propriedade pública está Nilma de Castro Abe.

Acredita a autora que:

> (...) a caracterização da função social como um dever jurídico, a ser atendido pelo ente público, esbarraria na imposição de uma responsabilização ao ente público que seria ineficaz do ponto de vista prático, isto porque a responsabilização da União, Estados, Distrito Federal e Municípios (titulares do direito sobre o imóvel público) não alcança efetivamente o agente público, que, via de regra, foi quem deixou de cumprir diversos deveres em relação à gestão do patrimônio imobiliário público.[471]

---

[471] ABE. *Gestão do patrimônio público imobiliário*: aspectos jurídicos da destinação, delimitação, fiscalização e responsabilidade, p. 95.

Ou seja, para a autora, a prevalência da função social da propriedade pública acarretaria apenas a responsabilização da Pessoa Jurídica de Direito Público titular do direito de propriedade, e não a do agente público que efetivamente deixou de cumprir seus deveres relativos à gestão do patrimônio imobiliário.

Defende Nilma de Castro Abe:

> (...) tendo em vista que o imóvel público possui um titular (ente público) totalmente distinto do administrador (agente público) e do beneficiário (coletividade), acredita-se que será bem mais eficiente identificar os deveres, e as sanções jurídicas imputáveis aos administradores dos imóveis públicos, e a eles atribuir as conseqüências jurídicas decorrentes do descumprimento dos deveres de gestão.[472]

Com a devida vênia, pensamos que, na realidade, as conseqüências advindas do descumprimento da função social da propriedade pública independem da responsabilização do agente público competente para a consecução do mister de dar adequado aproveitamento ao imóvel público. Tal agente pode ser responsabilizado administrativamente pela ação ou omissão de que decorreu a inadequação da propriedade pública aos ditames do plano diretor municipal, independentemente da utilização do instrumental legislativo disponível para fazer a propriedade pública cumprir, de fato, sua função social.

De outra parte, a responsabilização do agente por improbidade administrativa, nos termos da Lei nº 8.429/92, pela ação ou omissão de que resulte a má gestão do patrimônio público — embora cabível e necessária, como veremos adiante — não resolve a questão relativa à adequação do imóvel ao plano diretor municipal. A função social desse imóvel continuará a ser descumprida, em prejuízo do planejamento urbano e da realização das funçoes sociais da cidade.

Nilma de Castro Abe assevera ainda que a função social da propriedade caracteriza-se como um conjunto de deveres jurídicos impostos apenas ao proprietário particular, por força do que

---

[472] ABE. *Gestão do patrimônio público imobiliário*: aspectos jurídicos da destinação, delimitação, fiscalização e responsabilidade, p. 96.

prescreve o Texto Constitucional. Para a autora, o delineamento da função social da propriedade na Constituição Federal não permite sua ampliação para alcançar a propriedade pública, "tendo em vista a dificuldade de aplicação de sanções jurídicas aos entes públicos em face do descumprimento deste dever", e em função de estar o Poder Público "radicalmente vinculado e obrigado a cumprir diversos deveres de gestão de seus bens decorrentes de diversas normas constitucionais e normas infraconstitucionais que não decorrem da função social da propriedade". A autora fornece o exemplo da ausência de afetação dos bens dominicais, que decorreria do não cumprimento dos ditames constitucionais aplicáveis, e não da "ausência ou inexistência de usos públicos que atendam ao interesse da coletividade".[473]

No que se refere às sanções decorrentes do descumprimento da função social da propriedade pública, as dificuldades jurídicas para a sua aplicação não impedem o reconhecimento da existência do princípio. Na realidade, podem existir determinados impedimentos constitucionais para a aplicação de certas sanções em caso de descumprimento da função social pela propriedade imobiliária pública, como veremos adiante, mas isso não impede que outras consequências advenham em virtude da desobediência a tal princípio, consequências essas provenientes da legislação ordinária ou do próprio Texto Constitucional.

Como exemplo do afirmado, cite-se o direito à concessão de uso especial para fins de moradia tratado no §1º do art. 183 da Constituição, e disciplinado através da já referida Medida Provisória nº 2.220, de 4.9.2001. De acordo com o *caput* do art. 1º do referido texto legislativo, "aquele que, até 30 de junho de 2001, possuiu como seu, por cinco anos, ininterruptamente e sem oposição, até duzentos e cinqüenta metros quadrados de imóvel público situado em área urbana, utilizando-o para sua moradia ou de sua família, tem o direito à concessão de uso especial para fins de moradia em relação ao bem objeto da posse, desde que não seja proprietário ou concessionário, a qualquer título, de outro imóvel urbano ou rural".

---

[473] ABE. *Gestão do patrimônio público imobiliário*: aspectos jurídicos da destinação, delimitação, fiscalização e responsabilidade, p. 98.

Ou seja, na hipótese da Administração Pública — Federal, Estadual, Distrital ou Municipal — deixar de dar efetiva utilização a imóvel urbano de sua propriedade, e no caso deste ser invadido por famílias de baixa renda que ali constituam moradia pelo prazo especificado, será o Poder Público obrigado a conceder o uso desse ou de outro bem imóvel público ao particular que preencher os requisitos indicados pela citada Medida Provisória.

Nas palavras de Sílvio Luís Ferreira da Rocha, na hipótese em apreço, há "a incidência do princípio da função social da propriedade a conformar os bens de uso comum, pois, embora se admita, desde há muito, possa o Poder Público outorgar uso privativo sobre os bens públicos, o fato é que o fez, sempre, em regra, no exercício de competência discricionária, enquanto agora o particular, que tiver preenchidos os requisitos legais, se investe em um direito subjetivo contra a Administração que lhe assegura a pretensão de exigir, ainda que em outro local, o direito de morar em imóvel público".[474] A concessão de uso especial para fins de moradia será abordada com mais detalhes adiante.

Outrossim, ressalte-se novamente a Lei nº 6.383/1976, que dispõe sobre o processo discriminatório de terras devolutas da União. Em seu art. 29, conforme já visto no capítulo anterior, referido diploma legal reconhece o direito subjetivo do ocupante de terras públicas situadas em área rural de ter legitimada sua posse, com o fornecimento de uma licença de ocupação, desde que atenda aos requisitos legais indicados. Reconhece-se, também, o direito do ocupante de preferência na aquisição do lote, pelo valor histórico da terra nua (§1º).

> Art. 29. O ocupante de terras públicas, que as tenha tornado produtivas com o seu trabalho e o de sua família, fará jus à legitimação da posse de área contínua até 100 (cem) hectares, desde que preencha os seguintes requisitos:

---

[474] ROCHA. *Função social da propriedade pública*, p. 131. O autor, ao afirmar que o uso pode ser concedido em outro local, refere-se ao disposto no art. 5º da referida MP nº 2.220/2001, que dispõe que é "facultado ao Poder Público assegurar o exercício do direito de que tratam os arts. 1º e 2º em outro local na hipótese de ocupação de imóvel: I - de uso comum do povo; II - destinado a projeto de urbanização; III - de interesse da defesa nacional, da preservação ambiental e da proteção dos ecossistemas naturais; IV - reservado à construção de represas e obras congêneres; ou V - situado em via de comunicação".

I - não seja proprietário de imóvel rural;

II - comprove a morada permanente e cultura efetiva, pelo prazo mínimo de 1 (um) ano.

§1º A legitimação da posse de que trata o presente artigo consistirá no fornecimento de uma Licença de Ocupação, pelo prazo mínimo de mais 4 (quatro) anos, findo o qual o ocupante terá a preferência para aquisição do lote, pelo valor histórico da terra nua, satisfeitos os requisitos de morada permanente e cultura efetiva e comprovada a sua capacidade para desenvolver a área ocupada.

§2º Aos portadores de licenças de ocupação, concedidas na forma da legislação anterior, será assegurada a preferência para aquisição de área até 100 (cem) hectares, nas condições do parágrafo anterior, e, o que exceder esse limite, pelo valor atual da terra nua.

Eis, portanto, mais um exemplo de aplicação do princípio da função social da propriedade pública, embora relacionada a imóvel situado em zona rural. Os diplomas legais citados (MP nº 2.220/2001 e Lei nº 6.383/1976) têm como fundamento referido princípio, cuja natureza *normogenética* apresenta, nesse caso, a sua face.[475]

De outra parte, os deveres relativos à gestão do patrimônio público imobiliário, a serem atendidos pelo Poder Público através do exercício da função administrativa,[476] decorrem, de fato, de diversos dispositivos legais e constitucionais aplicáveis à espécie. Mas isso não impede a prevalência, também, do princípio da função social da propriedade pública, a ditar o comportamento do proprietário do bem, no caso o próprio Estado.

Dessa forma, além de todos os preceitos legais e constitucionais que estabelecem deveres para a Administração em relação à gestão do seu patrimônio, seja no tocante à destinação, à delimitação ou à fiscalização desses bens,[477] ou mesmo à obediência às normas

---

[475] A expressão *normogenética* é utilizada por CANOTILHO. *Direito constitucional e teoria da Constituição*, p. 1.034. A questão foi ventilada supra, na seção 1.4.2.4 desta obra.

[476] Celso Antônio Bandeira de Mello define função administrativa como "a função que o Estado, ou quem lhe faça as vezes, exerce 'na intimidade de uma estrutura e regime hierárquicos' e que no sistema constitucional brasileiro se caracteriza pelo fato de ser 'desempenhada mediante comportamentos infralegais' ou, excepcionalmente, infraconstitucionais, submissos todos a 'controle de legalidade pelo Poder Judiciário'" (*Curso de direito administrativo*, p. 34).

[477] Cf. ABE. *Gestão do patrimônio público imobiliário*: aspectos jurídicos da destinação, delimitação, fiscalização e responsabilidade. A obra aborda justamente os aspectos jurídicos relativos à destinação, delimitação e fiscalização dos bens imóveis públicos.

ambientais, devem ser observadas, também, as prescrições do plano diretor, instituído através de lei municipal.

Ressalte-se o exemplo fornecido por Sílvio Luís Ferreira da Rocha, em que o uso especial de um bem público[478] choca-se com a função social desse mesmo bem. O autor cita a hipótese de uma extensa área pública, localizada em região densamente habitada, que está sendo usada como pátio de veículos imprestáveis à Administração. A partir do caso citado, indaga "se o imóvel público pode ser considerado subutilizado à luz das diretrizes do plano diretor e, com isso, sujeitar-se às sanções previstas no Estatuto da Cidade, ou não. Em última análise, resta saber se os bens públicos considerados de uso especial também estariam sujeitos ao cumprimento da função social da propriedade urbana".[479] E, se de fato estiverem condicionados à uma função social, cabe indagar se podem ser aplicadas as sanções previstas no Estatuto da Cidade para os casos de descumprimento dos preceitos da lei que instituir o plano diretor.

Para Sílvio Luís Ferreira da Rocha, a função social da propriedade "informa e conforma o conteúdo de todas as propriedades, inclusive as públicas", pois as normas do Estatuto da Cidade "buscam ordenar o pleno desenvolvimento das funções sociais da cidade e da propriedade urbana, sem discriminar entre propriedade urbana privada e propriedade urbana pública".[480]

Nesse diapasão, o mesmo autor recorda que o Texto Constitucional, ao prever que a propriedade deve cumprir sua função

---

[478] Nos dizeres de Maria Sylvia Zanella Di Pietro, "bens de uso especial são todas as coisas, móveis ou imóveis, corpóreas ou incorpóreas, utilizadas pela Administração Pública para realização de suas atividades e consecução de seus fins" (*Direito administrativo*, p, 569). Ressalta a autora que "a expressão 'uso especial', para designar essa modalidade de bem, não é muito feliz, porque se confunde com outro sentido em que é utilizada, quer no direito estrangeiro, quer no direito brasileiro, para indicar o 'uso privativo' de bem público por particular e também para abranger determinada modalidade de 'uso comum' sujeito a maiores restrições, como pagamento de pedágio e autorização para circulação de veículos especiais". E prossegue afirmando que "é mais adequada a expressão utilizada pelo direito italiano e pelo Código de Contabilidade Pública, ou seja, 'bens do patrimônio indisponível'; por aí se ressalta o caráter patrimonial do bem (ou seja, a sua possibilidade de ser economicamente avaliado) e a sua indisponibilidade, que resulta, não da natureza do bem, mas do fato de estar afetado a um fim público".

[479] ROCHA. *Função social da propriedade pública*, p. 139. O mesmo pode ser dito de edifícios que abrigam órgãos da Administração Direta ou Indireta. Imaginemos um prédio público enorme e suntuoso, que ocupa grande área, em situação de ociosidade, situado em Município em que faltam áreas verdes e com enorme déficit habitacional.

[480] ROCHA. *Função social da propriedade pública*, p. 140.

social, não discrimina a propriedade privada da pública.[481] Em outras palavras, toda a propriedade deve cumprir sua função social, independentemente de sua natureza pública ou privada.

E não são esses os únicos argumentos apresentados por Sílvio Luís Ferreira da Rocha para comprovar a existência do princípio da função social da propriedade pública. O autor ressalta ainda que, no Estado de Direito, o próprio Estado, e bem assim os seus bens, devem submeter-se a todos os dispositivos legais e constitucionais, "não se admitindo atuação acima ou fora do ordenamento jurídico".[482]

Prossegue o autor afirmando que, ademais, "não há interesse que possa pairar acima do interesse público, que exige o cumprimento da função social das cidades". Ou seja, o interesse do Estado em não cumprir a função social da propriedade urbana "será, dependendo do caso, um interesse público primário ou secundário[483] que deverá ceder, sempre, como regra, ante o interesse público de que seja atendida a função social da propriedade", por ser o princípio da função social da propriedade, no entender do autor, mais importante e, pelo fato de que, "no caso de conflito de interesses públicos primários dignos de proteção, deve prevalecer o que representa maior valor dentro do ordenamento jurídico".[484]

Por outro lado, há para o referido autor uma clara manifestação do ordenamento jurídico brasileiro no sentido de privilegiar as cidades, "pois nelas, em última análise, vive grande parte da população brasileira". Afirma ainda que o "Município, se não é o ente mais importante da federação, em termos econômicos, é o mais

---

[481] ROCHA. *Função social da propriedade pública*, p. 140-141.

[482] ROCHA. *Função social da propriedade pública*, p. 141.

[483] Celso Antônio Bandeira de Mello ensina que "interesse público ou primário, repita-se, é o pertinente à sociedade como um todo, e só ele pode ser validamente objetivado, pois este é o interesse que a 'lei' consagra e entrega à compita do Estado como representante do corpo social. Interesse secundário é aquele que atina tão-só ao aparelho estatal enquanto entidade personalizada, e que por isso mesmo pode lhe ser referido e nele encarnar-se pelo simples fato de ser pessoa" (*Curso de direito administrativo*, p. 90).

[484] ROCHA. *Função social da propriedade pública*, p. 141. O mesmo fundamento pode ser utilizado para o reconhecimento do poder expropriatório do Município com relação a bens públicos de outros entes federativos, como veremos mais a frente.

importante do ponto de vista social, pois o seu território é que acolhe o povo, o destinatário das ações positivas do Estado".[485]

Todavia, lembra Sílvio Luís Ferreira da Rocha que nem todas as sanções previstas na Lei nº 10.257/2001 podem ser aplicadas para o caso de descumprimento da função social da propriedade pública. O IPTU progressivo (art. 7º do Estatuto da Cidade), por exemplo, face à imunidade tributária recíproca existente entre os entes federativos e respectivas autarquias e fundações instituídas e mantidas pelo Poder Público (art. 150, VI, *a*, c/c §2º da Constituição Federal) tem a sua aplicação obstada. Também estaria impedida a aplicação do instrumento do parcelamento, edificação ou utilização compulsórios, tendo em vista os óbices criados pela legislação regente do orçamento dos entes proprietários dos bens não cumpridores da função social.[486]

A questão da aplicação das sanções previstas nos artigos 5º a 8º do Estatuto da Cidade aos bens públicos que não cumprem sua função social será objeto de estudo no decorrer deste trabalho, mas já podemos adiantar que, pelo menos no que se refere aos bens públicos de propriedade das autarquias e fundações públicas que não estejam afetados às finalidades essenciais dessas pessoas jurídicas, os óbices existentes de início não resistem frente à redação do §2º do art. 150 da Constituição, e frente à doutrina que admite, sob certos aspectos, a desapropriação de bens públicos.[487]

5.2 Função social da propriedade pública e planejamento urbano

A propriedade pública deve atender a uma função social também para que não seja prejudicado o processo de planejamento urbanístico engendrado pelo Poder Público municipal.

---

[485] ROCHA. *Função social da propriedade pública*, p. 141.

[486] ROCHA. *Função social da propriedade pública*, p. 141-142.

[487] A possibilidade de exercício de poder expropriatório entre as entidades federativas é admitida por Letícia Queiroz de Andrade (*Desapropriação de bens públicos*: à luz do princípio federativo), nos termos que serão apontados mais à frente.

Nesse sentido, Daniela Campos Libório Di Sarno aborda a questão da realização da função social dos imóveis de propriedade do Poder Público. Para a autora, "sendo proprietário ou, de qualquer forma, utilizando imóveis e/ou o solo urbano, o Poder Público, em qualquer de suas esferas, deverá atender às exigências da lei para realizar plenamente a função social de sua propriedade".[488]

A autora fornece o exemplo de imóveis públicos vazios, abandonados ou construídos fora dos requisitos legais, os quais, segundo seu entendimento, devem "não só se adequar às exigências normativas, mas também à destinação que a eles deva ser dada, conforme o estabelecido nos planos municipais, inclusive e principalmente".[489]

Nesse sentido, e conforme ressaltado no decorrer deste trabalho, a Constituição Federal e a legislação ordinária em matéria urbanística atribuem aos planos urbanísticos municipais papel essencial na ordenação do espaço urbano. O tratamento destinado a diversas matérias relativas à disciplina urbanística é atribuído ao plano diretor com exclusividade.[490] Daí falar-se em princípio da reserva de plano, que "consiste na exigência de que as medidas que possam vir a afetar a transformação do território constem dos planos urbanísticos, como condição para que possam ser executadas".[491]

Assim, pode-se dizer que o planejamento urbanístico, consubstanciado principalmente no plano diretor municipal, é imprescindível para a execução da política urbana.

No entender de Daniela Campos Libório Di Sarno, referido plano urbanístico "deve traduzir metas para o setor público e privado, pretendendo a transformação dos espaços, ou o estímulo

---

[488] DI SARNO. *Elementos de direito urbanístico*, p. 49-50.

[489] DI SARNO. *Elementos de direito urbanístico*, p. 50.

[490] De acordo com Victor Carvalho Pinto, estão reservadas ao plano diretor as seguintes matérias: delimitação das zonas urbanas, de expansão urbana e de urbanização específica; estabelecimento de índices urbanísticos relativos a áreas mínimas e máximas de lotes e coeficientes básicos, máximos e mínimos de aproveitamento; delimitação das áreas cuja vegetação natural deva ser preservada ou suprimida; traçado do sistema viário principal da cidade, existente e projetado; bases para a utilização do direito de preempção, das operações consociadas e da transferência do direito de construir (*Direito urbanístico*: plano diretor e direito de propriedade, p. 224-225).

[491] PINTO. *Direito urbanístico*: plano diretor e direito de propriedade, p. 217.

a certas atividades, ou a manutenção de determinadas áreas para que, vista no conjunto, a cidade se equilibre nas suas múltiplas funções".[492]

Já foi ressaltado que o plano diretor deve englobar o território do Município como um todo (art. 40, §2º, do Estatuto da Cidade). Além disso, para ser eficaz em sua tarefa de direcionar a atuação da Municipalidade, para que esta promova a ordenação/reforma/expansão do espaço urbano, o plano diretor deve delimitar as áreas em que os instrumentos disponíveis para a execução da política urbana poderão ser aplicados. Outrossim, deve definir coeficientes mínimos e máximos de aproveitamento dos lotes situados em determinada região, além de outras atribuições que lhe são conferidas pela legislação ordinária.

Ora, para se garantir a eficácia dessas prescrições, *todos os imóveis* situados nessas áreas deverão obedecer às regras contidas no plano diretor. Por exemplo, os coeficientes mínimos e máximos de aproveitamento dos lotes devem ser respeitados por todas as propriedades imobiliárias situadas nas áreas para as quais esses índices são definidos.

Seria prejudicial para a efetivação do que está previsto nas normas de planejamento urbano das cidades que determinados imóveis fossem imunes às prescrições do plano diretor. Assim, o imóvel público urbano também deve submeter-se a esses regramentos, sob pena de descumprimento de sua função social, em vista do preceito constitucional que remete ao plano diretor a concretização desse princípio (art. 182, §2º). Caso contrário, seriam criadas "ilhas" em que os preceitos do plano urbanístico não teriam efeito, criando a situação absurda de um imóvel público imune a tais regras ser cercado de imóveis privados que devam cumpri-las.

Não obstante, cabe salientar que, evidentemente, tais observações devem ser acatadas com reservas no que se refere aos bens de uso comum.

Uma vez afetado a uma finalidade pública, de acordo com a respectiva previsão legal, e desde que essa finalidade seja efetivamente respeitada, o bem público de uso comum já está a cumprir

---

[492] DI SARNO. *Elementos de direito urbanístico*, p. 55.

sua função social, pelo que incabível nessas áreas a aplicação dos instrumentos previstos no Estatuto.

Nesse sentido, Daniela Campos Libório Di Sarno nos fornece o exemplo de uma praça pública, em que seria impossível admitir-se a não utilização ou a subutilização da área em que se situa e obrigar o Poder Público à edificação compulsória, pois a praça já está cumprindo, na sua essência, uma finalidade pública.[493]

Todavia, como bem ressalta Victor Carvalho Pinto, "as obras públicas que interfiram com o ordenamento territorial da cidade também sujeitam-se ao princípio da reserva de plano. De fato, não se pode admitir que, em um Estado de Direito, o Poder Público esteja acima da lei".[494]

Assevera ainda o autor que "no direito urbanístico, o que importa não é a natureza pública ou privada da propriedade. O que importa é a transformação no território, que precisa ser planejada independentemente de quem seja seu promotor". Assim,

> (...) o planejamento das obras públicas pode ser considerado até mais importante que o controle do uso do solo privado. É por meio das obras públicas, principalmente de sistema viário, que se define a localização das redes de infra-estrutura. Sem conexão com estas redes, são impossíveis o parcelamento do solo e a edificação. Obras que para o leigo parecem benéficas podem de fato ser até prejudiciais ao desenvolvimento urbano, se não estiverem articuladas em um planejamento global do território municipal.[495]

Completa o autor que, nesse sentido,

> (...) não se poderia supor que o loteamento fosse controlado para impedir a formação de núcleos não planejados, enquanto empreendimentos de muito maior impacto fossem realizados à revelia do planejamento urbano, apenas por serem realizados pelo Poder Público. A submissão deste à lei é um imperativo do estado de direito, que se aplica integralmente ao direito urbanístico.[496]

---

[493] DI SARNO. *Elementos de direito urbanístico*, p. 50.

[494] PINTO. *Direito urbanístico*: plano diretor e direito de propriedade, p. 226. No mesmo sentido, os já citados ensinamentos de ROCHA. *Função social da propriedade pública*, p. 141.

[495] PINTO. *Direito urbanístico*: plano diretor e direito de propriedade, p. 226-227.

[496] PINTO. *Direito urbanístico*: plano diretor e direito de propriedade, p. 230-231.

Ainda sobre o tema, Victor Carvalho Pinto afirma que, a exemplo do projeto de loteamento, o projeto de obra pública só pode ser elaborado na vigência de um plano diretor, e deve observar os parâmetros nele definidos. Entretanto, ressalva o autor que determinadas obras públicas são de tamanha importância para o ordenamento territorial que devem estar previstas no próprio plano diretor. "Trata-se dos sistemas gerais de urbanismo, cujo público beneficiário são todos os moradores da cidade e não apenas os do bairro em que se situam". E conclui afirmando que "a principal referência legal a um destes sistemas gerais encontra-se na Lei n$^{\circ}$ 6.766/1979, que prevê a articulação do sistema viário do loteamento com 'as ruas ou estradas existentes ou projetadas, que compõe o sistema viário da cidade e do Município' (arts. 4°, IV, e 7°, I)".[497]

Em outras palavras, a construção de obras públicas que promova alterações importantes no ordenamento do território do Município deve resultar de regular planejamento urbanístico, que é consubstanciado, como visto, na lei que institui o plano diretor municipal. Atendidas as prescrições do plano diretor quanto ao respectivo processo de planejamento/construção, os bens públicos resultantes desse processo estarão cumprindo, de fato, sua função social. E aqui estão incluídas a projeção e construção de sistemas viários, sistemas de pontes e viadutos, sistemas de esgotos e canalização de córregos, portos e aeroportos, dentre outros.

No que tange aos aeroportos, recorre-se mais uma vez às lições de Victor Carvalho Pinto. O autor explica que a Lei Federal n$^{\circ}$ 7.565/1986, que instituiu o Código Brasileiro de Aeronáutica "prevê a existência de vários tipos de planos urbanísticos, instituindo restrições ao uso das propriedades vizinhas aos aeródromos e

---

[497] PINTO. *Direito urbanístico*: plano diretor e direito de propriedade, p. 231. Vale destacar aqui os dispositivos da Lei n$^{\circ}$ 6.766/1979 relativos à questão ora abordada:
"Art. 4° Os loteamentos deverão atender, pelo menos, aos seguintes requisitos: I - as áreas destinadas a sistemas de circulação, a implantação de equipamento urbano e comunitário, bem como a espaços livres de uso público, serão proporcionais à densidade de ocupação prevista pelo plano diretor ou aprovada por lei municipal para a zona em que se situem. (...) IV - as vias de loteamento deverão articular-se com as vias adjacentes oficiais, existentes ou projetadas, e harmonizar-se com a topografia local. (...) Art. 7° A Prefeitura Municipal, ou o Distrito Federal quando for o caso, indicará, nas plantas apresentadas junto com o requerimento, de acordo com as diretrizes de planejamento estadual e municipal: I - as ruas ou estradas existentes ou projetadas, que compõe o sistema viário da cidade e do Município relacionadas com o loteamento pretendido e a serem respeitadas."

instalações de auxílio à navegação aérea". Ensina que a matéria é regulada pelos artigos 43 a 46 do referido diploma legal,[498] que impõe não apenas limitações urbanísticas e ambientais às propriedades imobiliárias vizinhas aos aeroportos, mas também determinam a realização de planos urbanísticos para a sua construção, como o Plano Básico de Zona de Proteção de Aeródromos; Plano de Zoneamento de Ruído; Plano Básico de Zona de Proteção de Helipontos; Planos de Zona de Proteção e Auxílios à Navegação Aérea, Planos Específicos de Zonas de Proteção de Aeródromos e Planos Específicos de Zoneamento de Ruído.[499]

Isso tudo porque, como bem observa o autor citado,

> (...) a instalação de um aeroporto provoca profundos impactos sobre a cidade. Além do ruído e do tráfego gerado, pode ser necessário estabelecer limitações ao direito de construir em uma ampla área próxima ao aeroporto, para que as aeronaves possam decolar e pousar sem o risco de se chocarem com edificações.[500]

---

[498] "Art. 43. As propriedades vizinhas dos aeródromos e das instalações de auxílio à navegação aérea estão sujeitas a restrições especiais. Parágrafo único. As restrições a que se refere este artigo são relativas ao uso das propriedades quanto a edificações, instalações, culturas agrícolas e objetos de natureza permanente ou temporária, e tudo mais que possa embaraçar as operações de aeronaves ou causar interferência nos sinais dos auxílios à radionavegação ou dificultar a visibilidade de auxílios visuais. Art. 44. As restrições de que trata o artigo anterior são as especificadas pela autoridade aeronáutica, mediante aprovação dos seguintes planos, válidos, respectivamente, para cada tipo de auxílio à navegação aérea: I - Plano Básico de Zona de Proteção de Aeródromos; II - Plano de Zoneamento de Ruído; III - Plano Básico de Zona de Proteção de Helipontos; IV - Planos de Zona de Proteção e Auxílios à Navegação Aérea. §1° De conformidade com as conveniências e peculiaridades de proteção ao vôo, a cada aeródromo poderão ser aplicados Planos Específicos, observadas as prescrições, que couberem, dos Planos Básicos. §2° O Plano Básico de Zona de Proteção de Aeródromos, o Plano Básico de Zoneamento de Ruído, o Plano de Zona de Proteção de Helipontos e os Planos de Zona de Proteção e Auxílios à Navegação Aérea serão aprovados por ato do Presidente da República. §3° Os Planos Específicos de Zonas de Proteção de Aeródromos e Planos Específicos de Zoneamento de Ruído serão aprovados por ato do Ministro da Aeronáutica e transmitidos às administrações que devam fazer observar as restrições. §4° As Administrações Públicas deverão compatibilizar o zoneamento do uso do solo, nas áreas vizinhas aos aeródromos, às restrições especiais, constantes dos Planos Básicos e Específicos. §5° As restrições especiais estabelecidas aplicam-se a quaisquer bens, quer sejam privados ou públicos. Art. 45. A autoridade aeronáutica poderá embargar a obra ou construção de qualquer natureza que contrarie os Planos Básicos ou os Específicos de cada aeroporto, ou exigir a eliminação dos obstáculos levantados em desacordo com os referidos planos, posteriormente à sua publicação, por conta e risco do infrator, que não poderá reclamar qualquer indenização. Art. 46. Quando as restrições estabelecidas impuserem demolições de obstáculos levantados antes da publicação dos Planos Básicos ou Específicos, terá o proprietário direito à indenização."

[499] PINTO. *Direito urbanístico*: plano diretor e direito de propriedade, p. 232.

[500] PINTO. *Direito urbanístico*: plano diretor e direito de propriedade, p. 232.

E conclui Victor Carvalho Pinto que, pelo princípio da reserva de plano, esses planos, bem como a própria instalação do aeroporto em área urbana, devem ser incluídos no plano diretor municipal. Para o autor, "isto poderá ser feito no momento de sua elaboração ou mediante alteração do plano em vigor. O órgão de planejamento urbano deverá buscar um consenso como o órgão setorial, quanto à localização ideal do aeroporto".[501]

Além disso, completa o autor que outras partes do plano diretor "poderão ter que ser alteradas, a fim de minimizar os impactos urbanísticos. A construção de um aeroporto poderá exigir, por exemplo, uma ampla alteração no sistema viário, a fim de que as vias de acesso sejam adaptadas ao novo fluxo de tráfego".[502]

Assim, a construção de uma grande obra pública, como um aeroporto, que promova uma alteração substancial na ordenação do espaço urbano, deve ser fruto de um adequado planejamento urbanístico, realizado através do plano diretor municipal.

Em outros termos, pode-se dizer que o princípio da reserva de plano exige que transformações significativas no espaço urbano estejam previstas no plano diretor. Os bens públicos construídos em obediência ao definido no plano poderão assim cumprir a sua função social, sejam eles destinados ao uso comum (pontes e viadutos) ou afetados a um uso especial, para a realização de um serviço público (aeroporto).[503] Aliás, pelo atendimento ao prescrito no plano diretor verificar-se-á se o bem público urbano cumpre sua função social, pois, conforme estabelece o Texto Constitucional, no referido §2º do art. 182, a propriedade urbana — seja pública ou privada — cumpre sua função social se atende às exigências de ordenação da cidade expressas no plano diretor.[504]

---

[501] PINTO. *Direito urbanístico*: plano diretor e direito de propriedade, p. 232.

[502] PINTO. *Direito urbanístico*: plano diretor e direito de propriedade, p. 232-233.

[503] Maria Sylvia Zanella Di Pietro considera o aeroporto um bem público de uso especial. Ensina a autora que, quando se fala que o bem de uso especial está afetado à realização de um serviço público, deve-se "entender a expressão 'serviço público' em sentido amplo, para abranger toda atividade de interesse geral exercida sob autoridade ou sob fiscalização do poder público; nem sempre se destina ao uso 'direto' da Administração, podendo ter por objeto o uso por particular, como ocorre com o mercado municipal, o cemitério, o aeroporto, a terra dos silvícolas etc." (*Direito administrativo*, p. 569).

[504] Evidentemente que não apenas os preceitos do plano urbanístico devem ser atendidos. A utilização da propriedade pública deve respeitar, outrossim, toda a legislação ambiental.

Cabe destacar ainda a abordagem que faz sobre o tema Nelson Saule Junior, que discorre sobre a sujeição da propriedade pública urbana aos preceitos do plano diretor, abordando o aspecto referente ao acesso ao direito à moradia nas cidades.[505]

Ressalta o autor que a "Constituição não contém um tratamento diferenciado para a propriedade urbana privada e pública quanto ao atendimento do princípio da função social da propriedade". Assim, "a propriedade urbana pública deve atender a uma função social nos termos da política urbana instituída pelo Município".[506]

Lembra Nelson Saule Junior que há, em nossas cidades, várias áreas urbanas públicas não utilizadas, não edificadas ou subutilizadas. Cita como exemplos os terrenos da Empresa Brasileira de Transportes Urbanos (EBTU), os prédios de instituições como o INSS e Caixa Econômica Federal, as áreas públicas municipais ocupadas por população de baixa renda, os terrenos vazios pertencentes ao patrimônio da União nas cidades litorâneas. Para o autor, tais imóveis, "por estarem situados em áreas dotadas de infra-estrutura e equipamentos urbanos podem atender à função social da propriedade se forem destinados às necessidades de moradia dos habitantes da cidade".[507]

Ora, a política urbana municipal não pode ser considerada adequada se a questão habitacional não estiver, ao menos, bem equacionada. Processos de regularização fundiária, por exemplo, devem fazer parte de qualquer planejamento urbano. Afinal, não se realiza a função social das cidades sem a garantia de regular e digna moradia a todos os seus habitantes. E esses processos de regularização fundiária, muitas vezes, conforme já verificado no capítulo anterior, ocorrem em áreas pertencentes ao Estado, justamente para que se realize a função social desses imóveis.

Afinal, não se pode admitir que a gestão do bem público cause prejuízos ao meio ambiente.

[505] SAULE JÚNIOR. *A proteção jurídica da moradia nos assentamentos irregulares*, p. 277.

[506] SAULE JÚNIOR. *A proteção jurídica da moradia nos assentamentos irregulares*, p. 277.

[507] SAULE JÚNIOR. *A proteção jurídica da moradia nos assentamentos irregulares*, p. 277.

5.3 Função social da propriedade pública e funções sociais da cidade

Maria Sylvia Zanella Di Pietro afirma que, no direito brasileiro,

> (...) é possível afirmar que a Constituição adota, expressamente, o princípio da função social da propriedade e também agasalha, embora com menos clareza, o princípio da função social da propriedade pública, que vem inserido de forma implícita em alguns dispositivos constitucionais que tratam da política urbana.[508]

Para a autora, o princípio da função social da propriedade pública é definido por meio de diretrizes a serem observadas pelo poder público. Ele estaria sintetizado no art. 182 da Constituição Federal, que coloca como objetivo da política urbana, que deve ser executada pelo Poder Público municipal, o pleno desenvolvimento das funções sociais da cidade e a garantia do bem-estar de seus habitantes. E completa afirmando:

> (...) enquanto o princípio da função social da propriedade privada impõe um dever ao proprietário (e, de certo modo, exige a atuação do poder público para garantir o cumprimento do princípio), o princípio da função social da cidade impõe um dever ao poder público e cria para os cidadãos direito de natureza coletiva, no sentido de exigir a observância da norma constitucional.[509]

De fato. Depreende-se do Texto Constitucional que o próprio Poder Público deve executar a política de desenvolvimento urbano, mais especificamente o municipal. Ora, como a realização das funções sociais da cidade é a meta a ser alcançada pela política urbana, conclui-se que o Poder Público deve buscar atingi-la de todas as formas juridicamente possíveis, inclusive através da utilização do seu próprio patrimônio. Assim, sendo a função social da propriedade instrumento indispensável para a concreta realização

---

[508] DI PIETRO. Função social da propriedade pública. In: WAGNER JÚNIOR (Coord.). *Direito público*: estudos em homenagem ao professor Adilson Abreu Dallari, p. 562.

[509] DI PIETRO. Função social da propriedade pública. In: WAGNER JÚNIOR (Coord.). *Direito público*: estudos em homenagem ao professor Adilson Abreu Dallari, p. 563-564.

das funções sociais da cidade (habitação, trabalho, recreação e circulação), deve ser aplicada também aos bens públicos imobiliários.

Aliás, os bens públicos têm papel essencial na realização das funções sociais da cidade. A utilização dos bens de uso comum (ruas, praças, avenidas, viadutos, pontes, corredores de ônibus, estradas), dos bens de uso especial (imóveis afetados à realização de um serviço público) e dos bens dominicais de acordo com os ditames do planejamento urbano contribuirá para o alcance dos objetivos pretendidos.

5.4 Aplicação às diferentes espécies de bens públicos

A aplicação do princípio da função social da propriedade pública pode ser abordada levando-se em conta as diferentes espécies de bens públicos.

No que se refere aos bens de uso comum e de uso especial, Maria Sylvia Zanella Di Pietro, após lembrar que a destinação pública é própria da sua natureza jurídica, porque estão afetados a fins de interesse público, "seja por sua própria natureza, seja por destinação legal, afirma também que essa afetação não impede que se amplie a sua função, seja para outros usos da própria Administração, seja para assegurar aos administrados a possibilidade de utilização privativa, desde que seja compatível e não prejudique o fim principal a que o bem se destina".[510]

Defende a mesma autora:

> (...) existem determinados bens que comportam inúmeras formas de utilização, conjugando-se o uso comum do povo com usos privativos exercidos por particulares para diferentes finalidades. Ruas, praias, praças, estão afetadas ao uso comum do povo, o que significa o reconhecimento, em cada pessoa, da liberdade de circular ou de estacionar, segundo regras ditadas pelo poder de polícia do Estado; porém, se a ampliação dessa

---

[510] DI PIETRO. Função social da propriedade pública. In: WAGNER JÚNIOR (Coord.). *Direito público*: estudos em homenagem ao professor Adilson Abreu Dallari, p. 566.

liberdade em relação a algumas pessoas, mediante outorga de maiores poderes sobre os mesmos bens, trouxer também alguma utilidade para a população, sem prejudicar o seu direito de uso comum, não há por que negar-se à Administração que detém a gestão do domínio público o poder de consentir nessa utilização, fixando as condições em que a mesma se exercerá.[511]

A autora ressalta que, assim, pode-se conciliar o uso comum do bem público pelo povo, destinação precípua do bem, com o uso privado das vias públicas, por exemplo para a realização de "feiras-livres, de exposições de arte, de venda de combustíveis, de distribuição de jornais, de comércio de flores e frutas; trata-se de usos privados, porque exercidos por particulares em seu próprio interesse, mas que também proporcionam alguma utilidade para os cidadãos. Por isso pode ser consentido".[512] E conclui afirmando que quando a Administração Pública amplia o uso do bem, "está atendendo ao princípio da função social da propriedade pública, uma vez que está cumprindo o dever de garantir que a utilização dos bens públicos atenda da forma mais ampla possível ao interesse da coletividade".[513]

O mesmo raciocínio é utilizado pela autora no tocante aos bens de uso especial, que podem ser destinados ao uso privativo por particulares, para fins de interesse público, como para a instalação de "restaurantes, livrarias, postos bancários ou outros fins congêneres, porém com a mesma condição de que essa utilização não conflite com a destinação principal do bem, que é a de servir ao uso da Administração Pública, para a consecução de fins estatais".[514]

Portanto, para Maria Sylvia Zanella Di Pietro, a realização da função social da propriedade pública diz com a ampliação da utilização por particulares dos bens de uso especial e comum, em atendimento ao interesse público:

---

[511] DI PIETRO. Função social da propriedade pública. In: WAGNER JÚNIOR (Coord.). *Direito público*: estudos em homenagem ao professor Adilson Abreu Dallari, p. 566.

[512] DI PIETRO. Função social da propriedade pública. In: WAGNER JÚNIOR (Coord.). *Direito público*: estudos em homenagem ao professor Adilson Abreu Dallari, p. 566-567.

[513] DI PIETRO. Função social da propriedade pública. In: WAGNER JÚNIOR (Coord.). *Direito público*: estudos em homenagem ao professor Adilson Abreu Dallari, p. 567.

[514] DI PIETRO. Função social da propriedade pública. In: WAGNER JÚNIOR (Coord.). *Direito público*: estudos em homenagem ao professor Adilson Abreu Dallari, p. 567-568.

(...) a ampliação das modalidades de uso de bem público de uso comum do povo e de uso especial, com maior ou menor discricionariedade, está inserida no próprio conteúdo da função social da propriedade pública, sempre lembrando que falar em 'função' é falar em 'dever', no caso, dever do poder público de disciplinar a matéria (observado o princípio da legalidade), fiscalizar e reprimir.[515]

Vale ressaltar que, sendo os bens de uso comum do povo e de uso especial coisas *extra commercium*, "não podem ser objeto de relações jurídicas regidas pelo direito privado, como compre e venda, locação, comodato, usucapião, etc. razão pela qual os títulos jurídicos para outorga do uso privativo têm que ser de direito público. Eles abrangem a 'autorização', a 'permissão' e a 'concessão de uso'".[516]

Não obstante o entendimento acima exposto, entendemos que a função social da propriedade pública não é prestigiada apenas com a ampliação do uso do bem público por particulares em prol do interesse público. Na verdade, a própria Administração Pública, ao utilizar o bem de sua propriedade, seja de uso comum ou especial, deve atender ao princípio constitucional da função social da propriedade. Assim, o bem público deve ser utilizado em consonância com a política de desenvolvimento e de expansão urbana, sob pena de se dificultar a realização das funções sociais da cidade, que é objetivo constitucional.

Sobre a questão, Sílvio Luís Ferreira da Rocha, afirma que "é possível vislumbrar outros efeitos da incidência do princípio da função social nos bens de uso comum, que não decorram da própria finalidade destes bens". Refere-se às hipóteses "de ocupação irregular, por famílias pobres, de áreas localizadas em lotes cujo destino é o de servir de espaços livres de uso público, como praças, e que com o registro do loteamento passam a integrar o domínio municipal (art. 22 da Lei nº 6.766, de 19.12.1979)".[517]

---

[515] DI PIETRO. Função social da propriedade pública. In: WAGNER JÚNIOR (Coord.). *Direito público*: estudos em homenagem ao professor Adilson Abreu Dallari, p. 570.

[516] DI PIETRO. Função social da propriedade pública. In: WAGNER JÚNIOR (Coord.). *Direito público*: estudos em homenagem ao professor Adilson Abreu Dallari, p. 570.

[517] ROCHA. *Função social da propriedade pública*, p. 130-131.

O autor ressalta que, para tais hipóteses, pode ser aplicada a Medida Provisória nº 2.220/2001, que dispôs sobre a concessão de uso especial para fins de moradia de que trata o §1º do art. 183 da Constituição Federal. Com efeito, esse diploma legal é fundamentado no princípio da função social da propriedade pública, a servir como instrumento da realização de uma das funções sociais da cidade, qual seja, a habitação.

Demonstra ainda Sílvio Luís Ferreira da Rocha que o princípio da função social da propriedade pública pode fundamentar a desapropriação de bem público, de qualquer modalidade, com base no preceituado pelo §4º do art. 1.228 do Código Civil, como será mais especificamente abordado a seguir.[518]

Defende também o autor que o princípio da função social da propriedade pública pode justificar a permanência dos ocupantes de área pública, ainda que eles não tenham direito ao denominado direito real de moradia. Para tanto, apoia-se em dupla perspectiva.

> Na primeira, haveria a suspensão ou rejeição da pretensão reintegratória do Poder Público relativa a bem de uso comum em consideração a outros interesses juridicamente relevantes envolvidos e relacionados com o exercício do direito de propriedade de acordo com o princípio da função social. Na segunda, haveria a rejeição da pretensão reivindicatória do Poder Público, [em função da] subordinação da propriedade pública de bem de uso comum ao atendimento do princípio da dignidade da pessoa humana e, em conseqüência, ao princípio da função social.[519]

No que tange aos bens de uso especial, afirma Sílvio Luís Ferreira da Rocha que sua função social decorre, "como regra, do atendimento ao fim a que tais bens estão previamente destinados. Tais bens estão sujeitos ao cumprimento da função social nos

---

[518] ROCHA. *Função social da propriedade pública*, p. 134.
[519] ROCHA. *Função social da propriedade pública*, p. 132-133. O autor ilustra sua opinião a partir de acórdão proferido no Agravo de Instrumento nº 335.347-5/00, em que o Tribunal de Justiça do Estado de São Paulo negou pretensão da Prefeitura Municipal de São Paulo em reaver determinado bem ante a condição dos ocupantes do imóvel (crianças portadoras de necessidades especiais).

mesmos termos das exigências relativas aos bens de uso comum".[520] De outra parte, como já ressaltado supra (5.1), o autor defende que o bem público de uso especial também deve ser utilizado de acordo com as prescrições do plano diretor municipal.[521]

Lembra-se, outrossim, que a aplicação do princípio cabe tanto em relação a bens públicos de uso especial destinados ao uso direto da Administração, quanto a bens de uso especial que possam ser utilizados por particular, como os aeroportos, o cemitério e o mercado municipal (supra, 5.2).

No que se refere aos bens dominicais, Maria Sylvia Zanella Di Pietro defende não existir dúvida de que a eles pode e deve ser dada uma finalidade pública, "seja para aplicação do princípio da função social da propriedade, seja para observância do princípio da função social da cidade".[522]

Para a autora, "não há por que excluir os bens dominicais da incidência das normas constitucionais que asseguram a função social da propriedade, quer para os submeter, na área urbana, às limitações impostas pelo Plano Diretor, quer para enquadrá-los, na zona rural, aos planos de reforma agrária". Nesse sentido, cita o art. 188 da Constituição, que, em seu *caput*, determina que "a destinação de terras públicas e devolutas será compatibilizada com a política agrícola e com o plano nacional de reforma agrária".[523] Aqui, há a incidência do princípio da função social da propriedade pública rural.

Assevera ainda Maria Sylvia Zanella Di Pietro que, no que tange à política urbana, não há dúvida de que grande parte dos instrumentos para a sua consecução, previstos no Estatuto da Cidade, aplicam-se aos bens dominicais e, por vezes, também aos bens de uso comum do povo e aos bens de uso especial. A autora lembra que o Estatuto tem fundamento constitucional e, assim, "embora a competência para adoção das medidas de política

---

[520] ROCHA. *Função social da propriedade pública*, p. 139.

[521] ROCHA. *Função social da propriedade pública*, p. 139-140.

[522] DI PIETRO. Função social da propriedade pública. In: WAGNER JÚNIOR (Coord.). *Direito público*: estudos em homenagem ao professor Adilson Abreu Dallari, p. 571.

[523] DI PIETRO. Função social da propriedade pública. In: WAGNER JÚNIOR (Coord.). *Direito público*: estudos em homenagem ao professor Adilson Abreu Dallari, p. 571.

Parcelamento, edificação e utilização compulsórios de imóveis públicos urbanos | 219

urbana seja do Município, ela pode alcançar inclusive bens públicos estaduais e federais, desde que inseridos na área definida pelo plano diretor".[524]

Com efeito, a competência municipal para a execução da política de desenvolvimento urbano decorre diretamente da Constituição, mais precisamente dos arts. 30, inc. VIII[525] e 182, *caput*, e "pode ser exercida desde que em consonância com as 'diretrizes gerais fixadas em lei'. Desse modo, se algum bem público, de qualquer ente governamental, estiver situado na área definida pelo plano diretor, ele está sujeito às 'exigências fundamentais de ordenação da cidade', indispensáveis para o cumprimento da função social da propriedade urbana, nos termos do §2º do mesmo dispositivo constitucional".[526]

De fato, não poderia o Município executar satisfatoriamente a política de desenvolvimento urbano se os bens públicos dos Estados, da União, e de suas respectivas autarquias e fundações fossem excluídos da sujeição aos preceitos do plano diretor. Caso isso ocorresse, o planejamento e a execução da política urbana restariam prejudicados, pois são inúmeros os imóveis de propriedade desses entes localizados na zona urbana.

Aliás, também os bens públicos de propriedade do Município devem cumprir sua função social, devendo ser utilizados sempre em prol do bem-estar da coletividade. Afinal, em última instância, o bem público deve, sempre, ser utilizado em prol do interesse público.

Nesse diapasão, Maria Sylvia Zanella Di Pietro ressalta:

(...) dentre os instrumentos indicados no art. 4º do Estatuto da Cidade, alguns podem incidir sobre bens públicos, como é o caso do zoneamento, da desapropriação, das limitações administrativas, do tombamento, da concessão de direito real de uso, da concessão de uso especial para fins

---

[524] DI PIETRO. Função social da propriedade pública. In: WAGNER JÚNIOR (Coord.). *Direito público*: estudos em homenagem ao professor Adilson Abreu Dallari, p. 571-572.

[525] "Art. 30. Compete aos Municípios: (...); VIII - promover, no que couber, adequado ordenamento territorial, mediante planejamento e controle do uso, do parcelamento e da ocupação do solo urbano."

[526] DI PIETRO. Função social da propriedade pública. In: WAGNER JÚNIOR (Coord.). *Direito público*: estudos em homenagem ao professor Adilson Abreu Dallari, p. 572.

de moradia (esta incidindo especificamente sobre bens públicos, com base na Medida Provisória nº 2.220, de 2001), do parcelamento, edificação ou utilização compulsórios, entre outras.[527]

A autora conclui, afirmando que, "se a função social da propriedade pública impõe para o poder público um 'dever', significa para os cidadãos um direito de natureza coletiva exigível judicialmente, em especial pela via de ação popular e ação civil pública".[528]

Chega-se aqui a um ponto importante. Tendo em vista a dificuldade na aplicação de alguns instrumentos de política urbana à propriedade pública, a ação popular (Lei nº 4.717/1965) e a ação civil pública (Lei nº 7.347/1985) acabam por representar meios processuais importantes à disposição da Sociedade para a garantia da ordem urbanística.

Nesse diapasão, a Lei nº 7.347/1985, que disciplina a ação civil pública, dispõe em seu art. 1º, inc. VI, que serão regidas por suas disposições as ações de responsabilidade por danos causados à ordem urbanística. E, por sua vez, o art. 3º do mesmo diploma legal prevê a possibilidade de que a ação civil pública tenha por objeto o cumprimento da obrigação de fazer ou não fazer.

Assim, cabe a propositura de ação civil pública tanto para a reparação dos danos à ordem urbanística decorrentes do descumprimento da função social da propriedade pública, quanto para obrigar o gestor dos bens públicos a utilizá-los de acordo com os preceitos da lei que institui o plano diretor. A sentença de procedência da ação civil pública poderá determinar que o bem seja utilizado no sentido de atender aos objetivos da política urbana, expressos no plano diretor. Voltar-se-á ao tema mais adiante.

Ainda no que se refere à função social dos bens dominicais, cabe registrar os ensinamentos de Sílvio Luís Ferreira da Rocha para quem, por não estarem esses bens subordinados a um interesse público específico, "devem atender integralmente às regras

---

[527] DI PIETRO. Função social da propriedade pública. In: WAGNER JÚNIOR (Coord.). *Direito público*: estudos em homenagem ao professor Adilson Abreu Dallari, p. 572.

[528] DI PIETRO. Função social da propriedade pública. In: WAGNER JÚNIOR (Coord.). *Direito público*: estudos em homenagem ao professor Adilson Abreu Dallari, p. 572.

concretizadoras do princípio da função social da propriedade". Para o autor, portanto, "é possível que o ente público, titular de tais bens, veja-se forçado, mesmo contra sua vontade, a ter que realizar neles obras de parcelamento compulsório, edificação ou ter os mesmos desapropriados".[529]

E arremata o mesmo autor afirmando:

> (...) as razões que eventualmente possam impedir a desapropriação entre entes públicos deixam de existir quando se trata de bens dominicais, pois estes não estão vinculados a qualquer destino comum ou específico, mas por força de dicção legal são bens que constituem o patrimônio das pessoas jurídicas de direito público, como objeto de direito pessoal, ou real, de cada uma dessas entidades (art. 99, III, do CC).[530]

Ainda quanto à aplicabilidade do princípio da função social da propriedade pública, cabe registrar as conclusões de Sílvio Luís Ferreira da Rocha quanto à possibilidade de paralisação da pretensão reivindicatória do poder público a respeito de bem público de qualquer modalidade, em função do previsto no §4º do art. 1.228 do Código Civil.[531]

---

[529] ROCHA. *Função social da propriedade pública*, p. 146.

[530] ROCHA. *Função social da propriedade pública*, p. 146. As conclusões do trabalho do autor são no sentido de que o princípio da função social incide sobre os bens dominicais de forma a conformá-los à função social das cidades e do campo, e de maneira a viabilizar a aquisição da propriedade dos referidos bens pela usucapião urbana, rural e coletiva.

[531] ROCHA. *Função social da propriedade pública*, p. 134. Código Civil: "Art. 1.228. O proprietário tem a faculdade de usar, gozar e dispor da coisa, e o direito de reavê-la do poder de quem quer que injustamente a possua ou detenha. §1º O direito de propriedade deve ser exercido em consonância com as suas finalidades econômicas e sociais e de modo que sejam preservados, de conformidade com o estabelecido em lei especial, a flora, a fauna, as belezas naturais, o equilíbrio ecológico e o patrimônio histórico e artístico, bem como evitada a poluição do ar e das águas. §2º São defesos os atos que não trazem ao proprietário qualquer comodidade, ou utilidade, e sejam animados pela intenção de prejudicar outrem. §3º O proprietário pode ser privado da coisa, nos casos de desapropriação, por necessidade ou utilidade pública ou interesse social, bem como no de requisição, em caso de perigo público iminente. *§4º O proprietário também pode ser privado da coisa se o imóvel reivindicado consistir em extensa área, na posse ininterrupta e de boa-fé, por mais de cinco anos, de considerável número de pessoas, e estas nela houverem realizado, em conjunto ou separadamente, obras e serviços considerados pelo juiz de interesse social e econômico relevante.* §5º No caso do parágrafo antecedente, o juiz fixará a justa indenização devida ao proprietário; pago o preço, valerá a sentença como título para o registro do imóvel em nome dos possuidores" (grifos nossos).

Para o autor, trata-se de:

(...) dispositivo que insere no sistema hipótese de desapropriação em favor do particular, presentes determinados requisitos. Por tratar-se de modalidade de desapropriação, não há regra que impeça a sua incidência sobre bens públicos de qualquer espécie, o que torna possível a ocorrência da perda da propriedade por esta nova modalidade de desapropriação, que denomino de desapropriação judicial.[532]

5.5 Desapropriação de bens públicos para fins urbanísticos

Com efeito, extrai-se da obra de Letícia Queiroz de Andrade a justificativa para que seja admitida a possibilidade de exercício do poder expropriatório entre as entidades da Federação.[533] Para a autora, essa forma de desapropriação é possível "quando configurado um desequilíbrio jurídico entre os respectivos interesses contrapostos, no que se refere ao benefício coletivo que o atendimento desses interesses é capaz de proporcionar".[534]

Explica Letícia Queiroz de Andrade:

[em vista do] princípio da supremacia do interesse que proporcione maior benefício coletivo, há possibilidade de exercício de poder expropriatório entre as entidades federativas quando confrontados interesses públicos primários de distintas escalas de abrangência (nacionais, regionais e locais), interesses públicos primários e interesses públicos secundários, e, interesses públicos secundários que se relacionem com intensidades distintas aos interesses públicos primários.[535]

Para a autora, esse critério é "capaz de disciplinar a resolução dos problemas relacionados à desapropriação de bens públicos, de forma compatível com o princípio federativo", e atende sob medida

---

[532] ROCHA. *Função social da propriedade pública*, p. 134.

[533] E entre estas e as suas respectivas autarquias e fundações, que também titularizam direito de propriedade de bens públicos.

[534] ANDRADE. *Desapropriação de bens públicos*: à luz do princípio federativo, p. 136.

[535] ANDRADE. *Desapropriação de bens públicos*: à luz do princípio federativo, p. 136.

à "condição relacionada à finalidade do instituto expropriatório, qual seja, extrair do bem visado o proveito maior que nele se contém".[536]

Portanto, a desapropriação de um bem público será possível:

> (...) quando, na comparação entre a função já desempenhada pelo bem com relação a uma utilidade pública e a função que virá a desempenhar com relação à outra utilidade pública, verifique-se que com a desapropriação e a realização das obras que eventualmente se façam necessárias se estará extraindo do bem proveito público maior do que o por ele já oferecido.[537]

Além dessa condição finalística, apresenta a autora em comento outras duas condições específicas para a desapropriação de bens públicos: uma condição subjetiva e outra objetiva.

> A condição subjetiva é a de que cada entidade federativa desempenha determinadas competências em determinado espaço territorial, razão pela qual não será legítimo o exercício de poder expropriatório por entidade federativa que se utilize da prerrogativa expropriatória para realizar competência que não lhe pertença e/ou em território sobre o qual não tenha titulação jurídica para exercer poderes políticos e administrativos.[538]

De outra parte, "a condição objetiva é a de que os bens atribuídos pela Constituição diretamente às entidades federativas não podem ser objeto de desapropriação, tais como os bens da União, referidos nos arts. 20, incisos II a XI, e 176, CF, e, também, os bens dos Estados, referidos no art. 26, incisos I à IV, à exceção das terras devolutas dos Estados que não estejam efetivamente aplicadas a uma finalidade pública".[539]

Atendidas essas condições, qualquer espécie de desapropriação de bens públicos é juridicamente possível, "tanto entre entidades de mesma escala federativa, quanto entre entidades de escala federativa diversa, hipótese na qual poderá ser promovida

---

[536] ANDRADE. *Desapropriação de bens públicos*: à luz do princípio federativo, p. 137.

[537] ANDRADE. *Desapropriação de bens públicos*: à luz do princípio federativo, p. 137.

[538] ANDRADE. *Desapropriação de bens públicos*: à luz do princípio federativo, p. 138.

[539] ANDRADE. *Desapropriação de bens públicos*: à luz do princípio federativo, p. 138.

não só pela União, como também pelos Estados e Municípios, com relação aos bens umas das outras".[540]

Poder-se-ia opor a tal afirmação o contido no §2º do art. 2º do Decreto-Lei nº 3.365/41, segundo o qual "os bens do domínio dos Estados, Municípios, Distrito Federal e Territórios poderão ser desapropriados pela União, e os dos Municípios pelos Estados, mas, em qualquer caso, ao ato deverá preceder autorização legislativa".

Todavia, Letícia Queiroz de Andrade rebate tal assertiva, afirmando que o texto do citado dispositivo e a escala expropriatória nele referida "não podem ser interpretados como expressivos da única modalidade juridicamente possível de desapropriação de bens públicos, sob pena de que a contrariedade desta dicção com o princípio federativo acarrete sua invalidade".[541]

Da tese da autora, pode-se extrair perfeita justificativa para a desapropriação para fins urbanísticos por parte do Município de bens de propriedade da União e dos Estados, e de suas respectivas autarquias e fundações, que não estejam cumprindo sua função social.

Com efeito, atribuído ao Município o papel principal na organização do espaço urbano (art. 30, inc. VIII, e art. 182, CF), pode esse ente federativo exercer o seu poder expropriatório em face de União e Estados, e suas respectivas autarquias e fundações, no intuito de executar a política urbana, com o fito de realizar a função social das cidades.

Tenha-se em mente que a realização das funções sociais da cidade representa, sempre, interesse público primário que, confrontado com um interesse público secundário, deverá, sem exceção, prevalecer. E sendo a função social da propriedade instrumento essencial para a realização das funções sociais da cidade, é interesse primário da Administração que toda a propriedade imobiliária a cumpra.

---

[540] ANDRADE. *Desapropriação de bens públicos*: à luz do princípio federativo, p. 138.
[541] ANDRADE. *Desapropriação de bens públicos*: à luz do princípio federativo, p. 138.

Em outras palavras, pode o Município desapropriar bens públicos estaduais e federais, autárquicos e fundacionais, que desatendam aos preceitos estabelecidos pela lei que institui o plano diretor municipal, pois, nesses casos, certamente, estar-se-á diante de uma situação em que o interesse do ente federativo em não atender ao princípio da função social da propriedade, indubitavelmente secundário, deverá se submeter ao interesse público primário representado pela busca da realização das funções sociais da cidade.

Vale ressaltar que estamos nos referindo à desapropriação para fins urbanísticos paga com prévia e justa indenização, regulada pelo Decreto-Lei n$^{\circ}$ 3.365/41 e pela Lei n$^{\circ}$ 4.132/62, conforme já ressaltado supra (seção 3.3.1), ou mesmo à desapropriação prevista no §4° do art. 1.228 do Código Civil. A desapropriação sancionatória prevista no art. 8° do Estatuto da Cidade é inaplicável à propriedade imobiliária de Estados e União, em função da previsão legal relativa à imposição da sanção que lhe serve de pressuposto (IPTU progressivo), muito embora, como será visto no capítulo seguinte, possa ser utilizada em relação aos bens públicos de propriedade de autarquias e fundações estaduais e federais, desde que atendidos determinados requisitos.

Portanto, observa-se que não há óbice para a desapropriação para fins urbanísticos de bens públicos que não cumpram sua função social, desde que paga indenização prévia e justa em dinheiro. E, no caso específico de bens de propriedade das autarquias e fundações públicas, federais e estaduais, há também a possibilidade de aplicação do instituto da desapropriação com pagamento de títulos prevista no art. 8° do Estatuto da Cidade, como será demonstrado a seguir.

5.6 Concessão de uso especial para fins de moradia (Medida Provisória n$^{\circ}$ 2.220/2001)

Pela sua importância, destacar-se-á o instituto da concessão de uso especial para fins de moradia, previsto pela Medida Provisória n$^{\circ}$ 2.220, de 4.9.2001, cuja edição fundamentou-se, de acordo com a própria ementa desse diploma legal, no preceituado pelo §1º do art. 183 da Constituição Federal.

Trata-se de instituto aplicável a bens públicos, fundamentado no princípio da função social da propriedade pública.

Dispõe o §1º do art. 183 da Constituição que "o título de domínio e a concessão de uso serão conferidos ao homem ou à mulher, ou a ambos, independentemente do estado civil".

Por sua vez, o *caput* do art. 1º da Medida Provisória em comento determina:

> Art. 1º Aquele que, até 30 de junho de 2001, possuiu como seu, por cinco anos, ininterruptamente e sem oposição, até duzentos e cinqüenta metros quadrados de imóvel público situado em área urbana, utilizando-o para sua moradia ou de sua família, tem o direito à concessão de uso especial para fins de moradia em relação ao bem objeto da posse, desde que não seja proprietário ou concessionário, a qualquer título, de outro imóvel urbano ou rural.

E o *caput* do art. 2º determina:

> Art. 2º Nos imóveis de que trata o art. 1º, com mais de duzentos e cinqüenta metros quadrados, que, até 30 de junho de 2001, estavam ocupados por população de baixa renda para sua moradia, por cinco anos, ininterruptamente e sem oposição, onde não for possível identificar os terrenos ocupados por possuidor, a concessão de uso especial para fins de moradia será conferida de forma coletiva, desde que os possuidores não sejam proprietários ou concessionários, a qualquer título, de outro imóvel urbano ou rural.

Os dispositivos prestigiam o direito de moradia, previsto constitucionalmente como um direito social (art. 6º, *caput*, CF, com redação determinada pela Emenda Constitucional nº 26/2000), e colocam à disposição do Poder Público um instrumento essencial para a consecução do processo de regularização fundiária.

Por outro lado, rezam os artigos 4º e 5º da MP nº 2.220/2001, respectivamente:

> Art. 4º No caso de a ocupação acarretar risco à vida ou à saúde dos ocupantes, o Poder Público garantirá ao possuidor o exercício do direito de que tratam os arts. 1o e 2o em outro local.

Art. 5º É facultado ao Poder Público assegurar o exercício do direito de que tratam os arts. 1º e 2º em outro local na hipótese de ocupação de imóvel:

I - de uso comum do povo;

II - destinado a projeto de urbanização;

III - de interesse da defesa nacional, da preservação ambiental e da proteção dos ecossistemas naturais;

IV - reservado à construção de represas e obras congêneres; ou

V - situado em via de comunicação.

Da leitura conjunta dos dispositivos citados, infere-se que o ocupante de área pública tem direito subjetivo à concessão de uso dessa área para fins de moradia, ainda que em outro imóvel público. Assim, no caso de recusa da Administração em lhe outorgar tal direito, pode o possuidor exigi-lo judicialmente, caso tenha cumprido integralmente os requisitos para tanto. Vê-se, portanto, que a outorga da concessão em questão é decorrente de atividade vinculada da Administração.

E o texto legal fala em *imóvel público*, sem referir-se a bem de uso comum, especial ou dominical. Isso quer dizer que as três espécies de bens podem ser objeto da concessão.

Em comentário ao citado §1º do art. 183, que serve de fundamento às disposições da Medida Provisória em tela, segundo a própria ementa desse texto legislativo, Maria Sylvia Zanella Di Pietro diz ser lamentável a redação do dispositivo constitucional no que se refere à concessão de uso. Isto porque o *caput* do artigo dispõe sobre a aquisição do domínio de imóvel urbano através de usucapião,[542] mas o seu §1º refere-se a título de domínio e a concessão de uso, sendo que essa última não constitui forma de transferência do domínio.[543]

---

[542] "Art. 183. Aquele que possuir como sua área urbana de até duzentos e cinqüenta metros quadrados, por cinco anos, ininterruptamente e sem oposição, utilizando-a para sua moradia ou de sua família, adquirir-lhe-á o domínio, desde que não seja proprietário de outro imóvel urbano ou rural." Trata-se de usucapião especial de imóvel urbano, disciplinado pelos artigos 9º (usucapião individual) e 10º da Lei nº 10.257/2001 (Estatuto da Cidade).

[543] DI PIETRO. Concessão de uso especial para fins de moradia (Medida Provisória 2.220, de 4.9.2001). In: DALLARI; FERRAZ (Coord.). *Estatuto da Cidade*: comentários à Lei Federal 10.257/2001, p. 156.

Levando-se em conta que a Constituição não abriga palavras inúteis, a citada autora conclui que o constituinte procurou distinguir duas hipóteses:

a) a usucapião previsto no *caput* seria aplicado a imóveis privados, com outorga do título de domínio;

b) a concessão de uso seria aplicada, por sua vez, a imóveis públicos, com a outorga do título de concessão de uso previsto no mesmo §1º.[544]

De fato, a interpretação só pode ser essa, tendo em vista que o §3º do citado art. 183 proíbe expressamente a usucapião de imóveis públicos.

Diogenes Gasparini acompanha tal entendimento, e lembra que o instituto da concessão de uso somente pode ter por objeto área pública, descabendo sua utilização no que tange a imóvel pertencente a particular.[545]

Entretanto, a nosso ver, não se deve fundamentar a concessão de direito de uso disciplinada pela Medida Provisória nº 2.220/2001 unicamente no citado §1º do art. 183 da Constituição Federal. Afinal, a lei em questão pode perfeitamente encontrar o seu fundamento no princípio constitucional da função social da propriedade, que atinge, como já visto, tanto a propriedade privada quanto a pública.

Apresentamos supra (1.2.2) a definição de função social da propriedade como o *dever-poder* do proprietário de exercer o seu direito de propriedade sobre o bem no sentido de atender ao interesse de toda a coletividade. No intuito de cumprir tal mister, o proprietário utiliza os poderes que tem sobre a coisa, que correspondem aos poderes inerentes ao seu direito subjetivo de propriedade.

A pessoa jurídica de direito público proprietária do bem público também tem o *dever-poder* de exercer o seu direito de propriedade no sentido de atender ao interesse de toda a sociedade.

---

[544] DI PIETRO. Concessão de uso especial para fins de moradia (Medida Provisória 2.220, de 4.9.2001). In: DALLARI; FERRAZ (Coord.). *Estatuto da Cidade*: comentários à Lei Federal 10.257/2001, p. 156.

[545] GASPARINI. *O Estatuto da Cidade*, p. 92.

Parcelamento, edificação e utilização compulsórios de imóveis públicos urbanos | 229

É do interesse da coletividade que todos tenham acesso à moradia digna. Trata-se de uma das funções sociais da cidade (habitação), que deve ser realizada também a partir do instrumento da função social da propriedade pública.

Outrossim, é do interesse de toda a sociedade a concretização do processo de regularização fundiária, essencial para a ordenação das cidades em que todos vivem, ricos e pobres, com ou sem moradia digna.

Assim, o ente público proprietário do imóvel urbano, de acordo com o que prescreve a Medida Provisória n⁰ 2.220/2001, tem o *dever* de conceder para fins de moradia o uso de área pública ocupada, atendidos os requisitos legais, utilizando o *poder* que tem, como proprietário, de conceder o uso do seu imóvel, ainda que em outro local. Afigura-se, portanto, a indiscutível aplicação do princípio da função social da propriedade pública urbana, a conformar a atuação da Administração na gestão de seus bens.

Ainda, a propriedade pública urbana, para cumprir sua função social, deve, assim como a propriedade privada, atender "às exigências fundamentais de ordenação da cidade expressas no plano diretor" (art. 182, §2⁰, CF). Certamente, uma das exigências de qualquer plano diretor deve ser a garantia do acesso à moradia digna, posto que, como já dito, a função social da propriedade é instrumento para a realização das funções sociais da cidade, e uma dessas funções é justamente a habitação.[546]

---

[546] Nesse sentido, o Plano Diretor do Município de São Paulo (Lei n⁰ 13.430/2002) prevê, em seus artigos 11 e 12: "Art. 11 - A propriedade urbana cumpre sua função social quando atende, simultaneamente, segundo critérios e graus de exigência estabelecidos em lei, no mínimo, os seguintes requisitos: *I - o atendimento das necessidades dos cidadãos quanto à qualidade de vida, à justiça social, o acesso universal aos direitos sociais e ao desenvolvimento econômico*; II - a compatibilidade do uso da propriedade com a infra-estrutura, equipamentos e serviços públicos disponíveis; III - a compatibilidade do uso da propriedade com a preservação da qualidade do ambiente urbano e natural; IV - a compatibilidade do uso da propriedade com a segurança, bem estar e a saúde de seus usuários e vizinhos. Art. 12 - A função social da propriedade urbana, elemento constitutivo do direito de propriedade, deverá subordinar-se às exigências fundamentais de ordenação da Cidade expressas neste Plano e no artigo 151 da Lei Orgânica do Município, compreendendo: I - a distribuição de usos e intensidades de ocupação do solo de forma equilibrada em relação à infra-estrutura disponível, aos transportes e ao meio ambiente, de modo a evitar ociosidade e sobrecarga dos investimentos coletivos; II - a intensificação da ocupação do solo condicionada à ampliação da capacidade de infra-estrutura; III - a adequação das

Ademais, o direito à moradia, como já dantes afirmado, é direito social garantido constitucionalmente no art. 6º, *caput*, CF, com redação determinada pela Emenda Constitucional nº 26/2000.

Aqui, mais um fundamento para a legislação que prevê a concessão de uso para fins de moradia, como bem aponta Sylvio Toshiro Mukai. De fato, para o autor, a concessão de uso especial para fins de moradia encontra-se ligada ao direito à moradia, "pois o exercício de tal direito só pode ser realizado em um ambiente de segurança quanto à posse do imóvel por seu ocupante. Esse direito, introduzido pela Emenda Constitucional nº 26 no texto constitucional, é um dos denominados direitos sociais, o que implica uma prestação positiva por parte do Estado".[547]

Em conclusão, extrai-se do nosso ordenamento jurídico, um exemplo claro de aplicação do princípio da função social à propriedade pública urbana.

De outra face, pode-se entender o disposto no texto da Medida Provisória nº 2.220/2001 como uma consequência para o Poder Público de qualquer esfera federativa que não se opôs à ocupação irregular de bem de sua propriedade, durante o prazo ininterrupto de cinco anos determinado pelo diploma legal.

Ainda que se considere que tal efeito, o de obrigar a Administração Pública a conceder o uso de imóvel seu acabe por gerar resultados para toda a sociedade por se tratar de patrimônio público, o fato é que, na verdade, é interesse de todo o corpo social o

---

condições de ocupação do sítio às características do meio físico, para impedir a deterioração e degeneração de áreas do Município; IV - a melhoria da paisagem urbana, a preservação dos sítios históricos, dos recursos naturais e, em especial, dos mananciais de abastecimento de água do Município; V - a recuperação de áreas degradadas ou deterioradas visando à melhoria do meio ambiente e das condições de habitabilidade; *VI - o acesso à moradia digna, com a ampliação da oferta de habitação para as faixas de renda média e baixa*; VII - a descentralização das fontes de emprego e o adensamento populacional das regiões com alto índice de oferta de trabalho; VIII - a regulamentação do parcelamento, uso e ocupação do solo de modo a incentivar a ação dos agentes promotores de Habitação de Interesse Social (HIS) e Habitação do Mercado Popular (HMP), definidos nos incisos XIII, XIV e XXIV do artigo 146 desta lei; IX - a promoção e o desenvolvimento de um sistema de transporte coletivo não-poluente e o desestímulo do uso do transporte individual; X - a promoção de sistema de circulação e rede de transporte que assegure acessibilidade satisfatória a todas as regiões da Cidade". (grifos nossos).

[547] MUKAI. A constitucionalidade da concessão especial para fins de moradia. In: MUKAI. *Temas atuais de direito urbanístico e ambiental*, p. 82-83.

acesso universal à moradia digna. É também interesse de toda a sociedade que o processo de regularização fundiária seja levado a cabo, a fim de se garantir a ordenação do espaço urbano, em que todos vivem.

Por derradeiro, cabe tecer algumas observações acerca da data fixada no *caput* dos artigos 1º e 2º da Medida Provisória em comento. Dizem os dispositivos que o prazo de cinco anos de posse necessário à aquisição do direito à outorga da concessão de uso deve ser contado até 30.6.2001.

Para Diogenes Gasparini, a referida medida provisória, "à semelhança de uma máquina fotográfica, retratou a situação dos posseiros em 30.6.01 e prestigiou os que até esse dia haviam cumprido as suas exigências". Para o autor, os demais possuidores não têm direito à outorga da concessão de uso especial em comento.[548]

Maria Sylvia Zanella Di Pietro, defende que a limitação no tempo pode ser fixada pelo diploma legal, sendo a medida provisória em tela norma transitória aplicável apenas a quem cumprir os requisitos até a data fixada.[549]

Discordamos, com a devida vênia, dos autores citados por entendermos que o direito à outorga da concessão de uso especial, como já afirmado, é direito subjetivo do possuidor oponível contra o Poder Público e, portanto, o exercício desse direito não poderia restar limitado no tempo.

Com efeito, entendemos que o sentido que deve ser atribuído ao art. 183 da Carta é o de que, no caso de preenchimento dos requisitos indicados no *caput*, o possuidor de imóvel público, ao invés de adquirir o domínio sobre o bem, o que seria impossível frente à regra expressa da sua imprescritibilidade, ganharia o direito à outorga da concessão de uso sobre a área.

Logo, trata-se de direito subjetivo oponível contra a Administração Pública decorrente diretamente da Constituição, e a limitação

---

[548] GASPARINI. *O Estatuto da Cidade*, p. 101.

[549] DI PIETRO. Concessão de uso especial para fins de moradia (Medida Provisória 2.220, de 4.9.2001). In: DALLARI; FERRAZ (Coord.). *Estatuto da Cidade*: comentários à Lei Federal 10.257/2001, p. 158.

de tempo determinada pela medida provisória é, por conseguinte, inconstitucional.

Tal limitação fere, principalmente, o princípio da igualdade expresso no art. 5º da Carta. Não há razão para que determinados ocupantes tenham a posse privilegiada somente pelo fato de terem cumprido os requisitos necessários à outorga até determinada data, em detrimento de outros que não tiveram a mesma sorte. O princípio da função social da propriedade pública, que fundamenta o instituto da concessão de uso, como já visto, deve continuar a ser respeitado inclusive depois do lapso de tempo indicado na medida provisória.

Assim, o possuidor que cumprir todas as exigências da lei tem o direito subjetivo à outorga da concessão de uso, ainda que o prazo de cinco anos tenha findado após 30.6.2001.

Nesse sentido, Lúcia Valle Figueiredo afirma que o termo final (30.6.2001) não tem qualquer pertinência lógica com a situação discriminada, por isso mesmo atenta contra o princípio da igualdade.[550]

5.7 Ação civil pública em defesa da ordem urbanística

Já nos referimos supra (5.4) à possibilidade de propositura de ação civil pública para a defesa da ordem urbanística (art. 1º, inc. VI, Lei nº 7.347/1985).[551]

José Carlos de Freitas, discorrendo sobre o tema, explica ser a *ordem urbanística* uma categoria de interesses difusos e coletivos, "cujos contornos transitam pelas quatro funções sociais da cidade, que são, conforme doutrina especializada, a 'habitação', o 'trabalho', a 'circulação' no espaço urbano e a 'recreação' do corpo e do espírito". Para o autor citado,

---

[550] FIGUEIREDO. *Disciplina urbanística da propriedade*, p. 107.

[551] O inciso VI do art. 1º da Lei nº 7.347/1985 foi acrescentado pela MP nº 2.180-35/2001. O seu texto já havia sido acrescentado pelo art. 53 do Estatuto da Cidade, que foi revogado pela referida MP nº 2.180-35/2001.

Parcelamento, edificação e utilização compulsórios de imóveis públicos urbanos | 233

(...) trata-se de um conceito jurídico de ampla latitude, que abrange o planejamento, a política do solo, a urbanização, a ordenação das edificações (tamanho em sua projeção horizontal, recuos, volumetria), a racionalização do traçado urbano, o bom funcionamento dos serviços públicos, a correta distribuição da concentração demográfica, a criteriosa utilização das áreas públicas urbanas e a localização das atividades humanas pelo território da 'polis' (moradia, trabalho, comércio, indústria, prestação de serviços, lazer), tudo para viabilizar o conforto da coletividade, mantendo a equação de equilíbrio entre população e ambiente, assim como entre área, habitantes e equipamentos urbanos (...).[552]

O autor realça a importância da ação civil pública para exigir que os Municípios, inclusive aqueles que não tenham a obrigação de elaborar plano diretor, cumpram as diretrizes fixadas pelo Estatuto da Cidade. Julga apropriado o manejo da ação civil pública em defesa da ordem urbanística, por exemplo, "com pedido inibitório dirigido ao Município, impondo-lhe obrigação de não fazer, enquanto não for aprovado o plano diretor, quando obrigatório, nos termos do art. 182, §1º, da CF e dos arts. 41 e 50 da Lei nº 10.257/2001". Ou mesmo para questionar lei editada para disciplinar, sem planejamento, o uso, a ocupação e o parcelamento do solo.[553]

Afinal, sendo o plano diretor instrumento básico da política de desenvolvimento e de expansão urbana (art. 182, §1º, CF; art. 40, EC), a sua ausência "impede a alteração pontual das leis de cunho urbanístico (notadamente de parcelamento, de uso e ocupação do solo) que promovam a substancial alteração espacial e estrutural da urbe, ou mesmo a aprovação de loteamentos (forma de expansão das cidades), a realização de obras e empreendimentos públicos e privados que provoquem modificações expressivas no espaço urbano".[554]

Afirma também José Carlos de Freitas que a ausência de comando, de fiscalização, e de exercício do poder de polícia pelas

---

[552] FREITAS. A ação civil pública, a ordem urbanística e o Estatuto da Cidade. In: MILARÉ (Coord.). *A ação civil pública*: após 20 anos: efetividade e desafios, p. 257-258.

[553] FREITAS. A ação civil pública, a ordem urbanística e o Estatuto da Cidade. In: MILARÉ (Coord.). *A ação civil pública*: após 20 anos: efetividade e desafios, p. 262.

[554] FREITAS. A ação civil pública, a ordem urbanística e o Estatuto da Cidade. In: MILARÉ (Coord.). *A ação civil pública*: após 20 anos: efetividade e desafios, p. 262.

autoridades municipais sobre o processo de urbanização acaba por irradiar efeitos negativos em toda a comunidade, "razão por que eventual inércia pode gerar tanto a responsabilização do Município em 'ação civil pública' (por omissão), quanto do agente ou servidor público omisso, ora por improbidade administrativa (Lei nº 8.429/1992, art. 11, II) e crime de prevaricação ou, conforme o caso, em se tratando de loteamentos clandestinos, por crime tipificado no art. 50 da Lei nº 6.766/1979, na forma de 'delito comissivo por omissão penalmente relevante'".[555]

Ainda, assevera o mesmo autor que nas hipóteses em que o desrespeito à função social da propriedade implicar danos de natureza coletiva ou difusa, "afetando a rua, o bairro, a comunidade ou a ordem jurídica, pode ser manejada ação civil pública".[556]

Ora, nada impede que esse instrumento processual seja utilizado contra a pessoa jurídica de direito público que utilizar a sua propriedade em desatenção aos preceitos do plano diretor, causando danos à ordem urbanística. O Poder Público, de qualquer esfera, pode ser compelido, através da ação civil pública, a adequar a sua propriedade aos ditames do plano urbanístico municipal.

5.8 Improbidade administrativa

Conforme já ressaltado supra, o agente público que der causa ao descumprimento da função social da propriedade pública incorre em ato de improbidade administrativa, nos termos da Lei nº 8.429/1992.

Sobre a questão, vale ressaltar que o art. 52 do Estatuto da Cidade traz rol de hipóteses em que se atribuirá ao Prefeito a prática de ato de improbidade administrativa. Dentre elas, cumpre destacar as previstas nos incisos II e III do citado art. 52.

De acordo com o inc. II, incorre em improbidade administrativa o Prefeito que deixar de proceder, no prazo de cinco anos, o adequado aproveitamento do imóvel incorporado ao patrimônio

---

[555] FREITAS. A ação civil pública, a ordem urbanística e o Estatuto da Cidade. In: MILARÉ (Coord.). *A ação civil pública*: após 20 anos: efetividade e desafios, p. 265.

[556] FREITAS. A ação civil pública, a ordem urbanística e o Estatuto da Cidade. In: MILARÉ (Coord.). *A ação civil pública*: após 20 anos: efetividade e desafios, p. 266.

público, nos termos do §4º do art. 8º do Estatuto. Ou seja, a utilização do imóvel objeto da desapropriação sancionatória tratada supra deve adequar-se ao plano diretor municipal em um prazo máximo de cinco anos, ou poderá o Chefe do Executivo municipal ser punido. Em outras palavras, buscar-se-á sancionar o Prefeito que der causa ao descumprimento da função social de propriedade que passou a fazer parte do patrimônio público através de processo expropriatório, abstendo-se de adequá-la aos preceitos do plano diretor.

Marcelo Figueiredo comenta o dispositivo em questão, afirmando:

> (...) a norma se apresenta bastante razoável, quer em virtude do prazo concedido ao prefeito, quer em razão da minuciosa previsão do procedimento a seguir para cumpri-la. Sendo assim, a possibilidade de improbidade administrativa na espécie é adequada, sobretudo se considerarmos os valores que se quer preservar — a boa gestão de recursos públicos e a função social da propriedade —, e que os dirigentes municipais estão obrigados a atender.[557]

Por outro lado, de acordo o disposto no inc. III do art. 52, incorre em improbidade administrativa o Prefeito que utilizar imóvel obtido por meio do direito de preempção[558] em desacordo com o disposto no art. 26 do Estatuto.

---

[557] FIGUEIREDO. O Estatuto da Cidade e a Lei de Improbidade Administrativa (art. 52). In: DALLARI; FERRAZ (Coord.). *Estatuto da Cidade*: comentários à Lei Federal 10.257/2001, p. 370. O art. 52 do Estatuto da Cidade prevê outras hipóteses em que o Prefeito pode incorrer em improbidade administrativa. Em comentário específico ao inciso VI do citado dispositivo, Mariana Mencio afirma que "é possível imputar ao agente político ou público, que atua na esfera administrativa e legislativa, cometimento de atos de improbidade administrativa e, dependendo do caso, até mesmo de crime de responsabilidade, nos termos do Decreto-Lei nº 201/1967, caso deixe de efetivar as audiências públicas obrigatórias pelo Estatuto da Cidade. O Estatuto da Cidade, no que toca ao processo de elaboração e aprovação do Plano Diretor de forma democrática, previu especificamente para Prefeito e Governador do Distrito Federal, nos termos do art. 52, VI, a punição por atos de improbidade, por impedirem ou deixarem de garantir as audiências públicas, durante o processo de elaboração e aprovação do Plano Diretor" (*Regime jurídico da audiência pública na gestão democrática das cidades*, p. 197-198).

[558] Estatuto da Cidade, art. 25: "O direito de preempção confere ao Poder Público municipal preferência para aquisição de imóvel urbano objeto de alienação onerosa entre particulares. §1º Lei municipal, baseada no plano diretor, delimitará as áreas em que incidirá o direito de preempção e fixará prazo de vigência, não superior a cinco anos, renovável a partir de um ano após o decurso do prazo inicial de vigência. §2º O direito de preempção fica assegurado durante o prazo de vigência fixado na forma do §1º, independentemente do número de alienações referentes ao mesmo imóvel".

O referido art. 26 lista as hipóteses em que o Poder Público municipal pode valer-se do seu direito de preempção. São elas:

a) regularização fundiária;

b) execução de programas e projetos habitacionais de interesse social;

c) constituição de reserva fundiária;

d) ordenamento e direcionamento da expansão urbana;

e) implantação de equipamentos urbanos e comunitários;

f) criação de espaços públicos de lazer e áreas verdes;

g) criação de unidades de conservação ou proteção de outras áreas de interesse ambiental; e

h) proteção de áreas de interesse histórico, cultural ou paisagístico.

Em outros termos, o imóvel adquirido pelo Poder Público por meio do direito de preempção, que passa a ser bem público, deve ser utilizado para as finalidades indicadas acima. Atendidas tais finalidades, cumprirá o bem público sua função social. Desrespeitadas, restará descumprido o princípio da função social da propriedade pública e, em consequência, buscar-se-á responsabilizar o Chefe do Executivo municipal por ato de improbidade administrativa.

Em comentário sobre o art. 52, III, do Estatuto da Cidade, ora em estudo, Marcelo Figueiredo afirma:

> (...) a norma que contempla a improbidade quer exatamente afastar a prática corrente do administrador público irresponsável, aquele que simula a necessidade ou utilidade de obras públicas ou de um 'ordenamento urbanístico' que jamais se concretiza. A ameaça de improbidade na hipótese será instrumento útil para evitar a utilização arbitrária da propriedade privada pelos meios ora concedidos pelo Estatuto da Cidade. Havendo interesse coletivo e social, os institutos devem ser utilizados tal como planejados. Do Contrário o administrador deve ser alcançado pelo ato de improbidade administrativa.[559]

---

[559] FIGUEIREDO. O Estatuto da Cidade e a Lei de Improbidade Administrativa (art. 52). In: DALLARI; FERRAZ (Coord.). *Estatuto da Cidade*: comentários à Lei Federal 10.257/2001, p. 372.

Os dois dispositivos acima citados (incisos II e III do art. 52 do Estatuto) consubstanciam duas hipóteses extraídas do ordenamento jurídico que demonstram a aplicação do princípio da função social também no que refere à propriedade pública.

De fato, os bens públicos adquiridos através da desapropriação sancionatória prevista no art. 8º do Estatuto, ou por meio de direito de preempção, devem também cumprir sua função social, sob pena de punição ao agente público responsável pela gestão desses bens.

Outras hipóteses de descumprimento da função social da propriedade pública podem ensejar a responsabilização do agente público por ato de improbidade administrativa. O art. 10, inc. X, da Lei nº 8.429/1992, por exemplo, determina que constitui ato de improbidade administrativa ação ou omissão, dolosa ou culposa,[560] contrária à conservação do patrimônio Público. Já o art. 11, inc. II, do mesmo diploma legal determina que constitui ato de improbidade retardar ou deixar de praticar, indevidamente, ato de ofício.[561]

---

[560] Há na doutrina pátria, entendimento no sentido de que a Lei nº 8.429/1992 não poderia ter atribuído à ação ou omissão *culposa* do agente público a qualidade de ato de improbidade administrativa. Nesse sentido, Márcio Cammarosano afirma que "para efeito de sujeitar quem quer que seja às severas sanções já mencionadas, é imperioso, num Estado Democrático de Direito como o nosso, e em face mesmo do primado da segurança jurídica, e, em matéria penal, do princípio da legalidade dos delitos e das penas (Constituição da República, art. 5º, XXXIX), elencar tipos de comportamentos que se deve qualificar como improbidade. A propósito, cabe advertir que ao legislador não é dado alargar o conceito como melhor lhe aprouver, como se nada o limitasse, nem restringi-lo tanto a ponto de amesquinhar o preceito constitucional. Mas o que verificamos, procedendo ao exame da Lei nº 8.429, de 02 de junho de 1992, é que ela, na sua letra, vai longe demais, prescrevendo constituir também ato de improbidade administrativa qualquer ação ou omissão, mesmo culposa, que enseja perda patrimonial de entidades referidas no seu art. 1º (art. 10), exigindo mesmo do intérprete e aplicador muita prudência para que não considere também, em face do disposto no art. 11, '*caput*', ato de improbidade qualquer comportamento ou ato ofensivo à lei, decorrente de mero erro de fato ou de direito. Para nós só se pode falar em improbidade em face de imoralidade especialmente qualificada pelo atuar de forma desonesta, corrupta, dolosamente, portanto" (*O princípio constitucional da moralidade e o exercício da função administrativa*, p. 109-110).

[561] Sobre o art. 11 da Lei nº 8.429/1992, escreve Marcelo Figueiredo: "qualquer conduta, ainda que não seja 'diretamente' lesiva ao patrimônio público, ou que não seja uma conduta de enriquecimento ilícito estrito senso, pode violar determinado princípio administrativo, um princípio da administração pública — a que viola o princípio da lealdade, da boa-fé, por exemplo —, e isso é considerado um ato de improbidade administrativa. Nesta hipótese, como a lei tem textura aberta, conceito plástico, mais aberto, faz com que 'qualquer conduta'

Ora, deve o agente público competente buscar a adequação do imóvel público aos ditames do plano diretor do Município em que se situa. Trata-se de obrigação legal cujo descumprimento poderá ensejar a responsabilização do agente por improbidade administrativa.

Ressalvamos, todavia, que a eventual punição do agente público responsável pela gestão da propriedade pública não garante o cumprimento de sua função social. É necessária a utilização dos instrumentos de política urbana previstos no Estatuto da Cidade, ainda que com reservas, para que se faça cumprir o princípio da função social da propriedade pública.

Assim, identificamos no decorrer desse capítulo o princípio da função social da propriedade pública a partir do Texto Constitucional e da legislação que trata de matéria urbanística. O princípio em questão pode não ser explícito,[562] mas é facilmente extraído do conjunto do ordenamento jurídico nacional.

Após reconhecer a existência do princípio da função social da propriedade pública no ordenamento jurídico pátrio, e abordar a possibilidade de aplicação de alguns dos instrumentos de política urbana ao imóvel público, discorreremos no capítulo seguinte especificamente acerca da aplicação dos instrumentos de parcelamento, edificação e utilização compulsórios, IPTU progressivo e desapropriação sancionatória, previstos no Estatuto da Cidade, para fins de adequação do bem público de propriedade das autarquias e fundações públicas, federais e estaduais, aos preceitos do plano diretor municipal. Com tal demonstração, restará comprovada, uma vez mais, a prevalência do princípio da função social também em relação à propriedade pública.

---

que viole a moralidade administrativa num sentido mais abrangente, mais aberto, possa ser catalogada como violadora do art. 11 da Lei de Improbidade, que é, exatamente, atentar contra os princípios da administração pública" (Ação de improbidade administrativa, suas peculiaridades e inovações. In: BUENO; PORTO FILHO (Org.). *Improbidade administrativa*: questões polêmicas e atuais, p. 289).

[562] Eros Roberto Grau ensina que os princípios implícitos "não são resgatados fora do ordenamento jurídico, porém descobertos no seu interior" (*Ensaio e discurso sobre a interpretação/aplicação do direito*, p. 144). Para o autor, esses princípios, "se existem, já estão positivados; se não for assim, deles não se trata".

Capítulo 6

Parcelamento, edificação e utilização compulsórios de imóveis públicos urbanos

Sumário: **6.1** Notificação para o cumprimento da obrigação de parcelar, edificar ou utilizar imóvel público urbano - **6.2** Cobrança do IPTU progressivo no tempo em relação a imóveis de propriedade das autarquias e fundações públicas - **6.3** Desapropriação com pagamento em títulos de bens imóveis de propriedade de autarquias e fundações públicas

Conforme já ressaltado no capítulo anterior, analisaremos a seguir a possibilidade de aplicação dos instrumentos de parcelamento, edificação e utilização compulsórios, IPTU progressivo e desapropriação sancionatória, previstos no Estatuto da Cidade, para fins de adequação do bem público de propriedade das autarquias e fundações públicas, federais e estaduais, aos preceitos do plano diretor municipal.

Em primeiro lugar, fixemos os conceitos de *autarquia* e *fundação pública*. Para Lúcia Valle Figueiredo, "autarquias são pessoas jurídicas de direito público, de capacidade administrativa, criadas pelo Estado para persecução de finalidades públicas; de conseguinte, submetem-se ao regime jurídico de direito público".[563]

---

[563] FIGUEIREDO. *Curso de direito administrativo*, p. 130.

Ensina a autora que, precisamente pelo fato de estar submetida ao regime jurídico de direito público, o patrimônio da autarquia é "inteiramente público e afetado a fim público".[564] Portanto, seus bens são marcados pela inalienabilidade, imprescritibilidade e impenhorabilidade. Ou seja, são bens públicos.

No que tange às fundações públicas, cumpre apresentar a definição de Celso Antônio Bandeira de Mello, para quem:

> (...) em rigor, "as chamadas fundações públicas são pura e simplesmente autarquias", às quais foi dada a designação correspondente à base estrutural que têm. É que, como se sabe, as pessoas jurídicas, sejam elas de Direito Público, sejam de Direito Privado, são classificáveis em dois tipos, no que concerne ao "substrato básico" sobre que assentam: pessoas de base corporativa (corporações, associações, sociedades) e pessoas de base fundacional (fundações). Enquanto as primeiras tomam como substrato uma associação de pessoas, o substrato das segundas é, como habitualmente se diz, um patrimônio personalizado, ou, como mais corretamente dever-se-ia dizer, "a personificação de uma finalidade".[565]

Adotando-se a posição do autor, pode-se afirmar que as fundações públicas são pessoas jurídicas de direito público e, portanto, submetidas ao regime jurídico de direito público. Assim, seus bens também estão sujeitos a tal regime.

E bens públicos que são, conforme já ressaltado, devem cumprir sua função social, assim como os bens dos particulares. Em outros termos, pode-se afirmar que os bens imóveis urbanos de propriedade das autarquias e fundações públicas, de qualquer esfera federativa, assim como os bens públicos da Administração Direta, devem cumprir sua função social.

Nos capítulos anteriores ressaltamos, outrossim, que, não obstante a aplicação também aos bens públicos do princípio da função social da propriedade urbana, há impedimentos, decorrentes do próprio ordenamento jurídico pátrio, para a aplicação dos institutos previstos nos artigos 5° a 8° do Estatuto da Cidade, em caso de desconformidade da propriedade pública urbana aos preceitos do plano diretor.

---

[564] FIGUEIREDO. *Curso de direito administrativo*, p. 130.
[565] BANDEIRA DE MELLO. *Curso de direito administrativo*, p. 171.

Dentre tais óbices, vale destacar a imunidade tributária recíproca, prevista no art. 150, VI, *a*, CF. De acordo com este dispositivo, é vedado à União, aos Estados, ao Distrito Federal e aos Municípios instituir impostos sobre o patrimônio, renda ou serviços, uns dos outros.

Destarte, em caso de descumprimento da obrigação de parcelar, edificar ou utilizar imóvel público urbano, cuja utilização esteja em desacordo com os preceitos do plano diretor municipal, não poderia ser aplicado o instrumento previsto no art. 7º da Lei nº 10.257/2001, que prevê a instituição do IPTU progressivo no tempo para forçar o proprietário de imóvel urbano a adequá-lo às prescrições do plano diretor.

Também a desapropriação com pagamento em títulos, instrumento previsto no art. 8º do Estatuto, não poderia ser aplicada ao bem imobiliário público, dada a alegada impossibilidade de desapropriação de bens públicos.[566]

Tais dificuldades levaram Diogenes Gasparini a afirmar não ser possível a aplicação dos referidos instrumentos previstos nos artigos 5º a 8º do Estatuto da Cidade à propriedade pública. Para o autor, a pessoa jurídica de direito público não pode ser destinatária dessas imposições,

> (...) mesmo que seus imóveis estejam em área incluída no plano diretor e haja lei municipal disciplinando o parcelamento, a edificação e a utilização compulsórios. Primeiro, porque seria uma intervenção de um ente federado em outro, pois cada um tem exclusiva competência para usar, gozar e dispor de seus bens segundo o interesse público que lhe compete perseguir, observadas, naturalmente, as exigências municipais de ordem edilícia e urbanística. Segundo, porque mesmo que se aceitasse essa possibilidade de intervenção, não seria possível compelir o Estado ou a União ao cumprimento dessas imposições, pois seus bens não podem ser tributados (art. 150, VI, *a*, da CF), nem podem ser desapropriados, consoante previsto pelo §2º do art. 2º da Lei Geral das Desapropriações, salvo na ordem e condições aí estabelecidas, o que não é o caso.[567]

---

[566] Já foi demonstrado supra, seção 4.5, que o bem público pode, sim, ser desapropriado, sob certas circunstâncias.

[567] GASPARINI. *O Estatuto da Cidade*, p. 27-28.

No que tange especificamente às autarquias e fundações públicas, assevera o autor:

> (...) também não podem ser destinatárias dessas imposições, quando seus bens estejam situados em área incluída no plano diretor sobre a qual incide lei municipal específica disciplinando o parcelamento, a edificação ou o uso compulsórios, ainda que não estejam destinados aos fins perseguidos por essas entidades (imóveis baldios). Ainda que entidades de fins meramente administrativos, os bens dessas pessoas são bens públicos e, por dita razão, são protegidos contra imposições tributárias e desapropriações municipais.[568]

Fernando Dias Menezes de Almeida, no mesmo sentido, assevera que o sujeito passivo da imposição de parcelar, edificar ou utilizar o imóvel de acordo com o plano diretor, nos termos da Lei nº 10.257/2001, será necessariamente uma pessoa de direito privado. Diz o autor que "isso é decorrência lógica da natureza das sanções ante o descumprimento da obrigação, que seriam as previstas nos incs. II e III do §4º do art. 182 da Constituição, bem como nos arts. 7º e 8º do Estatuto da Cidade: IPTU progressivo e desapropriação com pagamento em títulos da dívida pública". Em função da imunidade tributária recíproca entre os entes federativos (art. 150, VI, *a*) e da vedação à desapropriação de bens da União e dos Estados pelo Município (art. 2º, §2º e §3º do Decreto-Lei nº 3.365/41), o IPTU progressivo (art. 7º do Estatuto da Cidade) e a desapropriação com pagamento em títulos (art. 8º) não poderiam ser aplicados às pessoas jurídicas de direito público, inclusive autarquias e fundações públicas.[569]

Com a devida vênia ao entendimento dos autores, não se pode afirmar que os instrumentos em questão sejam absolutamente inaplicáveis a imóveis urbanos de autarquias e fundações públicas, federais e estaduais, que estejam em desacordo com o plano urbanístico.

Os impedimentos apontados para a aplicação desses instrumentos aos bens públicos da Administração Direta podem, na

---

[568] GASPARINI. *O Estatuto da Cidade*, p. 28.

[569] ALMEIDA. Dos instrumentos da política urbana. In: MEDAUAR; ALMEIDA (Coord.). *Estatuto da Cidade*: Lei 10.257, de 10.07.2001: comentários, p. 65-66.

verdade, ser afastados no que tange aos bens públicos urbanos de autarquias e fundações públicas. Isso porque, como será visto adiante, há exceções à imunidade tributária recíproca que abrangem tais entidades (art. 150, §2º e §3º, da Constituição), e a desapropriação de seus bens pode ser lavada a cabo pelo Município, sob determinadas circunstâncias, conforme, aliás, já ressaltado na seção 4.5 supra.

6.1 Notificação para o cumprimento da obrigação de parcelar, edificar ou utilizar imóvel público urbano

Em primeiro plano, há de se analisar a possibilidade de o Poder Público Municipal notificar a autarquia ou fundação pública para o cumprimento da obrigação de parcelar, edificar ou utilizar compulsoriamente solo urbano de sua propriedade.

No nosso entender, tal medida pode ser fundamentada no princípio da função social da propriedade, que também pode ser aplicado à propriedade pública.

Já foi demonstrado no decorrer deste trabalho que o bem público imóvel situado em zona urbana (ou rural) não pode deixar de cumprir sua função social, posto que a própria finalidade de sua utilização condiz com o atendimento a regras decorrentes do regime jurídico de direito público, as quais, em última análise, visam sempre assegurar o atendimento ao interesse de toda a sociedade, inclusive o da respectiva coletividade urbana.

Assim, a notificação de que trata o art. 5º do Estatuto da Cidade pode ser dirigida à autarquia e à fundação pública, federal ou estadual, proprietária de imóvel que não esteja cumprindo a sua função social, com base justamente no princípio da função social da propriedade pública, desde que o bem esteja situado em área incluída no plano diretor municipal.

Não há nada no ordenamento jurídico pátrio que proíba tal notificação. Ao contrário, conforme já ressaltado anteriormente, a Constituição da República dá prevalência aos Municípios na organização do espaço urbano; por isso eles podem obrigar entes estaduais e federais a fazerem com que suas respectivas propriedades urbanas cumpram sua função social.

A Constituição atribui aos Municípios a competência para "promover, no que couber, adequado ordenamento territorial, mediante planejamento e controle do uso, do parcelamento e da ocupação do solo urbano" (art. 30, VIII).[570] Em face de tal atribuição, não pode o Município escapar ao cumprimento do seu dever de dar impulso ao adequado ordenamento urbanístico, utilizando os instrumentos de política urbana disponíveis no sistema jurídico.

Por sua vez, o art. 182 da Constituição elegeu o Poder Público municipal o executor da política de desenvolvimento urbano, que tem por objetivo ordenar o pleno desenvolvimento das funções sociais da cidade.

A União, os Estados e suas respectivas autarquias e fundações devem respeitar tal atribuição constitucional, buscando, também eles, atender aos preceitos legais que ditam as regras dessa política urbana. Por conseguinte, devem atender às imposições do Poder Público municipal, decorrentes de lei e destinadas à efetivação da política urbana e ao pleno desenvolvimento das funções sociais da cidade.

Afinal, como bem ressalta Hely Lopes Meirelles, no exercício das atribuições caracterizadoras de sua autonomia conferida constitucionalmente,

> (...) o Município atua em absoluta igualdade de condições com a União e o Estado, devendo obediência apenas à Constituição da República e à do Estado a que pertence, bem como às leis que, por determinação constitucional, lhe impõe regras de conduta na gestão de seus negócios. Daí por que os atos municipais, desde que contidos no âmbito das

---

[570] O Município foi escolhido como executor da política urbana porque a matéria é afeta ao interesse local de cada cidade. É no Município que a vida urbana se desenvolve. É a Administração Municipal que pode melhor atender às demandas urbanísticas em seu próprio território, pois conhece melhor a realidade local. A atribuição atendeu ao princípio da *predominância do interesse*. De acordo com Alexandre de Moraes, referido princípio norteou a repartição de competência entre as entidades componentes do Estado Federal. Para o autor, "pelo princípio da predominância do interesse, à União caberá aquelas matérias e questões de 'predominância do interesse geral' ao passo que aos Estados referem-se as matérias de 'predominante interesse regional', e aos Municípios concernem os 'assuntos de interesse local" (*Direito constitucional*, p. 287).

Parcelamento, edificação e utilização compulsórios de imóveis públicos urbanos | 245

competências do Município, independem de prévia autorização ou de posterior ratificação de qualquer outra entidade estatal.[571]

De fato, não se pode falar em hierarquia entre os entes federativos. Inexiste superioridade hierárquica entre União, Estados e Municípios. Todos devem respeitar os atos decorrentes da competência de cada qual, prevista pela Constituição Federal de 1988. Nesse sentido, o mesmo Hely Lopes Meirelles ensina:

> (...) a Constituição da República arrola o Município como componente da Federação (arts. 1º e 18), reconhecendo-lhe, agora expressamente, a natureza de "entidade estatal de terceiro grau", pela outorga de "personalidade jurídica", "governo próprio" e "competência normativa". Com isso já não se pode dizer, contrastando-o com o Estado-membro, que o Município tem apenas poderes administrativos e atribuições delegadas. Absolutamente, não. Tanto um como o outro atuam com igual "poder político" no exercício das competências que lhes são conferidas pela Constituição, com total independência entre si e para com a União, visando todos à promoção do bem-estar da coletividade, local (Município), regional (Estado) e nacional (União).[572]

A promoção do bem-estar dos seus habitantes, sob o ponto de vista da ordenação urbana, é competência do Município (CF, art. 182). Os demais entes federativos, e suas respectivas autarquias e fundações públicas, devem atender às determinações do Poder Público municipal que visem a tal finalidade.

---

[571] MEIRELLES. *Direito municipal brasileiro*, p. 129.

[572] MEIRELLES. *Direito municipal brasileiro*, p. 130. Discorrendo sobre a *dimensão federativa conferida ao Município pela Constituição de 1998*, Paulo Bonavides ensina que "as prescrições do novo estatuto fundamental de 1988, a respeito da autonomia municipal configuram indubitavelmente o mais considerável avanço de proteção e abrangência já recebido por esse instituto em todas as épocas constitucionais de nossa história" (*Curso de direito constitucional*, p. 311). A seguir, ressalta o mesmo autor que "no Brasil, com a explicitação feita na Carta de 1988, a autonomia municipal alcança uma dignidade federativa jamais lograda no direito positivo das Constituições antecedentes. Traz o art. 29, por sua vez, um considerável acréscimo de institucionalização, em apoio à concretude do novo modelo federativo estabelecido pelo art. 18, visto que determina seja o município regido por lei orgânica, votada por *quorum* qualificado de dois terços dos membros da Câmara Municipal — requisito formal que faz daquele estatuto um diploma dotado de grau de rigidez análogo ao que possuem as cartas constitucionais. Enfim, o art. 30, discriminando a matéria de competência dos municípios, tem uma latitude de reconhecimento constitucional desconhecida aos textos antecedentes de nosso constitucionalismo".

Além disso, é mister ressaltar que, nos termos do referido art. 182 da Constituição Federal, a política urbana será executada pelo Município de acordo com *diretrizes gerais fixadas em lei*. Esse diploma legal, já foi dito, é a Lei nº 10.257/2001, autodenominada Estatuto da Cidade (art. 1º, *caput*).

Antes da promulgação do Estatuto, a atuação do Poder Público municipal visando à execução da política urbana encontrava limitações, em vista da dificuldade para a aplicação direta dos preceitos constitucionais relativos à política urbana, conquanto há na doutrina autores que defendiam a aplicação das referidas normas constitucionais mesmo antes da edição da Lei nº 10.257/2001.[573]

A promulgação do Estatuto da Cidade significou um enorme avanço no sentido de possibilitar a integral execução da política urbana pelo Poder Público municipal. O Município passou a contar com o instrumental legislativo que faltava para exercer plenamente o seu papel de realizador do processo de desenvolvimento urbano.

Nas palavras de Edésio Fernandes:

> (...) se a Constituição de 1988 já tinha afirmado o papel fundamental dos municípios na formulação de diretrizes de planejamento urbano e na condução do processo de gestão das cidades, o Estatuto da Cidade não só consolidou esse espaço da competência jurídica e da ação política municipal, como também o ampliou sobremaneira.[574]

Portanto, a partir da edição da Lei nº 10.257/2001 os Municípios passam a contar com todo o instrumental necessário para a execução da política urbana. E podem utilizar tais instrumentos em face de qualquer propriedade urbana, pública ou privada, que não

---

[573] Nesse sentido, Carlos Ari Sundfeld, discorrendo sobre a desapropriação sancionatória para reforma urbana, prevista no art. 182, §4º, III, CF, afirmou que enquanto não fosse editada a Lei Federal a que alude o *caput* do art. 182 da Constituição, poderia o Município "exigir a adequada utilização dos imóveis existentes em seu território" (*Desapropriação*, p. 37). Para tanto, bastava que editasse lei, no uso de sua competência suplementar (art. 30, II, c/c o inc. I e §3º do art. 24), regulando a matéria. Sobrevindo a Lei Federal, a lei municipal perderia a eficácia, no que contrariasse aquela (art. 24, §4º). Embora concordemos com o autor, a discussão restou superada com a edição da Lei nº 10.257, de 10.7.2001.

[574] FERNANDES. Do Código Civil de 1916 ao Estatuto da Cidade: algumas notas sobre a trajetória do Direito Urbanístico no Brasil. In: MATTOS (Org.). *Estatuto da Cidade comentado*: Lei n. 10.257, de 10 de julho de 2001, p. 31.

cumpra sua função social, pois promover a ordenação do espaço urbano é atribuição que lhe foi conferida constitucionalmente.

Diante do exposto, conclui-se que, atendidos os requisitos da Lei nº 10.257/2001 — inclusive a existência de lei municipal específica para área incluída no plano diretor —, pode o Poder Público municipal notificar a autarquia e a fundação pública para que parcele, edifique ou utilize imóvel urbano de sua propriedade que não esteja cumprindo sua função social, nos termos da lei que institui o plano diretor.

Cumpre realçar que restringimos a análise da possibilidade de aplicação desse instrumento às entidades da Administração Indireta sujeitas ao regime de direito público — autarquias e fundações públicas — dada a já citada impossibilidade de aplicação do IPTU progressivo no tempo, que é a sanção aplicável em caso de não efetivação da urbanificação compulsória, aos imóveis de propriedade da Administração Direta, em face da imunidade tributária recíproca entre os entes federativos. Nos casos de descumprimento da função social da propriedade pública por imóveis da União, Estados e Municípios podem ser aplicados outros instrumentos, que foram destacados no capítulo anterior, como, por exemplo, a ação civil pública e a desapropriação urbanística de bens públicos.

O dever-poder do Município de obrigar o proprietário urbano a utilizar seu imóvel nos termos do plano diretor decorre diretamente da Constituição e do Estatuto da Cidade, cuja edição também está fundamentada constitucionalmente. E a notificação de que trata o art. 182 da Carta Federal e o art. 5º da Lei nº 10.257/2001 é instrumento para que a vontade constitucional seja atendida. A urbe pode, assim, utilizá-la também em face da propriedade pública urbana.

Não obstante, existe a possibilidade do não cumprimento da obrigação de parcelar, edificar ou utilizar o imóvel no prazo determinado legalmente. Nessa hipótese, conforme já ressaltado no capítulo IV, deve o Município instituir o IPTU progressivo no tempo sobre o imóvel não edificado, subutilizado ou não utilizado (art. 7º do Estatuto). A seção seguinte está voltada para a análise da possibilidade de aplicação deste instituto aos bens públicos imobiliários de propriedade das autarquias e fundações públicas, situados em zona urbana.

6.2 Cobrança do IPTU progressivo no tempo em relação a imóveis de propriedade das autarquias e fundações públicas

De nada valeria a efetivação da notificação a que se refere o art. 5º da Lei nº 10.257/2001, para fins de determinar a utilização da propriedade urbana segundo sua função social, se o Município não dispusesse de instrumentos para compelir o proprietário a de fato cumprir com sua obrigação, no caso de descumprimento da referida notificação e de seus respectivos prazos e condições.

Por essa razão, o próprio texto constitucional previu no já citado art. 182 que, no caso de descumprimento da determinação de parcelamento ou edificação compulsórios, o Poder Público municipal poderá promover a cobrança do imposto sobre a propriedade predial e territorial urbana progressivo no tempo, com o intuito de forçar o proprietário a cumprir a obrigação que lhe foi imposta.[575]

Já foi visto (seção 3.2) que o art. 7º do Estatuto detalhou a instituição dessa tributação, preceituando que, no caso de descumprimento das condições e dos prazos previstos na forma do art. 5º, o Município procederá à aplicação do Imposto sobre a Propriedade Predial e Territorial Urbana (IPTU) progressivo no tempo, mediante a majoração da alíquota pelo prazo de cinco anos consecutivos.

Trazendo a questão para o âmbito deste capítulo, caberá indagar se, no caso da autarquia ou da fundação pública proprietária de imóvel que não atenda à sua função social descumprir a obrigação de parcelamento, edificação ou utilização compulsórios, depois de regularmente notificada de acordo com o art. 5º do Estatuto e com a lei municipal específica para área incluída no plano diretor, poderá o Poder Público Municipal fazer incidir o IPTU progressivo no tempo sobre a propriedade imóvel dos referidos entes da Administração Pública Indireta.

---

[575] O vocábulo *sucessivamente*, constante do texto do §4º do art. 182, não deixa dúvida acerca da necessidade do Município primeiramente determinar o parcelamento compulsório, para somente em caso de seu descumprimento instituir o IPTU progressivo no tempo. E, no caso de o proprietário insistir em sua omissão após a cobrança progressiva do citado tributo, deverá ser-lhe imposta a desapropriação do bem imóvel com pagamento mediante títulos de dívida pública, autêntica desapropriação sanção, da qual trataremos adiante.

Por força do art. 150, VI, CF, é vedado à União, aos Estados, ao Distrito Federal e aos Municípios instituir impostos sobre o patrimônio, uns dos outros. Tal vedação se estende às autarquias e fundações, *mas somente em relação ao patrimônio vinculado a suas finalidades essenciais ou delas decorrentes* (§2º).[576]

Destacamos o trecho acima exatamente para justificar a nossa posição no sentido de que, precisamente pelo conteúdo do §2º do art. 150 da Constituição Federal, podemos afirmar que o IPTU progressivo a que se refere o art. 7º do Estatuto da Cidade pode incidir sobre os imóveis de propriedade de autarquias e fundações públicas que não estejam cumprindo sua função social, em especial nas hipóteses em que tais imóveis não estejam vinculados às finalidades essenciais destes órgãos.

Nessa direção, Sacha Calmon Navarro Coêlho, dissertando acerca da imunidade intergovernamental recíproca, ensina:

> (...) o Município, titular de competência privativa para instituir e cobrar o IPTU, não pode tributar os terrenos e edifícios da União e dos estados, nem os pertencentes às suas instrumentalidades autárquicas, se e quando afetados à destinação específica destas. Mas, em se tratando de serviços públicos concedidos, os imóveis das empresas concessionárias ficam sujeitos ao gravame. De igual modo, os imóveis das autarquias não ligados às suas atividades institucionais são passíveis de tributação pelo IPTU.[577]

A seguir, completa o mesmo autor: "Os prédios do IBC, ou do IAA, ou do INSS não são tributáveis, mas as residências que alugam ou dão em comodato a terceiros são tributáveis".[578]

Portanto, um imóvel de propriedade de autarquia ou fundação pública federal ou estadual, fruto, por exemplo, de uma dação em pagamento ou de transferência dominial decorrente de decisão judicial transitada em julgado, que não esteja servindo a atividade institucional e nem afetado à realização de qualquer serviço público, pode ser tributado pelo Poder Público Municipal através da cobrança de IPTU.

---

[576] "Art. 150. (...). §2º A vedação do inciso VI, "a", é extensiva às autarquias e às fundações instituídas e mantidas pelo Poder Público, no que se refere ao patrimônio, à renda e aos serviços, vinculados a suas finalidades essenciais ou às delas decorrentes."

[577] COÊLHO. *Curso de direito tributário brasileiro*, p. 289.

[578] COÊLHO. *Curso de direito tributário brasileiro*, p. 289.

Por outro lado, reza o §3º do citado art. 150 da Constituição Federal:

> §3º As vedações do inciso VI, a, e do parágrafo anterior não se aplicam ao patrimônio, à renda e aos serviços, relacionados com exploração de atividades econômicas regidas pelas normas aplicáveis a empreendimentos privados, ou em que haja contraprestação ou pagamento de preços ou tarifas pelo usuário, nem exonera o promitente comprador da obrigação de pagar imposto relativamente ao bem imóvel.

Roque Antonio Carrazza, dissertando sobre o dispositivo citado, nos explica que "enquanto explora atividade econômica regida por normas aplicáveis a empreendimentos privados (p. ex. coloca à venda, para seus funcionários ou terceiros, mercadorias), a autarquia sujeita-se aos impostos que as empresas do setor pagam".[579] Aliás, o autor defende a possibilidade de cobrança de tributos, nessa hipótese, inclusive das próprias pessoas políticas. São palavras do autor:

> Sempre que uma pessoa política explorar atividades econômicas, sujeita-se aos impostos pertinentes (IPI, ICMS, imposto sobre a importação etc.). O princípio da imunidade recíproca já não vale para ela. Assim, por exemplo, quando a União mantém "armazéns" para que seus funcionários neles adquiram produtos, não há como considerá-la imune ao ICMS. Pelo contrário, como qualquer empresa privada, é passível de ser colhida por este imposto.[580]

Em resumo, temos que, de acordo com o texto constitucional, o patrimônio de autarquia ou fundação pública que não esteja afetado às suas finalidades institucionais (que devem estar previstas na lei que as criou),[581] bem como o patrimônio relacionado com exploração de atividade econômica regida pelas normas aplicáveis à iniciativa privada, não são alcançados pela imunidade intergovernamental recíproca.

---

[579] CARRAZZA. *Curso de direito constitucional tributário*, p. 502.

[580] CARRAZZA. *Curso de direito constitucional tributário*, p. 698-699.

[581] Conforme lição de Maria Sylvia Zanella Di Pietro, "a criação [das autarquias] por lei é exigência que vem desde o Decreto-Lei nº 6.016/43, repetindo-se no Decreto-Lei nº 200/67 e constando agora do art. 37, XIX, da Constituição" (*Direito administrativo*, p. 368).

Nesse diapasão, podemos concluir que, sobre o imóvel de propriedade da entidade da Administração Indireta que não esteja vinculado às suas atividades essenciais, ou que esteja vinculado a atividade econômica típica do setor privado, o Imposto Predial e Territorial Urbano pode incidir. Tratar-se-ia, neste caso, de tributo com função nitidamente fiscal, ou seja, arrecadatória.

Ora, se o IPTU pode ser cobrado das autarquias e fundações públicas com relação aos imóveis de sua propriedade que não estejam vinculados às suas finalidades essenciais, bem como sobre os imóveis cuja utilização esteja vinculada a atividade típica do setor privado, para fins puramente *fiscais*, nada impede que seja cobrado sobre esses imóveis de forma progressiva, nos termos do art. 7º do Estatuto da Cidade, caso sua utilização não esteja de acordo com os parâmetros expressos no plano diretor municipal. Neste caso, conforme já ressaltado supra (seção 3.2.2) os fins são *extrafiscais*, é dizer, busca-se impedir que a entidade da Administração Indireta proprietária do bem imóvel descumpra o princípio da função social da propriedade urbana.

Por exemplo, o imóvel urbano abandonado de propriedade de autarquia ou fundação pública certamente não está sendo utilizado de forma vinculada às finalidades essenciais desses órgãos, e sobre ele podem recair as sanções previstas nos artigos 5º a 8º do Estatuto. Da mesma forma, sobre o imóvel dessas entidades vinculado à realização de atividade econômica regida pelo direito privado podem recair as mesmas consequências, caso seja utilizado em desacordo com sua função social.

Nesse caso, conforme também já demonstrado (seção 3.2), o IPTU com alíquotas progressivas no tempo assume uma característica de sanção pelo descumprimento por parte do proprietário de bem imóvel do princípio da função social da propriedade.

Não há razão para isentar os órgãos da Administração Indireta dessa forma sancionatória que assume a cobrança em alíquotas progressivas do imposto em comento. A Constituição Federal permite, como já visto, até mesmo a exação ordinária desse imposto para os casos em que o bem de propriedade da autarquia ou fundação pública não esteja afetado a finalidade institucional daquele órgão. Logo, para o caso de descumprimento do princípio constitucional da função social da propriedade, uma razão especial existe para cobrá-lo, agora sob a forma de sanção e com alíquotas progressivas no tempo, como querem os artigos 182, §4º, II, da Constituição e o art. 7º da Lei nº 10.257/2001.

Por fim, cabe ressaltar que a exação do IPTU progressivo proposta acima não fere o princípio federativo, causa maior da imunidade prevista no art. 150, IV, a da Constituição Federal.

De fato, como leciona Roque Antonio Carrazza, "a imunidade recíproca decorre do princípio federativo porque, se uma pessoa política pudesse exigir impostos de outra, ela fatalmente acabaria por interferir em sua autonomia".[582]

Aduz, outrossim:

> (...) ainda que inexistisse uma alínea "a" deste teor, isto é, proibindo, literalmente, que as pessoas políticas se tributassem umas às outras por meio de impostos, elas, só em decorrência do aludido princípio, não poderiam ser compelidas a suportá-los.[583]

Completa o mestre:

> (...) também o princípio da isonomia das pessoas políticas impede que se tributem, umas às outras, por meio de impostos. Ou seja, pelo fato de reinar a mais absoluta igualdade jurídica entre as pessoas políticas, uma não pode se sobrepor a outra em termos jurídicos.[584]

Em vista da natureza das autarquias e das fundações públicas — pessoas jurídicas de direito público — a imunidade a que se refere o art. 150, inciso VI, *a*, da CF/1988 também lhes é extensiva, como já visto acima, de acordo com o §2º do mesmo dispositivo constitucional.

No entanto, tal imunidade deve alcançá-las, e os seus bens, apenas no que se refere à sua atuação como ente dotado de personalidade pública, ou seja, somente com relação aos bens efetivamente utilizados para o cumprimento de suas obrigações institucionais.

---

[582] CARRAZZA. *Curso de direito constitucional tributário*, p. 466.
[583] CARRAZZA. *Curso de direito constitucional tributário*, p. 467.
[584] CARRAZZA. *Curso de direito constitucional tributário*, p. 466.

No momento em que a autarquia explora atividade econômica regida por normas aplicáveis a empreendimentos privados passa a se igualar ao particular, e impostos podem incidir sobre os seus bens, renda e serviços. Da mesma forma, os bens que não são utilizados para finalidades institucionais também não mais ficam sujeitos ao regime de Direito Público. Aqui, descabe a alegação de contrariedade ao princípio federativo e ao princípio da igualdade entre as pessoas políticas, posto que a atuação da autarquia (ou da fundação pública), nesses casos, é típica de pessoa jurídica de Direito Privado.

O imposto predial e territorial urbano pode, nessas hipóteses, incidir sem desrespeito ao pacto federativo. No mesmo sentido, também o IPTU progressivo a que alude o art. 182 da Carta Magna e o art. 7º do Estatuto da Cidade pode ser instituído naqueles casos em que o bem imóvel urbano de autarquia ou fundação pública, desvinculado de sua atividade institucional ou vinculado a atividade típica do setor privado, não cumpre a sua função social.

6.3 Desapropriação com pagamento em títulos de bens imóveis de propriedade de autarquias e fundações públicas

Por último, cabe discutir a possibilidade da aplicação do instituto da desapropriação com pagamento em títulos, previsto no art. 182, §4º, inciso III da Constituição Federal, e no art. 8º do Estatuto da Cidade, para os casos de descumprimento do princípio da função social da propriedade por parte das autarquias e das fundações públicas.

Com efeito, nas hipóteses em que o proprietário de imóvel urbano não edificado, subutilizado ou não utilizado não cumprir com a obrigação de dar ao seu bem adequado aproveitamento nos termos do plano diretor, decorridos cinco anos de cobrança do IPTU progressivo, o Município poderá proceder à desapropriação do imóvel, com pagamento em títulos da dívida pública, de acordo com o art. 8º da Lei nº 10.257/2001, conforme já ressaltado supra (seção 3.3).

Trazendo a questão para o âmbito deste capítulo, cabe indagar se tal instituto pode ser aplicado com relação aos imóveis urbanos de propriedade das autarquias e fundações públicas que não cumprem a sua função social, nos termos da lei específica e do plano diretor municipal, depois de esgotada a utilização dos instrumentos colocados à disposição do Município pelos artigos 5° e 7° da Lei n$^{\circ}$ 10.257/2001.

Há na doutrina posição que nega tal possibilidade. Diogenes Gasparini, por exemplo, entende que "por serem bens públicos, também escapam a tais desapropriações os bens imóveis das autarquias federais e estaduais, tanto quanto escapam os bens imóveis das fundações públicas". O autor entende ser possível tal expropriação somente na hipótese de propriedade imobiliária pertencente a sociedade de economia mista ou a empresa pública que atue em atividade econômica. Ou, nos casos em que tais entidades sejam prestadoras de serviço público, se os imóveis estiverem desvinculados da execução desse serviço.[585]

Pedimos vênia para discordar de tal posicionamento, pois acreditamos que as mesmas razões que possibilitam a desapropriação de propriedade imobiliária de empresa pública ou de sociedade de economia mista, nos casos de imóvel vinculado a atividade econômica ou desvinculado da realização de qualquer serviço público, são suficientes para justificar a desapropriação de bens imóveis de autarquias e fundações públicas que estejam em idênticas situações.

Não obstante, a questão deve ser enfrentada à luz do disposto no art. 2° do Decreto-Lei n$^{\circ}$ 3.365/1941 (Lei Geral de Desapropriações), o qual, nos termos do art. 4°, §1°, do Estatuto da Cidade[586] pode ser aplicado subsidiariamente nesse particular. Reza o citado dispositivo:

---

[585] GASPARINI. *O Estatuto da Cidade*, p. 58.

[586] "Art. 4°: Para os fins desta Lei, serão utilizados, entre outros instrumentos: (...) V - institutos jurídicos e políticos: a) desapropriação (...). §1° Os instrumentos mencionados neste artigo regem-se pela legislação que lhes é própria, observado o disposto nesta Lei."

Art. 2º Mediante declaração de utilidade pública, todos os bens poderão ser desapropriados, pela União, pelos Estados, Municípios, Distrito Federal e Territórios. (...)

§2º Os bens do domínio dos Estados, Municípios, Distrito Federal e Territórios poderão ser desapropriados pela União, e os dos Municípios pelos Estados, mas, em qualquer caso, ao ato deverá preceder autorização legislativa.

Da leitura do citado dispositivo, pode-se chegar à conclusão, errônea, de que o Município estaria proibido de promover a desapropriação de imóvel de propriedade de autarquia federal ou estadual e de fundação pública, tendo em vista ser vedado ao Poder Público Municipal a desapropriação de bens do Estado ou da União.

Na verdade, independentemente da discussão a respeito da constitucionalidade desse preceito legal,[587] não há razão para se aplicar o escalonamento previsto no referido §2º do art. 2º do Decreto-Lei expropriatório às entidades autárquicas. Afinal, como bem observa Kiyoshi Harada, as autarquias (e as fundações públicas) só gozam de autonomia administrativa, sem a necessária autonomia política, pelo que não estariam inseridas na regra de precedência ora em questão.[588]

---

[587] Kiyoshi Harada, por exemplo, defende a constitucionalidade do dispositivo citado. São dele as palavras: "Não há dúvida de que o interesse nacional, representado pela União, por ser mais abrangente, paira acima dos interesses regionais ou locais, da mesma forma que o interesse regional deve prevalecer sobre o local por ser mais compreensivo em relação a este último. Daí esse poder implícito da União, que torna o questionado dispositivo, que estabelece a gradação entre os sujeitos ativos da desapropriação, compatível com a ordem constitucional vigente" (*Desapropriação*: doutrina e prática, p. 68-69). A seguir, prossegue o autor: "Por tais razões, essa gradação estabelecida na lei específica deve ser interpretada no sentido de não atritar com o princípio federativo, mas de forma a vir de encontro a esse princípio, à medida que, a exemplo da imunidade recíproca de impostos, visa preservar a indispensável harmonia entre as entidades políticas que compõe o Estado Federal Brasileiro. Por isso, a desapropriação de bens públicos, além de sujeitar-se à gradação sob exame, não pode prescindir da autorização legislativa, com o que se afastará eventual arbítrio da Chefia do Executivo viciando o ato declaratório de interesse público".

No mesmo sentido, Maria Sylvia Zanella Di Pietro defende que o preceito em comento não fere a autonomia estadual ou a municipal, "tendo em vista o próprio fundamento político em que se baseia o instituto da desapropriação, a saber, a idéia de domínio eminente do Estado, entendido como o poder que o Estado exerce sobre todas as coisas que estão em seu território; trata-se de poder inerente à própria idéia de soberania e não poderia ser obstado por um poder de igual natureza exercido pelos Estados e Municípios dentro de suas respectivas áreas geográficas, mesmo porque tais entidades não detêm soberania, mas apenas autonomia nos termos defendidos pela Constituição" (*Direito administrativo*, p. 165).

[588] HARADA. *Desapropriação*: doutrina e prática, p. 73.

De tal premissa, duas conclusões podem ser extraídas:

a) é vedado à autarquia federal ou estadual, por lhe faltar autonomia política, realizar a desapropriação de bem de propriedade do Município;

b) é permitido ao Município, como ente federativo dotado de autonomia política pela Constituição Federal (artigos 1º e 18), promover a desapropriação de bens imóveis das entidades autárquicas e fundacionais.

No mesmo sentido, José Cretella Júnior afirma:

> (...) as "pessoas jurídicas públicas 'políticas' maiores" — União, Estados, Municípios, Distrito Federal e Territórios — podem desapropriar bens das pessoas jurídicas públicas "administrativas" menores (autarquias, fundações públicas, corporações públicas), mas o inverso é vedado. "Autarquias" não podem expropriar bens da União, nem do Estado, nem do Município, nem do Distrito Federal, nem do Território. Mesmo a "autarquia federal" não pode desapropriar bens pertencentes ao Município. No entanto, o Estado e o Município — pessoas jurídicas públicas políticas maiores — podem desapropriar bens de autarquia federal situada em seu território.[589]

Cabe observar, ainda, que parte da doutrina aceita a possibilidade de Estados e Municípios promoverem a desapropriação de bens de autarquias federais, e de Municípios a expropriação de bens de autarquias estaduais, mas somente com autorização da entidade superior que instituiu a autarquia, pois "sem essa condição, a atividade dos entes 'maiores' seria tolhida, interrompida, ou até suprimida, pelos 'menores', por via expropriatória".[590]

Tal entendimento parte da aplicação analógica do §3º do art. 2º do Decreto-Lei nº 3.365/41, com a redação determinada pelo Decreto-Lei nº 856, de 11.9.1969, segundo o qual "é vedada a desapropriação, pelos Estados, Distrito Federal, Territórios e Municípios, de ações, cotas e direitos representativos do capital das instituições e empresas cujo funcionamento dependa de autorização do Governo Federal e se subordine à sua fiscalização,

---

[589] CRETELLA JÚNIOR. *Tratado geral da desapropriação*, v. 1, p. 121.
[590] PEREIRA. *A desapropriação de bens públicos à luz da doutrina e da jurisprudência*, p. 109.

salvo mediante prévia autorização, por decreto do Presidente da República". Daí o teor da Súmula nº 157 do Supremo Tribunal Federal, segundo a qual "é necessária prévia autorização do Presidente da República para desapropriação, pelos Estados, de empresa de energia elétrica".

Todavia, a nosso ver, a doutrina que melhor soluciona a questão é a desenvolvida por Letícia Queiroz de Andrade. Conforme destacado supra (seção 5.5), a autora defende "a possibilidade de exercício de poder expropriatório entre as entidades federativas quando confrontados interesses públicos primários de distintas escalas de abrangência (nacionais, regionais e locais), interesses públicos primários e interesses públicos secundários, e, interesses públicos secundários que se relacionem com intensidades distintas aos interesses públicos primários".[591]

Portanto, a autora justifica a possibilidade de exercício do poder expropriatório entre União, Estados e Municípios. Os entes federativos podem desapropriar bens uns dos outros, desde que o benefício coletivo gerado pela desapropriação for maior que o benefício social gerado pela permanência do bem no patrimônio do ente público expropriado.

Em outras palavras, a comparação entre os interesses públicos envolvidos é necessária para que se justifique a expropriação dos bens de propriedade dos entes federados. Assim, caso o interesse público primário seja prestigiado pela desapropriação por parte do Município de bens públicos federais ou estaduais, em detrimento de interesse público secundário representado pela permanência desses bens nos domínios da União ou dos Estados, justificada estará a promoção do processo expropriatório por parte da Municipalidade.[592]

---

[591] ANDRADE. *Desapropriação de bens públicos*: à luz do princípio federativo, p. 136.

[592] Celso Antônio Bandeira de Mello explica a diferença entre interesse público primário e secundário. O autor refere-se a interesse primário como sinônimo de interesse público. O interesse primário é o pertinente à sociedade como um todo, e só ele pode ser validamente objetivado, pois este é o interesse que a 'lei' consagra e entrega à compita do Estado como representante do corpo social" (*Curso de direito administrativo*, p. 57). Já interesse secundário "é aquele que atina tão-só ao aparelho estatal enquanto entidade personalizada, e que por isso mesmo pode lhe ser referido e nele encarnar-se pelo simples fato de ser pessoa".

Da mesma forma, o Estado poderá desapropriar bens da União, caso o interesse público primário prevaleça sobre o secundário a partir da efetivação do processo expropriatório.

Ou seja, a desapropriação de bens públicos entre os componentes da Federação é justificável nas hipóteses em que se procure "satisfazer interesses que proporcionem maior benefício coletivo, função essa que também integra o conteúdo jurídico do princípio federativo".[593]

Nesse diapasão, explica Letícia Queiroz de Andrade que esse critério é capaz de disciplinar a resolução dos problemas relacionados à desapropriação de bens públicos de forma compatível com o princípio federativo. Leva-se em conta a própria finalidade do instituto expropriatório, "qual seja, extrair do bem visado o proveito público maior que nele se contém".[594]

Dessa forma, a desapropriação de um bem público será possível nas hipóteses em que:

> (...) na comparação entre a função já desempenhada pelo bem com relação a uma utilidade pública e a função que virá a desempenhar com relação à outra utilidade pública, verifique-se que com a desapropriação e a realização das obras que eventualmente se façam necessárias se estará extraindo do bem proveito público maior do que o por ele já oferecido.[595]

A teoria apresentada é perfeitamente cabível para justificar a desapropriação sancionatória por parte do Poder Público municipal de imóvel de propriedade de autarquia ou fundação pública que não cumpra sua função social, nos termos do art. 8° do Estatuto da Cidade, depois de esgotado o prazo para o cumprimento da obrigação de parcelar, edificar ou utilizar o imóvel, e decorridos cinco anos de cobrança do IPTU progressivo.

De fato, se o Município pode até mesmo exercer o seu poder expropriatório em face das entidades da Administração Direta, a fim de fazer prevalecer o interesse público primário sobre o secundário,

---

[593] ANDRADE. *Desapropriação de bens públicos*: à luz do princípio federativo, p. 137.

[594] ANDRADE. *Desapropriação de bens públicos*: à luz do princípio federativo, p. 137.

[595] ANDRADE. *Desapropriação de bens públicos*: à luz do princípio federativo, p. 137.

pode também exercê-lo sobre os imóveis de propriedade das autarquias e fundações públicas utilizados em desacordo com o plano diretor municipal.

Afinal, o interesse público primário será prestigiado com a utilização do imóvel público urbano de acordo com os preceitos do plano diretor, e não com a permanência desse bem no patrimônio de entidade autárquica ou fundacional sem o seu adequado aproveitamento.

O bem imobiliário público urbano, pela sua própria qualidade de bem público, deve ser utilizado em prol da coletividade. Tratando-se de bem de uso especial, de propriedade de entidades da Administração Indireta, deve ser utilizado para a realização das finalidades institucionais desses órgãos. Caso contrário, seu uso em desacordo com o plano diretor pode justificar a aplicação de instrumentos urbanísticos que visem à sua utilização em atendimento ao interesse público primário. Dentre tais instrumentos está a desapropriação sancionatória prevista no art. 8° do Estatuto da Cidade.

Outrossim, os imóveis de propriedade de autarquias e fundações públicas, federais e estaduais, vinculados a atividades econômicas típicas do setor privado, caso utilizados em desacordo com o plano diretor, também podem ser objeto da expropriação em tela, de mesma forma como podem ser objeto de tributação progressiva nos termos do art. 7° da Lei nº 10.257/2001, conforme visto supra.

A permanência de bem urbano no patrimônio da autarquia ou fundação pública para fins puramente econômicos, sem qualquer utilização para suas finalidades institucionais, representa interesse secundário da Administração, que deve ceder frente ao interesse público primário, consubstanciado na utilização dessa propriedade em prol da coletividade, em cumprimento à sua função social.

Em consequência, o Poder Público municipal pode promover a desapropriação sancionatória prevista no art. 8° da Lei nº 10.257/2001 em face de imóveis de autarquias e fundações públicas, federais e estaduais, que não estejam vinculados às respectivas finalidades institucionais, ou que sejam destinados à realização de atividade típica do setor privado, se utilizados em desacordo com o plano diretor, e depois de decorridos os cinco anos de cobrança de IPTU progressivo sem que o proprietário tenha cumprido a obrigação imposta nos termos do art. 5º do mesmo diploma legal. Trata-se de instrumento eficaz para fazer com que os bens imóveis urbanos de propriedade de entidades da Administração Indireta cumpram sua função social.

Conclusão

O princípio da função social da propriedade

O princípio jurídico da função social da propriedade surgiu a partir da evolução do conceito de direito de propriedade, que se desenvolveu progressivamente a partir de alterações estruturais promovidas pela ordem jurídica.

Primeiramente, deixou-se de lhe atribuir um caráter absoluto, através da previsão legal de limitações de ordem privada e pública. Tais limitações conformaram o direito de propriedade no sentido de obrigar o proprietário a usar os seus bens de forma a não prejudicar o seu vizinho (limitações de ordem privada) ou a coletividade (limitações de ordem pública).

Posteriormente, a previsão do princípio da função social da propriedade nos textos das Constituições de vários países promoveu uma alteração na própria estrutura do direito. O direito de propriedade passou a dever ser exercido não apenas de maneira inofensiva, mas também de forma a contribuir para o bem-estar social.

Somaram-se às prerrogativas do proprietário deveres de utilização do bem em prol da coletividade, eliminando-se o caráter puramente egoístico do direito de propriedade. Em outras palavras, o surgimento da função social da propriedade acabou por atribuir ao proprietário o *dever-poder* de exercer o seu domínio sobre a coisa de modo a beneficiar toda a coletividade.

Nesse sentido, a expressão *dever-poder* é utilizada no sentido de explicitar que o proprietário deve utilizar os poderes que tem sobre a coisa — usar, gozar e dispor — para fazer com que o bem cumpra sua função social, ou seja, para que sua utilização atenda não somente ao interesse do seu dono, mas também ao de todo o corpo social.

Portanto, não se confundem limitações à propriedade com função social da propriedade. As primeiras fornecem limites à atuação do proprietário, enquanto a segunda direciona essa mesma atuação. Assim, não basta utilizar o bem de modo a não prejudicar terceiros, mas sim de maneira a contribuir para o bem-estar geral. Tal direcionamento do uso da propriedade é fornecido pelo próprio ordenamento jurídico.

O princípio da função social da propriedade urbana

Nesse diapasão, e trazendo a questão para o âmbito deste trabalho — que aborda a utilização da propriedade imobiliária urbana — a Constituição Federal de 1988, ao tratar da Política Urbana, prevê que a propriedade cumpre sua função social quando atende às exigências de ordenação da cidade previstas na lei que institui o plano diretor municipal (art. 182, §2º).

Essa previsão constitucional assegura a concretização do princípio da função social da propriedade, pois resulta na aplicação de parâmetros que facilitam a aferição do efetivo cumprimento da função social do imóvel urbano.

Outrossim, o preceito vai ao encontro do disposto no art. 30, inciso VIII, da Carta, que atribui ao Município a competência para a promoção do adequado ordenamento territorial, "mediante planejamento e controle do uso, do parcelamento e da ocupação do solo urbano". Também está em consonância com o que prescreve o *caput* do referido art. 182, segundo o qual a política de desenvolvimento urbano deve ser executada pelo Poder Público municipal.

Convém ressaltar, contudo, que, não obstante o dispositivo constante do §2º do art. 182 da Constituição, o princípio da função social da propriedade urbana tem relativa eficácia imediata, já que, em virtude de sua previsão constitucional[596] e independentemente

---

[596] O princípio da função social da propriedade é previsto na Constituição Federal como direito fundamental (art. 5º, inc. XXIII) e como princípio geral da ordem econômica (art. 170, inc. III), além de ser expressamente referido no citado art. 182, §2º e no art. 186, que se refere à função social da propriedade rural.

da existência de plano diretor, nenhuma lei ou ato administrativo pode contrariá-lo. Assim, sua previsão na Lei Maior pode servir de fundamento para a anulação de ato normativo que lhe contrarie, ou mesmo para a conformação aos seus parâmetros da interpretação de lei ordinária preexistente à sua prescrição pela Carta de 1988. Como exemplo do afirmado, reportamo-nos ao julgado destacado na seção 1.4.2.3 supra.[597]

Todavia, embora gere determinados efeitos desde a sua previsão constitucional, a sua plena eficácia é assegurada somente com a edição da lei que institui o plano diretor municipal. De fato, diante da previsão do §2º do art. 182 da Constituição Federal, não é possível ignorar-se a imprescindibilidade da existência do plano diretor para a plena aplicação do princípio em testilha.

Tal ideia demonstra o desacerto das opiniões que afirmam que a previsão da necessidade de promulgação da lei instituidora do plano diretor acabaria por reduzir a eficácia do princípio constitucional da função social da propriedade urbana. Trata-se, ao contrário, de assegurar a concretização da norma principiológica, de garantir que seja de fato respeitada, a partir do resultado do processo descentralizado e democrático de elaboração do plano diretor.

Plano diretor

De acordo com o §1º do art. 182 da Constituição, o plano diretor é o instrumento básico da política de desenvolvimento e expansão urbana, e é obrigatório para cidades com mais de vinte mil habitantes. Sua elaboração é regulada pelo Estatuto da Cidade (Lei nº 10.257, de 10.7.2001).

A importância conferida ao plano diretor pela Carta Federal de 1988 fundamenta-se no princípio da reserva do plano urbanístico, segundo o qual todas as intervenções urbanísticas devem ser planejadas. Impede-se, assim, a realização de ações urbanísticas não planejadas, prejudiciais para o adequado ordenamento urbano.

---

[597] Ademais, não pode negar que serve o princípio como fundamento para a produção de normas infraconstitucionais, o que prova uma vez mais a sua eficácia a partir de sua simples previsão na Lei Maior, ainda que inexistente a lei que institui o plano diretor municipal (seção 1.4.2.4 deste trabalho).

O Estatuto da Cidade (Lei n° 10.257/2001)

O Estatuto da Cidade, por sua vez, regulamentou o capítulo constitucional relativo à política urbana. O próprio *caput* do art. 182 da Constituição exigiu a edição de lei que fixasse as diretrizes gerais da política de desenvolvimento urbano, que tem como meta garantir o desenvolvimento das funções sociais da cidade e o bem-estar de seus habitantes.

Cumpre ressaltar que a edição do diploma legal referido no parágrafo anterior vai ao encontro do disposto no art. 24, inc. I, da Constituição, em interpretação conjugada com o determinado no §1° do mesmo dispositivo. A leitura conjunta de tais preceitos atribui à União, aos Estados e ao Distrito Federal a competência concorrente para legislar sobre Direito Urbanístico, e atribui à União a edição de normas gerais.

Dessa forma, ainda que se tenha atribuído ao Município a competência para legislar sobre assuntos de interesse local (art. 30, inc. I, da Constituição), e para promover o adequado ordenamento do seu território (art. 30, inc. VIII), as previsões do Estatuto da Cidade devem ser acatadas pelo Município quando este desempenha sua atividade de ordenação do espaço urbano, em face do que prescreve o referido art. 24, I, da Constituição, combinado com o §1° do mesmo dispositivo. Também o *caput* do art. 182 da Carta Federal exige que a política urbana levada a cabo pelo Poder Público municipal atenda aos preceitos da Lei n° 10.257/2001.

A edição do Estatuto da Cidade permitiu aos Municípios brasileiros a efetiva realização do seu dever constitucional de promover o adequado ordenamento urbano, a fim de garantir o pleno desenvolvimento das funções sociais da cidade,[598] constituindo-se, assim, em um marco para a consolidação do Direito Urbanístico.

O Estatuto prevê diversas diretrizes para a execução da política urbana em seu art. 2°. Dentre tais diretrizes, destacou-se neste trabalho a do combate à retenção especulativa de imóvel urbano, que resulte na sua subutilização ou não utilização (art. 2°,

---

[598] Tradicionalmente, são indicadas pela doutrina as seguintes funções sociais da cidade: habitação, trabalho, recreação e circulação.

inc. VI, alínea *e*). Os instrumentos previstos nos seus artigos 5° a 8°, que regulamentaram o art. 182, §4°, CF, destinam-se especialmente ao atendimento de tal diretriz, e foram aqui esmiuçados.

Instrumentos de política urbana

Estes dispositivos possibilitaram ao Poder Público municipal exigir do proprietário do solo urbano não edificado, subutilizado ou não utilizado, situado em área incluída no plano diretor, o adequado aproveitamento do imóvel, sob pena de serem aplicadas, sucessivamente, as sanções que indicam. São elas:

a) parcelamento ou edificação compulsórios;

b) imposto sobre a propriedade predial e territorial urbana progressivo no tempo; e

c) desapropriação com pagamento mediante títulos da dívida pública.

A finalidade dessas normas é impor o respeito ao princípio da função social da propriedade urbana, impedindo-se a retenção especulativa do imóvel prejudicial para o planejamento urbano e o pleno desenvolvimento das funções sociais da cidade.

Notificação para o parcelamento, edificação ou utilização compulsórios de imóveis urbanos

O primeiro desses instrumentos é previsto pelo art. 182, §4°, inc. I, CF, bem como pelos artigos 4°, inciso V, alínea *i*, 5° e 6° do Estatuto da Cidade. De acordo com estes preceitos, o Município *deve notificar* o proprietário de imóvel que não atenda às disposições do plano diretor para que lhe dê adequado aproveitamento, a fim de que este cumpra sua função social.

Destacou-se a locução *deve notificar* porque, na verdade, trata-se de um *dever-poder* da Administração Municipal. Ainda que a Constituição prescreva ser *facultado* ao Poder Público exigir o adequado aproveitamento do solo urbano, não pode furtar-se a Municipalidade a exercer tal dever-poder, sob pena de vulneração do princípio constitucional da função social da propriedade urbana.

Com efeito, é o Município o ente federativo competente para promover o adequado ordenamento territorial, "mediante planejamento e controle do uso, do parcelamento e da ocupação do solo urbano" (art. 30, inc. VIII, CF). O referido art. 182 da Carta permite a utilização pela Urbe dos instrumentos nele arrolados para que esta possa cumprir o seu mister de realizar a adequada ordenação urbanística. Em outras palavras, a Municipalidade tem o *dever* de levar a cabo o adequado ordenamento do seu território, e para isso lhe são conferidos os *poderes* previstos pelo texto do §4º do art. 182 da Constituição, regulamentado pelos dispositivos constantes dos artigos 5º a 8º do Estatuto da Cidade. Daí tratar-se de um *dever-poder* da Administração Pública municipal.

Por sua vez, o *caput* do sobredito art. 5º da Lei nº 10.257/2001 determina que lei municipal específica para área incluída no plano diretor *pode* determinar o parcelamento, a edificação ou a utilização compulsórios o solo urbano. Portanto, se não for editada referida lei específica, aprovada pelo Legislativo Municipal, não poderá o Município notificar o proprietário de solo urbano não edificado, não utilizado ou subutilizado para que dê adequado aproveitamento ao seu imóvel, nos termos do plano diretor.

Assim, a leitura conjunta dos dispositivos constantes dos artigos 182 da Lei Maior e 5º do Estatuto conduz à seguinte conclusão: o Poder Público municipal deve tomar todas as providências que lhe cabem para que sejam aplicados os instrumentos de urbanificação compulsória ora em estudo. Não pode furtar-se, por exemplo, a encaminhar projeto da referida lei específica à Câmara de Vereadores, que poderá ou não aprová-lo. Ou seja, a iniciativa da lei em questão é obrigatória para o Poder Público municipal, assim como a iniciativa para elaboração do plano diretor nas hipóteses de Municípios com mais de 20.000 habitantes (art. 182, §1º, CF, e art. 41, inc. I, Lei nº 10.257/2001).

Além disso, ressaltou-se que, para aplicação do instituto em comento, é imprescindível a existência do plano diretor municipal, de acordo com os textos dos arts. 5º e 41, inciso III, da Lei nº 10.257/2001, que se fundamentam no §4º do art. 182 da Constituição. Os imóveis atingidos por tal imposição devem estar localizados em área incluída no plano diretor, o qual, aliás, por expressa determinação do art. 42, inciso I, do Estatuto da Cidade, deverá conter "a delimitação das áreas urbanas onde poderá ser aplicado o parcelamento, edificação ou utilização compulsórios, considerando a existência de infraestrutura e de demanda para utilização", na forma do art. 5º da mesma Lei.

Assim, pode o Poder Público municipal, através de lei específica, para área incluída no plano diretor, desde que desrespeitada a função social do imóvel, obrigar o proprietário ao loteamento ou ao desmembramento de gleba ou lote com dimensões superiores ao máximo permitido pela legislação municipal. Pode, ainda, impor a obrigação de edificar ao dono de imóvel urbano sem aproveitamento algum, desde que a situação seja contrária ao que prescreve o plano diretor.

De outra parte, pode também a Municipalidade exigir a utilização compulsória do solo urbano, caso inexista compatibilidade entre o que foi construído no terreno e o coeficiente mínimo de aproveitamento atribuído a esta mesma área pela lei que institui o plano diretor municipal.

Todavia, afirma-se que o coeficiente de aproveitamento, equivalente à proporção entre a construção e a área total do terreno, não deve ser o único parâmetro para a caracterização do imóvel como subutilizado, para fins de imposição ao proprietário da obrigação de utilizar o bem de acordo com o prescrito pelo Plano Diretor municipal. Tal entendimento decorre da leitura do texto do inciso I do §1º do art. 5º do Estatuto da Cidade.

O dispositivo determina que é considerado subutilizado o imóvel cujo aproveitamento seja inferior ao mínimo definido pelo plano diretor ou em legislação dele decorrente. O "aproveitamento inferior" ao exigido pelo plano deve ser entendido de forma ampla: não somente como o desatendimento ao coeficiente mínimo de aproveitamento (construção sobre área do lote), mas também como uma espécie de utilização do imóvel que contrarie o princípio da função social da propriedade pelo descumprimento de outros indicadores criados pelo próprio plano diretor municipal. A lei que institui o plano diretor pode, por exemplo, determinar o percentual mínimo de ocupação de edificação situada em solo urbano.

Assim, admite-se a possibilidade de imposição da obrigação de utilizar adequadamente imóvel ocioso erigido em solo urbano, ainda que a construção obedeça ao coeficiente mínimo de aproveitamento do imóvel, nos termos do que prescreve o plano diretor municipal.

Cabe salientar, ainda, ser necessária a edição de lei específica para área incluída no plano diretor que fixe as condições e os prazos para o cumprimento da obrigação de parcelar, utilizar ou edificar imóvel urbano.[599] Deve-se atentar, contudo, aos limites temporais estabelecidos pelos incisos I e II do §4º do art. 5º do Estatuto.

IPTU progressivo no tempo

Na hipótese de o proprietário regularmente notificado não protocolar o projeto urbanístico, ou não iniciar as respectivas obras no prazo determinado pela lei municipal específica, será exigido pelo Município o pagamento do Imposto sobre a Propriedade Predial e Territorial Urbana (IPTU) progressivo no tempo, mediante a majoração da alíquota pelo prazo de cinco anos consecutivos, conforme preveem o inciso II do §4º do art. 182 da Constituição Federal e o art. 7º do Estatuto da Cidade. Este último dispositivo impõe as linhas gerais da instituição dessa tributação progressiva.

A cobrança do IPTU progressivo nos termos do referido art. 7º da Lei nº 10.257/2001 representa hipótese de utilização do tributo para fins extrafiscais. Trata-se de progressividade no tempo, que não se confunde com a progressividade do IPTU em razão do valor do imóvel (art. 156, §1º, inc. I), ou em função da localização e uso do bem imobiliário (art. 156, §1º, inc. II). Este último dispositivo permite ao Município a instituição por lei de alíquotas progressivas do IPTU de acordo com a área em que se situa a propriedade urbana, ou conforme a utilização que se faz de determinados imóveis, nos termos do plano diretor municipal. O seu fundamento também é o princípio da função social da propriedade urbana, mas a alíquota

---

[599] Deve-se atentar, contudo, aos limites temporais estabelecidos pelos incisos I e II do §4º do art. 5º do Estatuto.

não é aumentada a cada ano, ao contrário do que ocorre na hipótese prevista no referido art. 7º do Estatuto da Cidade.

Ressaltou-se, outrossim, que o §1º do art. 7º do Estatuto da Cidade fixa a alíquota máxima do IPTU progressivo no tempo em 15%. A previsão não pode ser considerada atentatória ao princípio constitucional da proibição do confisco (art. 150, inc. IV, CF). Ao contrário, atende a este princípio, pois a fixação de alíquota em percentual acima desse valor representaria, sem dúvida, o confisco da propriedade imobiliária urbana.

Desapropriação com pagamento em títulos da dívida pública

Na hipótese do transcurso do prazo de cinco anos de cobrança do IPTU progressivo sem que o proprietário tenha cumprido a obrigação de parcelamento, edificação ou utilização, o Município poderá proceder à desapropriação do imóvel mediante pagamento em títulos da dívida pública, nos termos do art. 8º do Estatuto da Cidade. Essa desapropriação sancionatória é fundamentada no dispositivo constante do inc. III do §4º do art. 182 da Constituição Federal.

Trata-se de espécie de desapropriação para fins urbanísticos que difere das outras formas de desapropriação urbanística (art. 5º, inc. XXIV e art. 182, §3º, CF; art. 5º, i, Decreto-Lei nº 3.365/41; art. 2º, incisos I, IV e V, Lei nº 4.132/62; e art. 1.228, §4º e §5º, Código Civil) pelo fato de ser efetivada através do pagamento em títulos da dívida pública resgatáveis no prazo de até 10 anos. Em outras palavras, a indenização, dado o caráter sancionatório da expropriação em tela, não é prévia. O proprietário receberá o montante indenizatório somente após o término do processo expropriatório.

Cuida-se de exceção à regra da prévia indenização, exceção esta admitida pelo próprio Texto Constitucional, que prevê que a lei estabelecerá o procedimento expropriatório por necessidade ou utilidade pública, ou por interesse social, mediante justa e prévia indenização em dinheiro, "ressalvados os casos previstos na Constituição" (art. 5º, inc. XXIV, CF). A previsão do inc. III do §4º do art. 182, ora em comento, é uma dessas exceções.

Foi demonstrado também que a desapropriação sancionatória regulada pelo art. 8º do Estatuto da Cidade *pode ou não* ser decretada pela Administração Pública após transcorridos cinco anos da cobrança do IPTU progressivo no tempo. Resulta, portanto, do assim denominado poder discricionário da Administração.

De fato, o Município poderá escolher entre promover a desapropriação do imóvel ou continuar exigindo o pagamento do IPTU progressivo no tempo sob a alíquota máxima, por tempo indefinido. É o interesse público que deverá pautar, como sempre, a escolha da Administração, levando-se em conta, por exemplo, critérios orçamentários e financeiros.

De outra parte, cumpre lembrar que, para concretizar o processo expropriatório em tela, depende o Município de prévia aprovação do Senado Federal, que pode ou não aprovar a emissão dos títulos da dívida pública com os quais será pago o montante indenizatório ao proprietário do imóvel expropriado.

Regime jurídico dos bens públicos

Em seguida, foram tecidos breves comentários acerca dos bens públicos e do seu regime jurídico, antes de ser abordado diretamente o princípio da função social da propriedade pública e a aplicação dos instrumentos acima citados ao imóvel público urbano.

Concluiu-se que as peculiaridades do regime jurídico a que se submetem os bens públicos — gravados pela inalienabilidade, pela impenhorabilidade e pela imprescritibilidade — não constituem impedimento para o cumprimento da função social da propriedade pública, pois o ordenamento jurídico pátrio contém normas que promovem a adequação da utilização dos bens públicos ao bem-estar da coletividade.

Como exemplos dessas normas, destacam-se as leis que disciplinam os processos de regularização fundiária em áreas públicas (Lei nº 6.383/1976, art. 29; Medida Provisória nº 2.220/2001; Lei nº 9.636/1998; Decreto-Lei nº 9.760/1946, entre outras). Toda essa legislação é fundamentada no princípio da função social da propriedade pública. Também os dispositivos da Lei nº 8.666/93 (licitações e contratos administrativos) que preveem hipóteses de

Parcelamento, edificação e utilização compulsórios de imóveis públicos urbanos | 271

dispensa de licitação para casos de alienação de bens públicos destinados à regularização fundiária (art. 17, I, *f* e *g*; art. 17, §2º, II e §2º-A e §2º-B) são exemplos de aplicação do mesmo princípio.

Função social da propriedade pública

O Capítulo 5 foi dedicado à abordagem direta do princípio da função social da propriedade pública.

Procurou-se demonstrar que a propriedade pública também deve atender a uma função social para que não seja prejudicado o processo de planejamento urbanístico engendrado pelo Poder Público municipal.

Com efeito, a Constituição Federal e a legislação ordinária em matéria urbanística atribuem aos planos urbanísticos municipais papel essencial na ordenação do espaço urbano. O tratamento destinado a diversas matérias relativas à disciplina urbanística é atribuído ao plano diretor com exclusividade.

Em outras palavras, pode-se dizer que o planejamento urbanístico, consubstanciado principalmente no plano diretor municipal, é imprescindível para a execução da política urbana.

Para ser eficaz em sua tarefa de direcionar a atuação do Município no sentido de promover a ordenação/reforma/expansão do espaço urbano, o plano diretor deve englobar o território do Município como um todo (art. 40, §2º, do Estatuto da Cidade). Além disso, deve delimitar as áreas em que os instrumentos disponíveis para a execução da política urbana poderão ser aplicados. Deve, também, definir coeficientes mínimos e máximos de aproveitamento dos lotes situados em determinada região, além de outras atribuições que lhe são conferidas pela legislação ordinária.

Ora, para se garantir a eficácia dessas prescrições, todos os imóveis situados nessas áreas deverão obedecer às regras contidas no plano diretor. Por exemplo, os coeficientes mínimos e máximos de aproveitamento dos lotes devem ser respeitados por todas as propriedades imobiliárias situadas nas áreas para os quais os índices são definidos.

Seria prejudicial para a efetivação do que está previsto nas normas de planejamento urbano das cidades que determinados imóveis fossem imunes às prescrições do plano diretor. Assim, o imóvel público urbano também deve submeter-se a esses regramentos, sob pena de descumprimento de sua função social, em vista do preceito constitucional que remete ao plano diretor a concretização desse princípio (art. 182, §2º).

Ressaltou-se também que a construção de obras públicas que promovam alterações importantes no ordenamento do território do Município deve resultar de regular planejamento urbanístico, que é consubstanciado, como visto, na lei que institui o plano diretor municipal. Atendidas as prescrições do plano diretor quanto ao respectivo processo de planejamento/construção, os bens públicos resultantes desse processo estarão cumprindo, de fato, sua função social. E aqui estão incluídas a projeção e construção de sistemas viários, sistemas de pontes e viadutos, sistemas de esgotos e canalização de córregos, portos e aeroportos, dentre outros.

Portanto, a construção de uma grande obra pública, como um aeroporto, que promova uma alteração substancial na ordenação do espaço urbano, deve ser fruto de um adequado planejamento urbanístico, realizado através do plano diretor municipal.

Em outros termos, pode-se dizer que o princípio da reserva de plano exige que transformações significativas no espaço urbano estejam previstas no plano diretor. Os bens públicos construídos em obediência ao definido no plano poderão assim cumprir a sua função social, sejam eles destinados ao uso comum (pontes e viadutos) ou afetados a um uso especial, para a realização de um serviço público (aeroporto). Aliás, pelo atendimento ao prescrito no plano diretor verificar-se-á se o bem público urbano cumpre sua função social, pois, conforme estabelece o Texto Constitucional no referido §2º do art. 182, a propriedade urbana — seja pública ou privada — cumpre sua função social se atende às exigências de ordenação da cidade expressas no plano diretor.

De outra parte, procurou-se demonstrar que os bens públicos têm papel essencial na realização das funções sociais da cidade. A utilização dos bens de uso comum (ruas, praças, avenidas, viadutos, pontes, corredores de ônibus, estradas), dos bens de uso especial (imóveis afetados à realização de um serviço público) e dos bens dominicais de acordo com os ditames do planejamento urbano levará aos objetivos pretendidos.

Com efeito, depreende-se do Texto Constitucional que o próprio Poder Público deve executar a política de desenvolvimento urbano, mais especificamente o municipal. Ora, sendo a realização das funções sociais da cidade a meta a ser alcançada por essa política urbana, conclui-se que o Poder Público deve buscar alcançá-la de todas as formas juridicamente possíveis, inclusive através da utilização do seu próprio patrimônio. Assim, sendo a função social da propriedade instrumento indispensável para a concreta realização das funções sociais da cidade (habitação, trabalho, recreação e circulação), deve ser aplicada também aos bens públicos imobiliários.

Por derradeiro, coube neste trabalho discorrer sobre instrumentos jurídicos utilizáveis para a adequação da propriedade urbana pública às previsões do planejamento urbano. Dentre eles, destacou-se a desapropriação de bens públicos para fins urbanísticos, a concessão de uso especial para fins de moradia (MP nº 2.220/2001), a ação civil pública (Lei nº 7.347/1985) e a ação de improbidade administrativa (Lei nº 8.429/1992).

Desapropriação de bens públicos

A possibilidade de efetivação da desapropriação de bens públicos para fins urbanísticos decorre do fato de que a realização das funções sociais da cidade representa, sempre, interesse público primário que, confrontado com um interesse público secundário, deverá, sem exceção, prevalecer. E sendo a função social da propriedade instrumento essencial para a realização das funções sociais da cidade, é interesse primário da Administração que toda a propriedade imobiliária a cumpra.

Em outras palavras, pode o Município desapropriar bens públicos estaduais e federais, autárquicos e fundacionais, que desatendam aos preceitos estabelecidos pela lei que institui o plano diretor municipal, pois, nesses casos, certamente, estar-se-á diante de uma situação em que o interesse do ente federativo em não atender ao princípio da função social da propriedade, indubitavelmente secundário, deverá se submeter ao interesse público primário representado pela busca da realização das funções sociais da cidade.

Na hipótese, referiu-se à desapropriação para fins urbanísticos paga com prévia e justa indenização, regulada pelo Decreto-Lei nº 3.365/41 e pela Lei nº 4.132/62, ou mesmo à desapropriação prevista no §4º do art. 1.228 do Código Civil de 2002, pois, como visto, a desapropriação sancionatória prevista no art. 8º do Estatuto da Cidade é de difícil aplicação à propriedade imobiliária de Estados e União, em função da previsão legal relativa à aplicabilidade da sanção que lhe serve de pressuposto (IPTU progressivo), muito embora possa ser utilizada em relação aos bens públicos de propriedade de autarquias e fundações estaduais e federais, desde que atendidos determinados requisitos, revistos a seguir.

Concluiu-se, portanto, que não há óbice para a desapropriação para fins urbanísticos de bens públicos que não cumpram sua função social, desde que paga indenização prévia e justa em dinheiro. E, no caso específico de bens de propriedade das autarquias e fundações públicas, federais e estaduais, há também a possibilidade de aplicação do instituto da desapropriação com pagamento de títulos prevista no art. 8º do Estatuto da Cidade, conforme será adiante reafirmado.

Concessão de uso especial de bens públicos para fins de moradia

Destacou-se, outrossim, a previsão da concessão de uso especial de bens públicos para fins de moradia pela Medida Provisória nº 2.220/2001, e ressaltou-se que se trata de instituto fundamentado no princípio da função social da propriedade pública.

Os dispositivos da citada medida provisória prestigiam o direito de moradia, previsto constitucionalmente como um direito social (art. 6º, *caput*, CF), e colocam à disposição do Poder Público um instrumento essencial para a consecução de processo de regularização fundiária em áreas urbanas.

Garante-se o direito subjetivo do ocupante de área pública urbana à concessão de uso dessa área para fins de moradia, ainda que em outro imóvel público. Assim, no caso de recusa da Administração em lhe outorgar tal direito, pode o possuidor exigi-lo judicialmente, caso tenha cumprido os requisitos legais para tanto.

De outra parte, a pessoa jurídica de direito público proprietária do bem público também tem o *dever-poder* de exercer o seu direito de propriedade no sentido de atender ao interesse de toda a sociedade. É do interesse de toda a coletividade que todos tenham acesso à moradia digna. Trata-se de uma das funções sociais da cidade (habitação), que deve ser realizada também a partir do atendimento ao princípio da função social da propriedade pública.

Outrossim, é do interesse de toda a sociedade a concretização do processo de regularização fundiária, essencial para a ordenação das cidades em que todos vivem, ricos e pobres, com ou sem moradia digna.

Assim, o ente público proprietário do imóvel urbano, de acordo com o que prescreve a Medida Provisória nº 2.220/2001, tem o *dever* de conceder para fins de moradia o uso de área pública ocupada, atendidos os requisitos legais, utilizando o *poder* que tem, como proprietário, de conceder o uso do seu imóvel, ainda que em outro local. Afigura-se, portanto, a indiscutível aplicação do princípio da função social da propriedade pública urbana, a conformar a atuação da Administração na gestão de seus bens.

Ação civil pública

Ainda, procurou-se destacar a ação civil pública como mais um instrumento jurídico utilizável para a defesa da ordem urbanística (art. 1º, inc. VI, da Lei nº 7.347/1985).

Tal instrumento processual pode ser utilizado em face da pessoa jurídica de direito público que utilizar sua propriedade em desatenção aos preceitos do plano diretor, causando danos à ordem urbanística. O Poder Público, de qualquer esfera, pode ser compelido, através da ação civil pública, a adequar sua propriedade aos ditames do plano urbanístico municipal.

Improbidade administrativa

Por derradeiro, realçou-se que o agente público que der causa ao descumprimento da função social da propriedade pública incorre em ato de improbidade administrativa, nos termos da Lei nº 8.429/1992.

Ressaltou-se que o art. 52 do Estatuto da Cidade traz rol de hipóteses em que se atribuirá ao Prefeito a prática de ato de improbidade administrativa. Dentre elas, foram destacadas as previstas nos incisos II e III do citado art. 52.

De acordo com o inc. II, incorre em improbidade administrativa o Prefeito que deixar de proceder, no prazo de cinco anos, o adequado aproveitamento do imóvel incorporado ao patrimônio público, nos termos do §4º do art. 8º do Estatuto. Ou seja, o imóvel objeto da desapropriação sancionatória deve adequar-se ao plano diretor municipal em um prazo máximo de cinco anos, ou poderá o Chefe do Executivo municipal ser punido. Em outras palavras, buscar-se-á sancionar o Prefeito que der causa ao descumprimento da função social de propriedade que passou a fazer parte do patrimônio público através de processo expropriatório, abstendo-se de adequá-lo aos preceitos do plano diretor.

Por outro lado, de acordo o disposto no inc. III do referido art. 52 do Estatuto da Cidade, incorre em improbidade administrativa o Prefeito que utilizar imóvel obtido por meio do direito de preempção em desacordo com o disposto no art. 26 do Estatuto.

O art. 26 lista as hipóteses em que o Poder Público municipal pode valer-se do seu direito de preempção. São elas:

a) regularização fundiária;

b) execução de programas e projetos habitacionais de interesse social;

c) constituição de reserva fundiária;

d) ordenamento e direcionamento da expansão urbana;

e) implantação de equipamentos urbanos e comunitários;

f) criação de espaços públicos de lazer e áreas verdes;

g) criação de unidades de conservação ou proteção de outras áreas de interesse ambiental; e

h) proteção de áreas de interesse histórico, cultural ou paisagístico.

Em outros termos, o imóvel adquirido pelo Poder Público por meio do direito de preempção, que passa a ser bem público, deve ser utilizado para as finalidades indicadas acima. Atendidas tais finalidades, cumprirá o bem público sua função social. Desrespeitadas, restará descumprido o princípio da função social da propriedade pública e, em consequência, buscar-se-á responsabilizar o Chefe do Executivo municipal por ato de improbidade administrativa.

Os dois dispositivos acima citados (incisos II e III do art. 52 do Estatuto) consubstanciam duas hipóteses extraídas do ordenamento jurídico que demonstram a aplicação do princípio da função social também no que refere à propriedade pública.

De fato, os bens públicos adquiridos através da desapropriação sancionatória prevista no art. 8° do Estatuto, ou por meio de direito de preempção, devem também cumprir sua função social, sob pena de punição ao agente público responsável pela gestão desses bens.

Outras hipóteses de descumprimento da função social da propriedade pública podem ensejar a responsabilização do agente público por ato de improbidade administrativa. O art. 10, inc. X, da Lei nº 8.429/1992, por exemplo, determina que constitui ato de improbidade administrativa ação ou omissão, dolosa ou culposa, contrária à conservação do patrimônio público. Já o art. 11, inc. II, do mesmo diploma legal determina que constitui ato de improbidade retardar ou deixar de praticar, indevidamente, ato de ofício.

Portanto, constata-se que o agente público competente deve buscar a adequação do imóvel público aos ditames do plano diretor do Município em que se situa. Trata-se de obrigação legal cujo descumprimento poderá ensejar a responsabilização do agente por improbidade administrativa.

Parcelamento, edificação ou utilização compulsórios de imóveis públicos urbanos

Por último, analisou-se a possibilidade de aplicação dos instrumentos de parcelamento, edificação e utilização compulsórios, IPTU progressivo e desapropriação sancionatória, previstos no Estatuto da Cidade, para fins de adequação do bem público urbano de propriedade das autarquias e fundações públicas, federais e estaduais, aos preceitos do plano diretor municipal.

Procurou-se demonstrar que os impedimentos existentes para a aplicação desses instrumentos aos bens públicos da Administração Direta podem ser afastados no que tange aos bens públicos urbanos de autarquias e fundações públicas.

A possibilidade de notificação dessas entidades para o cumprimento da obrigação de parcelar, edificar ou utilizar imóvel público urbano, regulada pelo art. 5º do Estatuto da Cidade, é fundamentada no princípio da função social da propriedade o qual, como visto, também pode ser aplicado à propriedade pública.

Não há nada no ordenamento jurídico pátrio que proíba tal notificação. Ao contrário, a Constituição da República dá prevalência aos Municípios na organização do espaço urbano, e por isso eles podem obrigar entes estaduais e federais a fazer com que suas respectivas propriedades urbanas cumpram sua função social.

A Constituição atribui aos Municípios a competência para "promover, no que couber, adequado ordenamento territorial, mediante planejamento e controle do uso, do parcelamento e da ocupação do solo urbano" (art. 30, VIII). Em face de tal atribuição, não pode o Município escapar ao cumprimento do seu dever de dar impulso ao adequado ordenamento urbanístico, utilizando os instrumentos de política urbana disponíveis no sistema jurídico.

Por sua vez, o art. 182 da Constituição elegeu o Poder Público municipal o executor da política de desenvolvimento urbano, que tem por objetivo ordenar o pleno desenvolvimento das funções sociais da cidade.

A União, os Estados e suas respectivas autarquias e fundações devem respeitar tal atribuição constitucional, buscando, também eles, atender aos preceitos legais que ditam as regras dessa política urbana. Por conseguinte, devem atender às imposições do Poder Público municipal, decorrentes de lei e destinadas à efetivação da política urbana e ao pleno desenvolvimento das funções sociais da cidade.

O dever-poder do Município de obrigar o proprietário urbano a utilizar seu imóvel nos termos do plano diretor decorre diretamente da Constituição e do Estatuto da Cidade, cuja edição também está fundamentada constitucionalmente. E a notificação de que trata o art. 182 da Carta Federal e o art. 5º da Lei nº 10.257/2001 é instrumento para que a vontade constitucional seja atendida. A urbe pode, assim, utilizá-la também em face da propriedade pública urbana.

Não obstante, existe a possibilidade do não cumprimento da obrigação de parcelar, edificar ou utilizar o imóvel no prazo determinado legalmente. Nessa hipótese, conforme já ressaltado supra, deve o Município instituir o IPTU progressivo no tempo sobre o imóvel não edificado, subutilizado ou não utilizado (art. 7º do Estatuto). O próximo passo foi analisar a possibilidade de aplicação deste instituto aos bens públicos imobiliários de propriedade das autarquias e fundações públicas, situados em zona urbana.

Concluiu-se que, em face do que prescreve o art. 150, VI, §2º e §3º, CF, o IPTU pode ser cobrado sobre imóveis de propriedade de autarquias e fundações públicas que não estejam vinculados às suas finalidades essenciais, bem como sobre imóveis cuja utilização esteja vinculada a atividade típica do setor privado, ainda que para fins meramente arrecadatórios.

Dessa forma, não há razão para isentar os órgãos da Administração Indireta da exação sancionatória desse tributo, com alíquotas progressivas no tempo, nos moldes do referido art. 7º do Estatuto da Cidade.

Ponderou-se que, em vista da natureza das autarquias e das fundações públicas — pessoas jurídicas de direito público — a imunidade a que se refere o art. 150, inciso VI, a, da CF/1988 também lhes é extensiva, de acordo com o §2º do mesmo dispositivo constitucional.

No entanto, tal imunidade deve alcançá-las, e os seus bens, apenas no que se refere à sua atuação como ente dotado de personalidade pública, ou seja, somente com relação aos bens efetivamente utilizados para o cumprimento de suas obrigações institucionais.

No momento em que a autarquia explora atividade econômica regida por normas aplicáveis a empreendimentos privados passa a se igualar ao particular, e impostos podem incidir sobre os seus bens, renda e serviços. Da mesma forma, os bens que não são utilizados para finalidades institucionais também não mais ficam sujeitos ao regime de Direito Público. Aqui, descabe a alegação de contrariedade ao princípio federativo e ao princípio da igualdade entre as pessoas políticas, posto que a atuação da autarquia (ou da fundação pública), nesses casos, é típica de pessoa jurídica de Direito Privado.

O imposto predial e territorial urbano pode, nessas hipóteses, incidir sem desrespeito ao pacto federativo. No mesmo sentido, também o IPTU progressivo a que alude o art. 182 da Constituição e o art. $7^{\underline{o}}$ do Estatuto da Cidade pode ser instituído naqueles casos em que o bem imóvel urbano de autarquia ou fundação pública, desvinculado de sua atividade institucional ou vinculado a atividade típica do setor privado, não cumpra a sua função social.

Por último, coube discutir a possibilidade da aplicação do instituto da desapropriação com pagamento em títulos, previsto no art. 182, $\S4^{\underline{o}}$, inc. III da Constituição Federal, e no art. $8^{\underline{o}}$ do Estatuto da Cidade, para os casos de descumprimento do princípio da função social da propriedade por parte das autarquias e das fundações públicas, após decorridos cinco anos de cobrança do IPTU progressivo no tempo.

Depois de verificado que o Município pode até mesmo exercer o seu poder expropriatório em face da Administração Direta, a fim de fazer prevalecer o interesse público primário sobre o secundário, procurou-se demonstrar que também pode exercê-lo sobre os imóveis de propriedade das autarquias e fundações públicas utilizados em desacordo com o plano diretor municipal.

Afinal, o interesse público primário será prestigiado com a utilização do imóvel público urbano de acordo com os preceitos do plano diretor, e não com a permanência desse bem no patrimônio de entidade autárquica ou fundacional sem o seu adequado aproveitamento.

O bem imobiliário público urbano, pela sua própria qualidade de bem público, deve ser utilizado em prol da coletividade. Tratando-se de bem de uso especial, de propriedade de entidades da Administração Indireta, deve ser utilizado para a realização das finalidades institucionais desses órgãos. Caso contrário, seu uso em desacordo com o plano diretor pode justificar a aplicação de instrumentos urbanísticos que visem à sua utilização em atendimento ao interesse público primário. Dentre tais instrumentos está a desapropriação sancionatória prevista no art. $8^{\underline{o}}$ do Estatuto da Cidade.

Outrossim, os imóveis de propriedade de autarquias e fundações públicas, federais e estaduais, vinculados a atividades econômicas, típicas do setor privado, caso utilizados em desacordo com o plano diretor, também podem ser objeto da expropriação em tela, de mesma forma como podem ser objeto de tributação progressiva nos termos do art. 7º da Lei nº 10.257/2001, conforme visto supra.

A permanência de bem urbano no patrimônio da autarquia ou fundação pública para fins puramente econômicos, sem qualquer utilização para suas finalidades institucionais, representa interesse secundário da Administração, que deve ceder frente ao interesse público primário, consubstanciado na utilização dessa propriedade em prol da coletividade, em cumprimento à sua função social.

Em consequência, o Poder Público municipal pode promover a desapropriação sancionatória prevista no art. 8º da Lei nº 10.257/2001 em face de imóveis de autarquias e fundações públicas, federais e estaduais, que não estejam vinculados às respectivas finalidades institucionais, ou que sejam destinados à realização de atividade típica do setor privado, se utilizados em desacordo com o plano diretor, e depois de decorridos os cinco anos de cobrança de IPTU progressivo sem que o proprietário tenha cumprido a obrigação imposta nos termos do art. 5º do mesmo diploma legal. Trata-se de instrumento eficaz para fazer com que os bens imóveis urbanos de propriedade de entidades da Administração Indireta cumpram sua função social.

Referências

ABE, Nilma de Castro. *Gestão do patrimônio público imobiliário*: aspectos jurídicos da destinação, delimitação, fiscalização e responsabilidade. Leme: J. H. Mizuno, 2006.

ALFONSIN, Betânia. Dos instrumentos da política urbana. In: MATTOS, Liana Portilho (Org.). *Estatuto da Cidade comentado*: Lei n. 10.257, de 10 de julho de 2001. Belo Horizonte: Mandamentos, 2002.

ALMEIDA, Fernando Dias Menezes de. Dos instrumentos da política urbana. In: MEDAUAR, Odete; ALMEIDA, Fernando Dias Menezes de (Coord.). *Estatuto da Cidade*: Lei 10.257, de 10.07.2001: comentários. 2. ed. rev., atual. e ampl. São Paulo: Revista dos Tribunais, 2004.

ANDRADE, Letícia Queiroz de. *Desapropriação de bens públicos*: à luz do princípio federativo. São Paulo: Malheiros, 2006.

ATALIBA, Geraldo. IPTU: progressividade. *Revista de Direito Público*, v. 23, n. 93, p. 233-238, jan./mar. 1990.

BANDEIRA DE MELLO, Celso Antônio. *Curso de direito administrativo*. 15. ed. refund., ampl. e atual. até a Emenda Constitucional 39, de 19.12.2002. São Paulo: Malheiros, 2003.

BANDEIRA DE MELLO, Celso Antônio. *Discricionariedade e controle jurisdicional*. 2. ed., 6. tiragem. São Paulo: Malheiros, 2003.

BANDEIRA DE MELLO, Celso Antônio. Eficácia das normas constitucionais sobre justiça social. *Revista de Direito Público*, v. 14, n. 57/58, p. 233-256, jan./jun. 1981.

BANDEIRA DE MELLO, Celso Antônio. Novos aspectos da função social da propriedade no direito público. *Revista de Direito Público*, v. 20, n. 84, p. 39-45, out./dez. 1987.

BARCELLONA, Pietro. *Diritto privato e societá moderna*. Napoli: Jovene, 1996.

BARROSO, Luís Roberto. *Interpretaçao e aplicação da Constituição*: fundamentos de uma dogmática constitucional transformadora. 6. ed. rev., atual. e ampl. São Paulo: Saraiva, 2004.

BASTOS, Celso Ribeiro; MARTINS, Ives Gandra da Silva. *Comentários à Constituição do Brasil*: promulgada em 5 de outubro de 1988. São Paulo: Saraiva, 1989. v. 2, arts. 5 a 17.

BEZNOS, Clóvis. Desapropriação em nome da política urbana (art. 8º). In: DALLARI, Adilson Abreu; FERRAZ, Sérgio (Coord.). *Estatuto da Cidade*: comentários à lei federal 10.257/2001. 1. ed., 2. tiragem. São Paulo: Malheiros, 2003.

BOBBIO, Norberto. *O positivismo jurídico*: lições de filosofia do direito: compiladas pelo Dr. Nello Morra. Tradução e notas Márcio Pugliesi; Edson Bini, Carlos E. Rodrigues. São Paulo: Icone, 1996.

BONAVIDES, Paulo. *Curso de direito constitucional*. 11. ed. rev., atual. e ampl. São Paulo: Malheiros, 2001.

BUENO, Cássio Scarpinella; PORTO FILHO, Pedro Paulo de Resende (Org.). *Improbidade administrativa*: questões polêmicas e atuais. São Paulo: Malheiros; Sociedade Brasileira de Direito Público, 2001.

BUENO, Vera Scarpinella. Parcelamento, edificação ou utilização compulsórios da propriedade urbana (arts. 5º e 6º). In: DALLARI, Adilson Abreu; FERRAZ, Sérgio (Coord.). *Estatuto da Cidade*: comentários à Lei Federal 10.257/2001. 1. ed., 2. tiragem. São Paulo: Malheiros, 2003.

CÂMARA, Jacintho Arruda. Plano diretor (arts. 39 a 42). In: DALLARI, Adilson Abreu; FERRAZ, Sérgio (Coord.). *Estatuto da Cidade*: comentários à Lei Federal 10.257/2001. 1. ed., 2. tiragem. São Paulo: Malheiros, 2003.

CAMMAROSANO, Márcio. Fundamentos constitucionais do Estatuto da Cidade (arts. 182 e 183 da Constituição Federal). In: DALLARI, Adilson Abreu; FERRAZ, Sérgio (Coord.). *Estatuto da Cidade*: comentários à Lei Federal 10.257/2001. 1. ed., 2. tiragem. São Paulo: Malheiros, 2003.

CAMMAROSANO, Márcio. *O princípio constitucional da moralidade e o exercício da função administrativa*. Belo Horizonte: Fórum, 2006.

CANOTILHO, José Joaquim Gomes. *Direito constitucional e teoria da Constituição*. 7. ed. Coimbra: Almedina, 2003.

CARRAZZA, Elizabeth Nazar. *Progressividade e IPTU*. 3. tiragem. Curitiba: Juruá, 1998.

CARRAZZA, Roque Antonio. *Curso de direito constitucional tributário*. 22. ed. rev., ampl. e atual. até a Emenda Constitucional n. 52/2006. São Paulo: Malheiros, 2006.

CARVALHO, Paulo de Barros. *Curso de direito tributário*. 17. ed. São Paulo: Saraiva, 2005.

COÊLHO, Sacha Calmon Navarro. *Curso de direito tributário brasileiro*. Rio de Janeiro: Forense, 1999.

COMPARATO, Fábio Konder. Estado, empresa e função social. *Revista dos Tribunais*, v. 85, n. 732, p. 38-46, out. 1996.

COMPARATO, Fábio Konder. Função social da propriedade dos bens de produção. *Revista de Direito Mercantil, Industrial, Econômico e Financeiro*, v. 25, n. 63, p. 71-79, jul./set. 1986.

CORRÊA, Alexandre; SCIASCIA, Gaetano. *Manual de direito romano*. 6. ed. São Paulo: Revista dos Tribunais, 1988.

Parcelamento, edificação e utilização compulsórios de imóveis públicos urbanos | 285

COSTA, Regina Helena. Instrumentos tributários para a implementação da política urbana (art. 7º). In: DALLARI, Adilson Abreu; FERRAZ, Sérgio (Coord.). *Estatuto da Cidade*: comentários à Lei Federal 10.257/2001. 1. ed., 2. tiragem. São Paulo: Malheiros, 2003.

CRETELLA JÚNIOR, José. *Comentários à Constituição brasileira de 1988*. 3. ed. Rio de Janeiro: Forense Universitária, 1992. v. 1.

CRETELLA JÚNIOR, José. *Tratado geral da desapropriação*. Rio de Janeiro: Forense, 1980. v. 1.

DALLARI, Adilson Abreu. *Desapropriações para fins urbanísticos*. Rio de Janeiro: Forense, 1981.

DALLARI, Adilson Abreu. Instrumentos da política urbana (art. 4º). In: DALLARI, Adilson Abreu; FERRAZ, Sérgio (Coord.). *Estatuto da Cidade*: comentários à lei federal 10.257/2001. 1. ed., 2. tiragem. São Paulo: Malheiros, 2003.

DALLARI, Adilson Abreu; FERRAZ, Sérgio (Coord.). *Estatuto da Cidade*: comentários à Lei Federal 10.257/2001. 1. ed., 2. tiragem. São Paulo: Malheiros, 2003.

DALLARI, Adilson Abreu; FIGUEIREDO, Lúcia Valle (Coord.). *Temas de Direito Urbanístico - 2*. São Paulo: Revista dos Tribunais, 1991.

DALLARI, Adilson Abreu; FIGUEIREDO, Lúcia Valle (Coord.). *Temas de Direito Urbanístico - 1*. São Paulo: Revista dos Tribunais, 1987.

DEL NERO, João Alberto Schützer. O significado jurídico da expressão "função social da propriedade". *Revista da Faculdade de Direito de São Bernardo do Campo*, v. 3, p. 79-97, 1997.

DI PIETRO, Maria Sylvia Zanella. Concessão de uso especial para fins de moradia (Medida Provisória 2.220, de 4.9.2001). In: DALLARI, Adilson Abreu; FERRAZ, Sérgio (Coord.). *Estatuto da Cidade*: comentários à Lei Federal 10.257/2001. 1. ed., 2. tiragem. São Paulo: Malheiros, 2003.

DI PIETRO, Maria Sylvia Zanella. *Direito administrativo*. 17. ed. atual. com a reforma previdenciária, EC n. 41/03. São Paulo: Atlas, 2004.

DI PIETRO, Maria Sylvia Zanella. Função social da propriedade pública. In: WAGNER JÚNIOR, Luiz Guilherme da Costa (Coord.). *Direito público*: estudos em homenagem ao professor Adilson Abreu Dallari. Belo Horizonte: Del Rey, 2004.

DI PIETRO, Maria Sylvia Zanella. *Parcerias na Administração Pública*: concessão, permissão, franquia, terceirização e outras formas. São Paulo: Atlas, 1996.

DI PIETRO, Maria Sylvia Zanella. *Servidão administrativa*. São Paulo: Revista dos Tribunais, 1978.

DI SARNO, Daniela Campos Libório. *Elementos de direito urbanístico*. Barueri: Manole, 2004.

DUGUIT, Léon. *Les transformations générales du droit privé depuis le Code Napoléon*. 2e éd. rev. Paris: F. Alcan, 1920.

286 | Alexandre Levin

ESCRIBANO COLLADO, Pedro. *La propiedad privada urbana*: encuadramiento y régimen. Madrid: Montecorvo, 1979.

FERNANDES, Edésio. Do Código Civil de 1916 ao Estatuto da Cidade: algumas notas sobre a trajetória do Direito Urbanístico no Brasil. In: MATTOS, Liana Portilho (Org.). *Estatuto da Cidade comentado*: Lei n. 10.257, de 10 de julho de 2001. Belo Horizonte: Mandamentos, 2002.

FERRAZ JUNIOR, Tercio Sampaio. *Introdução ao estudo do direito*: técnica, decisão, dominação. 3. ed. São Paulo: Atlas, 2001.

FIGUEIREDO, Lúcia Valle. *Curso de direito administrativo*. 6. ed. rev., atual. e ampl. São Paulo: Malheiros, 2003.

FIGUEIREDO, Lúcia Valle. *Disciplina urbanística da propriedade*. 2. ed. rev. e atual. São Paulo: Malheiros, 2005.

FIGUEIREDO, Lúcia Valle. Normas de processo administrativo no Estatuto da Cidade (art. 49). In: DALLARI, Adilson Abreu; FERRAZ, Sérgio (Coord.). *Estatuto da Cidade*: comentários à Lei Federal 10.257/2001. 1. ed., 2. tiragem. São Paulo: Malheiros, 2003.

FIGUEIREDO, Marcelo. Ação de improbidade administrativa, suas peculiaridades e inovações. In: BUENO, Cássio Scarpinella; PORTO FILHO, Pedro Paulo de Resende (Org.). *Improbidade administrativa*: questões polêmicas e atuais. São Paulo: Malheiros; Sociedade Brasileira de Direito Público, 2001.

FIGUEIREDO, Marcelo. O Estatuto da Cidade e a Lei de Improbidade Administrativa (art. 52). In: DALLARI, Adilson Abreu; FERRAZ, Sérgio (Coord.). *Estatuto da Cidade*: comentários à Lei Federal 10.257/2001. 1. ed., 2. tiragem. São Paulo: Malheiros, 2003.

FREITAS, José Carlos de. A ação civil pública, a ordem urbanística e o Estatuto da Cidade. In: MILARÉ, Édis (Coord.). *A ação civil pública*: após 20 anos: efetividade e desafios. São Paulo: Revista dos Tribunais, 2005.

FREITAS, José Carlos de. Artigos 46, 47, 48, 49, 50, 51, 52, 53, 54, 55, 56, 57 e 58. In: MATTOS, Liana Portilho (Org.). *Estatuto da Cidade comentado*: Lei n. 10.257, de 10 de julho de 2001. Belo Horizonte: Mandamentos, 2002.

FREITAS, Mariana Almeida Passos de. *Zona costeira e meio ambiente*: aspectos jurídicos. Curitiba: Juruá, 2005.

GARCIA, Maria (Coord.). *A cidade e seu estatuto*. São Paulo: J. de Oliveira, 2005.

GASPARINI, Diogenes. *O Estatuto da Cidade*. São Paulo: NDJ, 2002.

GOMES, Orlando. Evolução contemporânea do direito de propriedade. *Revista Forense*, v. 50, n. 149, p. 9-16, set./out. 1953.

GRAU, Eros Roberto. *A ordem econômica na Constituição de 1988*: interpretação e crítica. 10. ed. rev. e atual. São Paulo: Malheiros, 2005.

GRAU, Eros Roberto. A propriedade rural e a função social da propriedade. *Revista Trimestral de Direito Publico*, n. 33, 2001.

GRAU, Eros Roberto. *Direito urbano*: regiões metropolitanas, solo criado, zoneamento e controle ambiental, projeto de lei de desenvolvimento urbano. São Paulo: Revista dos Tribunais, 1983.

GRAU, Eros Roberto. *Elementos de direito econômico*. São Paulo: Revista dos Tribunais, 1981.

GRAU, Eros Roberto. *Ensaio e discurso sobre a interpretação/aplicação do direito*. 3. ed. São Paulo: Malheiros, 2005.

GUERRA, Maria Magnólia Lima. *Aspectos jurídicos do uso do solo urbano*. Fortaleza: Universidade Federal do Ceará, 1981.

HARADA, Kiyoshi. *Desapropriação*: doutrina e prática. 3. ed. São Paulo: Atlas, 1999.

JUSTEN FILHO, Marçal. *Comentários à Lei de Licitações e Contratos Administrativos*. 11. ed. São Paulo: Dialética, 2005.

KELSEN, Hans. *Teoria pura do direito*. Tradução de João Baptista Machado. 6. ed. São Paulo: Martins Fontes, 1998.

LISBOA, Roberto Senise. *Manual elementar de direito civil*. 2. ed. rev. e atual. em conformidade com o novo Código Civil, Lei 10.406, de 11 de janeiro de 2002. São Paulo: Revista dos Tribunais, 2002. v. 4: Direitos reais e direitos intelectuais.

MARKY, Thomas. *Curso elementar de direito romano*. 8. ed. São Paulo: Saraiva, 1995.

MATTOS, Liana Portilho (Org.). *Estatuto da Cidade comentado*: Lei n. 10.257, de 10 de julho de 2001. Belo Horizonte: Mandamentos, 2002.

MATTOS, Liana Portilho. *Nova ordem jurídico-urbanística*: função social da propriedade na prática dos tribunais. Rio de Janeiro: Lumen Juris, 2006.

MEDAUAR, Odete. Diretrizes gerais. In: MEDAUAR, Odete; ALMEIDA, Fernando Dias Menezes de (Coord.). *Estatuto da Cidade*: Lei 10.257, de 10.07.2001: comentários. 2. ed. rev., atual. e ampl. São Paulo: Revista dos Tribunais, 2004.

MEDAUAR, Odete; ALMEIDA, Fernando Dias Menezes de (Coord.). *Estatuto da Cidade*: Lei 10.257, de 10.07.2001: comentários. 2. ed. rev., atual. e ampl. São Paulo: Revista dos Tribunais, 2004.

MEIRELLES, Hely Lopes. *Direito administrativo brasileiro*. 25. ed., atual. por Eurico de Andrade Azevedo, Délcio Balestero Aleixo e José Emmanuel Burle Filho. São Paulo: Malheiros, 2000.

MEIRELLES, Hely Lopes. *Direito de construir*: restrições de vizinhança, limitações administrativas, servidões administrativas, desapropriação, controle da construção, proteção ambiental, contratos de construção, responsabilidades decorrentes da construção, ações de vizinhança, perícias judiciais, regulamentação profissional, legislação correlata. 3. ed. refund. São Paulo: Revista dos Tribunais, 1979.

MEIRELLES, Hely Lopes. *Direito municipal brasileiro*. 15. ed. atualizada por Márcio Schneider Reis e Edgard Neves da Silva. São Paulo: Malheiros, 2006.

MENCIO, Mariana. *Regime jurídico da audiência pública na gestão democrática das cidades*. Belo Horizonte: Fórum, 2007.

MILARÉ, Édis (Coord.). *A ação civil pública*: após 20 anos: efetividade e desafios. São Paulo: Revista dos Tribunais, 2005.

MILARÉ, Édis. *Direito do ambiente*: doutrina, jurisprudência, glossário. 4. ed. rev., atual. e ampl. São Paulo: Revista dos Tribunais, 2005.

MORAES, Alexandre de. *Direito constitucional*. 13. ed. atual. com a EC nº 39/02. São Paulo: Atlas, 2003.

MUKAI, Sylvio Toshiro. A constitucionalidade da concessão especial para fins de moradia. In: MUKAI, Toshio. *Temas atuais de direito urbanístico e ambiental*. Belo Horizonte: Fórum, 2004.

MUKAI, Toshio. *Temas atuais de direito urbanístico e ambiental*. Belo Horizonte: Fórum, 2004.

NUSDEO, Fábio. *Curso de economia*: introdução ao direito econômico. 3. ed. rev. e atual. São Paulo: Revista dos Tribunais, 2001.

OLIVEIRA, Regis Fernandes de. *Comentários ao Estatuto da Cidade*. 2. ed. rev., atual. e ampl. São Paulo: Revista dos Tribunais, 2005.

PEREIRA, Caio Mário da Silva. *Instituições de direito civil*. 18. ed., 3. tiragem, de acordo com o Código Civil de 2002. Rio de Janeiro: Forense, 2004. v. 4: Direitos reais.

PEREIRA, Carlos Fernando Potyguara. *A desapropriação de bens públicos à luz da doutrina e da jurisprudência*. Rio de Janeiro: Lumen Juris, 1999.

PERLINGIERI, Pietro. *Perfis do direito civil*: introdução ao direito civil constitucional. Tradução de Maria Cristina de Cicco. Rio de Janeiro: Renovar, 1999.

PINTO, Victor Carvalho. Da desapropriação com pagamento em títulos. In: MATTOS, Liana Portilho (Org.). *Estatuto da Cidade comentado*: Lei n. 10.257, de 10 de julho de 2001. Belo Horizonte: Mandamentos, 2002.

PINTO, Victor Carvalho. *Direito urbanístico*: plano diretor e direito de propriedade. São Paulo: Revista dos Tribunais, 2005.

PINTO, Victor Carvalho. Do IPTU progressivo no tempo. In: MATTOS, Liana Portilho (Org.). *Estatuto da Cidade comentado*: Lei n. 10.257, de 10 de julho de 2001. Belo Horizonte: Mandamentos, 2002.

PINTO, Victor Carvalho. Do parcelamento, edificação ou utilização compulsórios. In: MATTOS, Liana Portilho (Org.). *Estatuto da Cidade comentado*: Lei n. 10.257, de 10 de julho de 2001. Belo Horizonte: Mandamentos, 2002.

RABAHIE, Marina Mariani de Macedo. Função social da propriedade. In: DALLARI, Adilson Abreu; FIGUEIREDO, Lúcia Valle (Coord.). *Temas de Direito Urbanístico - 2*. São Paulo: Revista dos Tribunais, 1991.

ROCHA, Sílvio Luís Ferreira da. *Função social da propriedade pública*. São Paulo: Malheiros, 2005.

RODRIGUES, Silvio. *Direito civil*. 28. ed. rev. e atual. de acordo com o novo Código Civil (Lei n. 10.406, de 10-1-2002), 3. tiragem. São Paulo: Saraiva, 2006. v. 5: Direito das coisas.

ROMANO, Santi. *Princípios de direito constitucional geral*. Tradução de Maria Helena Diniz. São Paulo: Revista dos Tribunais, 1977.

RUSSOMANO, Rosah. Função social da propriedade. *Revista de Direito Público*, v. 18, n. 75, p. 263-268, jul./set. 1985.

SALLES, José Carlos de Moraes. *A desapropriação à luz da doutrina e da jurisprudência*. 4. ed. rev., atual. e ampl. São Paulo: Revista dos Tribunais, 2000.

SÃO PAULO. Tribunal de Justiça do Estado de São Paulo. Apelação Cível n° 212.726-1/8. 8ª Câmara Cível. Acórdão de 16.12.1994. Rel. Des. José Osório. *Revista dos Tribunais*, v. 723, p. 204-208, jan. 1996.

SAULE JÚNIOR, Nelson (Org.). *Direito urbanístico*: vias jurídicas das políticas urbanas. Porto Alegre: Sergio Antonio Fabris, 2007.

SAULE JÚNIOR, Nelson. *A proteção jurídica da moradia nos assentamentos irregulares*. Porto Alegre: Sergio Antonio Fabris, 2004.

SAULE JÚNIOR, Nelson. A relevância do direito à cidade na construção de cidades justas, democráticas e sustentáveis. In: SAULE JÚNIOR, Nelson (Org.). *Direito urbanístico*: vias jurídicas das políticas urbanas. Porto Alegre: Sergio Antonio Fabris, 2007.

SAULE JÚNIOR, Nelson. Do plano diretor. In: MATTOS, Liana Portilho (Org.). *Estatuto da Cidade comentado*: Lei n. 10.257, de 10 de julho de 2001. Belo Horizonte: Mandamentos, 2002.

SAVATIER, René. *Du droit civil au droit public*: á travers les personnes, les biens et la responsabilité civile. Paris: Librairie générale de droit et de jurisprudence, 1945.

SILVA, José Afonso da. *Aplicabilidade das normas constitucionais*. 6. ed. São Paulo: Malheiros, 2002.

SILVA, José Afonso da. *Curso de direito constitucional positivo*. 23. ed. rev. e atual. nos termos da reforma constitucional (até a Emenda Constitucional n. 42, de 19.12.2003, publicada em 31.12.2003). São Paulo: Malheiros, 2004.

SILVA, José Afonso da. *Direito urbanístico brasileiro*. 4. ed. rev. e atual. São Paulo: Malheiros, 2006.

SOBRANE, Márcia Alvarenga de Oliveira. A cidade e sua normalização constitucional urbanística. In: GARCIA, Maria (Coord.). *A cidade e seu estatuto*. São Paulo: J. de Oliveira, 2005.

SUNDFELD, Carlos Ari. *Desapropriação*. São Paulo: Revista dos Tribunais, 1990.

SUNDFELD, Carlos Ari. Função social da propriedade. In: DALLARI, Adilson Abreu; FIGUEIREDO, Lúcia Valle (Coord.). *Temas de Direito Urbanístico - 1*. São Paulo: Revista dos Tribunais, 1987.

SUNDFELD, Carlos Ari. O Estatuto da Cidade e suas diretrizes gerais. In: DALLARI, Adilson Abreu; FERRAZ, Sérgio (Coord.). *Estatuto da Cidade*: comentários à lei federal 10.257/2001. 1. ed., 2. tiragem. São Paulo: Malheiros, 2003.

SUSTAETA ELUSTIZA, Ángel. *Propiedad y urbanismo*: lo urbanístico como límite del derecho de propiedad. Madrid: Montecorvo, 1978.

TEPEDINO, Gustavo. Contornos constitucionais da propriedade privada. In: TEPEDINO, Gustavo. *Temas de direito civil*. 3. ed. rev. e atual. Rio de Janeiro: Renovar, 2004.

TEPEDINO, Gustavo. *Temas de direito civil*. 3. ed. rev. e atual. Rio de Janeiro: Renovar, 2004.

WAGNER JÚNIOR, Luiz Guilherme da Costa (Coord.). *Direito público*: estudos em homenagem ao professor Adilson Abreu Dallari. Belo Horizonte: Del Rey, 2004.

Índice de assuntos

página

A

Ação civil pública 275
Alienação de bens imóveis de
   propriedade do Estado...........179, 185
Alíquota do IPTU......................125-126
Apelação cível 212.726-1/8 62
Aproveitamento do imóvel
   expropriado...................................160
Área...87
Autarquia...239

B

Bem público...............................167-168
- Aquisição 186
- Classificação 170
- - Em relação à sua destinação
- - - bem de uso comum...........171, 172
- - - bem de uso especial.........171, 172
- - - dominicais......... 172, 173, 177, 178
- Características................................175
- Concessão de uso especial
   para fins de moradia...............225, 274
- Desapropriação 222
- - Condição objetiva 223
- - Condição subjetiva.....................223
- - Hipóteses 258
- Imprescritibilidade 176, 177
- Natureza física 187
- Natureza jurídica...........................169
- Regime jurídico.....................175, 270
- Requisitos para alienação........178-179
Bens da União.................................188
Bens de uso especial
- Função social................................217

página

C

Concessão de uso de terrenos
   públicos 162
Consórcio imobiliário.......................117
Constituição Federal
- Propriedade....................................55
Constituições liberais.........................27

D

Desapropriação
- Casos de utilidade pública 141
- Com pagamento mediante
   títulos da dívida
   pública 138, 146, 253, 269
- Para fins urbanísticos 139, 142, 273
- Por interesse social.........................143
- Por zona..144
Destino urbanístico............................94
Dever discricionário 146
Dever-poder.....................................261
Direito à concessão de uso especial
   para fins de moradia...............200-201
Direito de preempção 236, 276
Direito de propriedade
- Evolução histórica 21-22
Direito potencial absoluto do
   proprietário (restrições)
- De natureza privada........................23
- De natureza pública 23
Direito romano
- Propriedade
- - Definição 22
Direito subjetivo 34, 40

página	página

Direito subjetivo de
propriedade 35, 39
Discricionariedade 147
Domínio público no subsolo 194

E
Edificabilidade 95
Edificação...88
Emissão de títulos da dívida
pública municipal....................148-151
- Pagamento de juros legais 151
Espaços não-edificáveis....................104
Estatuto da Cidade
Ver Lei 10.2757/2001
Extrafiscalidade........................122, 134

F
Função 41
Função social da propriedade
pública 44-46, 51, 53, 75,
197, 199, 203, 228, 271
- Aplicabilidade do princípio
constitucional 58
- Como direito fundamental..............55
- Como princípio de ordem
econômica 57
- Descumprimento
- - Sanções 205
- Origem...31
- Princípio jurídico .. 21, 69, 82, 213, 261
Função social da propriedade urbana
- Princípio 262
Fundação pública 239, 240

G
Gleba
Ver Área

I
Imóveis urbanos 15
- Princípio da função social...............17
Imóvel incorporado ao patrimônio
público municipal.........................161
Imóvel não edificado.......................104

Imóvel não utilizado........................103
Imóvel subutilizado...........99, 101, 267
Imposto sobre a Propriedade Predial
e Territorial Urbana (IPTU)
progressivo no tempo 268
- Aplicação 119
- Cobrança...............................138, 147
- Vedação da concessão de isenções
ou anistia 135
Improbidade administrativa 234, 275
Indenização.......................................155
Investidura 183

J
Justa indenização.............................154

L
Lei do plano urbanístico....................95
Lei específica.....................................105
Lei nº 10.257/2001 ... 15, 73-75, 137, 264
- Diretrizes gerais da política
urbana..77
Lei nº 13.430/2002 91
Lote...87

M
Majoração da alíquota 128
Medida Provisória
nº 2.220/2001........................174, 217

O
Ordem urbanística 232

P
Período medieval
- Propriedade 24
- - Fragmentação................................24
Planejamento urbanístico 206, 271
Plano Diretor Estratégico do
Município de São Paulo
Ver Lei nº 13.430/2002
Plano diretor
municipal...... 64, 66, 69, 207, 263, 271
Poder de polícia..................................50

Política urbana 81
- Instrumentos.................................265
Praias marítimas...............................192
Princípio da capacidade
  contributiva....................................126
Progressividade do IPTU
- Situações.......................................127
Progressividade dos impostos..........122
Progressividade extrafiscal..............124
Propriedade
- Conceito.....................................30, 42
Propriedade regida pelo direito
  público..169
Propriedade romana.........................23
Propriedade urbana pública
  Ver Imóveis urbanos
Proprietário.....................................28

S
Solo subutilizado.............................100

Solo urbano.................................94, 95
- Edificação compulsória 82, 88
- Parcelamento compulsório 82, 86
- Utilização compulsória.........82, 88, 93
Sujeito passivo da obrigação............108

T
Teoria da propriedade-função
  social...37-38
Terras devolutas 188-189
Terras indígenas.......................193-194
Terrenos de marinha 189-190
Terrenos marginais.........................192
Tributo 134

U
Urbanismo..32

V
Valor real da indenização................151

Índice onomástico

A

Abe, Nilma de Castro 198, 199
Almeida, Fernando Dias
   Menezes de 93, 100, 101, 109, 111,
             112, 128, 129, 133, 137, 150,
             151, 156, 157, 158, 159, 242
Andrade, Letícia
   Queiroz de 222, 224, 257, 258
Ataliba, Geraldo 122, 123

B

Baleeiro, Aliomar 133
Bandeira de Mello,
   Celso Antônio 27, 43, 45, 47, 54,
          60, 147, 167, 171, 174, 175,
           176, 186, 187, 193, 240
Bastos, Celso Ribeiro 29, 56, 57, 70
Beznos, Clóvis 140, 147, 150,
         155, 156, 157, 158, 163
Bonavides, Paulo 27
Bueno, Vera Scarpinella 92, 101,
         103, 104, 105, 113

C

Câmara, Jacintho Arruda 97-98
Cammarosano, Márcio 65, 102
Canotilho, José Joaquim Gomes 70
Carraza, Elizabeth Nazar...................127
Carraza, Roque
   Antonio 125, 126, 250, 252
Carvalho, Paulo de Barros................122
Coêlho, Sacha Calmon Navarro 249
Comparato, Fábio Konder.................49
Comte, Augusto 33, 35

Costa, Regina
   Helena............ 122, 124, 131, 133, 137
Cretella Júnior, José 256

D

Dallari, Adilson Abreu 22, 29, 74, 139
Del Nero, João Alberto
   Schutzer 28, 58
Di Pietro, Maria Sylvia
   Zanella 27, 169, 171, 173, 174,
          178, 182, 186, 189, 190,
          192, 194, 213, 214, 218,
          219, 227, 231
Di Sarno, Daniela Campos
   Libório...............................75, 206, 208
Duguit, Léon 33-38

E

Escribano Collado, Pedro 23, 47, 95

F

Fernandes, Edésio............................246
Figueiredo, Lúcia Valle 56, 116, 168,
         173, 176, 177, 232, 239
Figueiredo, Marcelo.................235, 236
Freitas, José Carlos de   115, 232, 233
Freitas, Mariana Almeida
   Passos de 191

G

Gasparini, Diogenes 76, 85, 86, 95,
         103, 106, 107, 109, 111, 114,
         116, 118, 128, 130, 133, 134,
         137, 148, 150, 152, 153, 161,
         163, 186, 228, 231, 241, 254

	página			página

Gomes, Orlando 24, 38
Grau, Eros Roberto 30, 40, 42, 43, 51, 58

H
Harada, Kiyoshi 142, 149, 255

J
Justen Filho, Marçal 181, 184

L
Lisboa, Roberto Senise 24

M
Mattos, Liana Portilho 50, 68
Medauar, Odete 77
Meirelles, Hely Lopes 66, 88, 126, 139, 168, 172, 173, 188, 244, 245
Morin, Gaston 38
Mukai, Sylvio Toshiro 230

N
Nusdeo, Fábio.....................................50

O
Oliveira, Regis Fernandes de... 105, 108, 109, 118, 132, 149, 156
Osório, José 62

P
Pereira, Caio Mário da Silva 23
Perlingieri, Pietro 49
Pinto, Victor Carvalho.......31-32, 51, 67, 88, 89, 99, 102, 107, 110, 112, 113, 115, 116, 117, 134, 135, 151, 154, 158, 159, 160, 161, 162, 163, 164, 208, 209, 211

R
Rabahie, Marina Mariani de Macedo 44
Rocha, Silvio Luís Ferreira da.............. 201, 203, 204, 205, 216, 217, 220, 221
Rodrigues, Silvio 22
Romano, Santi 41

S
Salles, José Carlos de Moraes 143
Saule Júnior, Nelson 76, 89-90, 96, 97, 98, 107, 108, 127, 135, 140, 153, 164, 212
Savatier, René 25, 28
Silva, José Afonso da 48, 59, 94, 95, 104
Sundfeld, Carlos Ari..............39, 73, 152
Sustaeta Elustiza, Ángel 33, 38

Esta obra foi composta em fonte Garnet, corpo 11,5
e impressa em papel Offset 75g (miolo) e Supremo 250g
(capa) pela Gráfica e Editora O Lutador.
Belo Horizonte/MG, janeiro de 2010.